THE MODEM WORLD

A Prehistory of Social Media

猫世代

网络社交媒体简史

[美] 凯文·德里斯科尔 著
(Kevin Driscoll)

余凡 译

中国原子能出版社　中国科学技术出版社
·北　京·

© 2022 by Kevin Driscoll
Originally published by Yale University Press

北京市版权局著作权合同登记　图字：01-2023-2287

图书在版编目（CIP）数据

猫世代：网络社交媒体简史 /（美）凯文·德里斯科尔（Kevin Driscoll）著；余凡译 . —北京：中国原子能出版社：中国科学技术出版社，2023.9

书名原文：The Modem World: A Prehistory of Social Media

ISBN 978-7-5221-2941-9

Ⅰ.①猫… Ⅱ.①凯… ②余… Ⅲ.①互联网络—传播媒介—历史 Ⅳ.① G206.2

中国国家版本馆 CIP 数据核字（2023）第 161607 号

策划编辑	任长玉	特约编辑	孙　楠
责任编辑	付　凯	文字编辑	孙　楠
封面设计	北京潜龙	版式设计	蚂蚁设计
责任校对	冯莲凤　张晓莉	责任印制	赵　明　李晓霖

出　　版	中国原子能出版社　中国科学技术出版社
发　　行	中国原子能出版社　中国科学技术出版社有限公司发行部
地　　址	北京市海淀区中关村南大街 16 号
邮　　编	100081
发行电话	010-62173865
传　　真	010-62173081
网　　址	http://www.cspbooks.com.cn

开　　本	880mm×1230mm　1/32
字　　数	189 千字
印　　张	9.875
版　　次	2023 年 9 月第 1 版
印　　次	2023 年 9 月第 1 次印刷
印　　刷	北京华联印刷有限公司
书　　号	ISBN 978-7-5221-2941-9
定　　价	79.00 元

（凡购买本社图书，如有缺页、倒页、脱页者，本社发行部负责调换）

目录

第一章　追忆猫世代 / 001

第二章　业余电台的计算机化 / 051

第三章　为所有人构建的互联网 / 099

第四章　与陌生人共享文件 / 151

第五章　培育社区 / 219

第六章　成为因特网 / 265

第七章　畅想互联网的美好未来 / 303

第一章
追忆猫世代

　　理查德·斯科特·马克（Richard Scott Mark）于1994年成功接入互联网。他花了几小时安装好新的通信软件，配置好调制解调器，接通新的互联网服务提供商，之后他双击了一下 Mosaic[①] 图标，如探险一般驶向万维网。他浏览着页面，翻过一页又一页，突然感到一种异常的寂寞和孤独，"信息高速公路"被炒得热火朝天，然而它充斥着图片却无人问津。数字广告牌"飞逝而过"，却无驻足之处，没有出口，没有休息站，亦没有路边风景。他记得自己当时想："我在这里，可是其他人呢，都去哪里了？"

　　1994年，万维网还是个全新的概念，不过，马克可不是新手。在这之前，他已经花了十年，在美国佛罗里达州盖恩斯维尔市的家中钻研个人电脑，探究通信网络。从1987年，

[①] 全球最早的一款可以显示图片的浏览器。——译者注

马克便开始和他的两个朋友保罗·马丁（Paul Martin）和戴夫·蒂曼（Dave Tieman）一起经营"龙堡国际"（Dragon Keep International），这是一种被称为"电子公告板系统"（Bulletin Board System，电子公告板系统，简称"BBS"）的拨号上网服务。起初，他们三个利用一台旧电脑和价值25美元的软件推出了"龙堡国际"，旨在为用户创造一个和谐有趣的网络环境。截至1994年，"龙堡国际"已经发展成一个十分活跃的社区，里面聚集着4000多名来自城市各个角落的成员。每个夜晚都有几十人通过家用电脑拨号上网，或聊天，或交换文件，或玩游戏，或逛逛论坛，或发布自己的信息。1996年，马克将"龙堡国际"称为一个热闹繁荣的"网络城市"。

经营"龙堡国际"的这段经历，让马克与互联网早早结下了不解之缘，也让他开始期待万维网。登录一个流行的BBS，感觉就像走进一家俱乐部，人们参观的好像是一个真实的地方，那里有真实的人、真实的个性和真实的氛围。相比而言，1994年的网络给人的感觉更像是一个东西，而非一个地方。马克把网上冲浪比作翻看"阅之不尽的杂志"。其技术引人注目，其美感十足，其信息也引人入胜，但整体体验却显得呆板而毫无生气。[1] 他在大肆宣传网络几个月之后，便觉索然无味。他总结道："就当前这种形式的万维网，实际上完全是非交互式的。"

第一章
追忆猫世代

失望的并不只有马克一人。在20世纪70年代末到90年代的网络热潮中，拨号式BBS一直是为个人电脑用户提供社交计算服务的主要形式。这个"调制解调器的世界"是业余爱好者使用现成的零件和普通电话线创造出来的，它不是由国家机构、大学、研究机构、跨国公司等资助的封闭式、制度化的网络，而是另一种可能的、开放的大众网络。仅在北美地区就有10万多个这样的BBS，服务着数百万民众，这些系统的活跃用户有的不到10人，有的多达上万人。20世纪90年代早期，私有化促使互联网对所有有钱人开放，这些热衷BBS的人便是第一批掏出钱包的人。诸如龙堡国际、回声（ECHO）、Exec-PC、全球电子链接（The WELL）等大型BBS以及它们的拨号网络社区便搭上了全球信息基础设施的便车。以前的BBS用户经营当时流行的邮件列表，主持网络新闻组，并利用万维网获利。从私有比特洪流（Bit Torrent）追踪器到脸书（Facebook，现更名为Meta）群组，现代互联网的基本社交结构就是在拨号式BBS的基础上形成的。

网络的社交功能从何而来？

今天，网络已经渗透到社会生活的方方面面，从最亲密到最琐碎的各种事项。数字通信网络是我们联络家人、讨论政治、找寻爱情、搜索健康信息和寻求情感支持的基础设施。社交媒体提供与咖啡馆、商场、图书馆、电影院、忏悔室、理发店、美甲店等相对应的线上服务。它们将商业和社区融为一体,是网络世界的聚集地,也是供我们观察他人、表达自己和共同理解世界的社交场所。从学校到职场,从卧室到广场,铜线、光纤和电磁波仿佛给我们周围的空气注入了交流的火花,日常生活也与网络产生共鸣。

尽管社交网络无处不在,然而它却没有一部自己的社会史。最知名的互联网史要么关注开发核心技术的工程师,要么围绕从中获利的商人,但计算机网络作为流行文化和公共生活的载体平台为何会崛起,二者都无法给出令人满意的解释。社交媒体的萌芽不是在硅谷的办公园区,不是在军事承包商的会议室,也不是在大学研究员的实验室。我们必须观察那些数以百万计的业余爱好者、志愿者、积极分子和在距离互联网开放之前的 15 年时间里在北美地区的各个城镇经营小型在线系统的创业者们,他们的即兴研讨会才是我们必须仔细观察的对象。

猫世代[①]始于 20 世纪 70 年代末。业余技术人员利用住宅电话网搭建数据通信的基础设施,通过电话线(最初设计用途

[①] 猫是 Modem 的音译,意为调制解调器,在互联网早期发展起到了重要作用。——编者注

第一章
追忆猫世代

只是传递人类声音）交换电子文件和信息。不到几年，拨号式 BBS 就成为个人电脑用户进行网络连接的主要形式，尤其是对于那些接触不到其他媒体系统的用户而言更是如此。恰恰是在这些草根网络上，爱好者开始通过计算机跟大众交流，并建设社区。硅谷后来复制和作为商业社交媒体出售的许多技术和实践，都源自这些人在匿名、身份、隐私、性别和信任等方面的经验和尝试。

然而，在由爱好者通信向商业社交媒体的过渡和转变中，猫世代的亲切感却荡然无存了。对比如今的社交媒体系统服务协议条款模糊、隐私保障不确定、监视无处不在、暴力骚扰不足为奇等，BBS 运行时所处的科技、文化和政治经济制度与当今截然不同。BBS 的服务对象是居住在附近的少数人，处理的是本地事务。管理员也被称为"吧主"或"坛主"（在中国，叫"版主"），负责维护技术、支付账单、设置规则和解决纠纷。普通用户和管理员私下认识，经常见面修理电脑、交换软件、聚会或一起出去闲逛。所有权覆盖整个 BBS 网络，管理员对作为共享社区成员的用户负责，而不是对公司或投资人的代表负责。

本书是一本关于网络的社交功能从何而来的书。20 世纪 80 年代创建和维护拨号式 BBS 的那批人，为 20 世纪 90 年代及之后将生活搬到网上的人奠定了基础。这些热衷调制解调器的人不但要写代码和支付昂贵的电话费，还开发出社区调节、治理和商业化的全新形式。20世纪90年代迎来了网络热潮，但真正拥有在线社区运营经验的人并不多，因此许多BBS管理员在这场互联网经济浪潮中找到了工作。有些管理员将自己的BBS转变为互联网服务提供商，还有些管理员则致力于研究万维网的。随着时间的流逝，久而久之，不计其数的社交媒体平台重现了当年BBS社区的社交创新和技术创新。

回顾拨号式BBS的历史，有助于我们想象继社交媒体之后的世界。BBS的技术可以不断创新，这给予了管理员相当程度的表达灵活性。从视觉设计到组织架构，每个BBS都描绘着其对网络世界走向何方的独特梦想，通过电话接口便可窥见它用代码书写的未来。商业互联网接入最终走进大众视野时，成千上万的BBS网络早已在运行，为全球的计算机爱好者提供他们自己的网络。这并非要将过去传奇化，而是要寻回对当今互联网的好奇感，当时可是有众多用户开心雀跃地放弃BBS拥抱万维网的。我们在游戏和体验中沉浸了一段时间，却再次对互联网感到陌生。通过改变我们对互联网过去的认识，我们可以对它的未来有别样的期待。

互联网是什么？

本书旨在改变我们讲述互联网历史的方式。首先，互联

第一章
追忆猫世代

网是什么？如果你去咨询网络管理员，他们会说一些关于协议、标准、网关、对等协议之类的信息。这从技术层面讲当然是正确的，手机、笔记本电脑、平板电脑等几乎世界上所有"智能"的东西都运行一套标准的软件程序——被称为互联网协议组或传输控制/网际协议（TCP/IP），互联网服务提供商通过 IP 网关与对等网络交换数据包。[2] 数据包在交换机和路由器之间来回穿梭，但是，普通用户不会从这个角度考虑互联网。因此，谈及"互联网"时，严格的技术定义并不能准确表达我们的意思。懂得传输控制/网际协议的架构知识，也并不能让我们更好地理解自 20 世纪 70 年代以来涌现的各种各样的用户行为。[3] 互联网和电影一样，是我们社会想象的一种发明，既是一种技术，同时也是一个想法或一种感觉。无论你是谁、处于何时、处于何地都会被赋予互联网不同的含义。

在 20 世纪七八十年代的大部分时间里，"互联网"（internet）还只是"网际网"（internetwork）的缩写，是一个被网络工程师用来对跨越多个通信系统的技术进行分类的形容词，例如"互联网网关"。[4] 20 世纪 70 年代末，随着互联网网关得到越来越广泛的应用，研究人员需要一个词来描述随之产生的"网络的网络"（networks of networks）。法国实验性的赛立科技（CYCLADES）网络负责人路易斯·普赞（Louis

Pouzin)提出"链式网"的概念,即不同网络之间的连接。此外,也有人把组织机构放在前面加以限定,以区分特定的网际网,比如"施乐互联网"(Xerox internet)、"阿帕网互联网"(ARPA[①] internet)等。[5] 当时,即使在技术文献中,首字母大写的单数"Internet"也不多见。直到20世纪80年代末,一大批新兴数据网络涌现,包括"Minitel"和"Telidon"[②]等国有可视图文系统、"计算机在线"(CompuServe)和"Tymnet"等国际商业服务以及诸如"国际学术网"(BITNET)和"网络新闻组"(USENET)之类的全球合作网络,这一切都需要更详细的分类说明和更精确的定义。1990年,前阿帕网工程师约翰·S.夸特曼(John S. Quarterman)出版了一本约750页的数据网络图册《矩阵》。[6] 根据《矩阵》中给出的定义,互联网指国家机构、大学和起源于美国的公司使用的一组特殊的实验网络。同普赞一样,夸特曼也将重点放在异构网络的连接上。因此,1990年的"互联网"实际上只是快速增长的远程计算机技术和会议系统"元网络"的一部分(图1.1)。

[①] ARPA是Advanced Research Projects Agency Network的简称,是互联网的前身。

[②] Minitel是一种可通过电话线访问的可视图文在线服务,在万维网出现之前,它堪称世界上最成功的在线服务。Telidon也是一种可视图文系统。——译者注

第一章
追忆猫世代

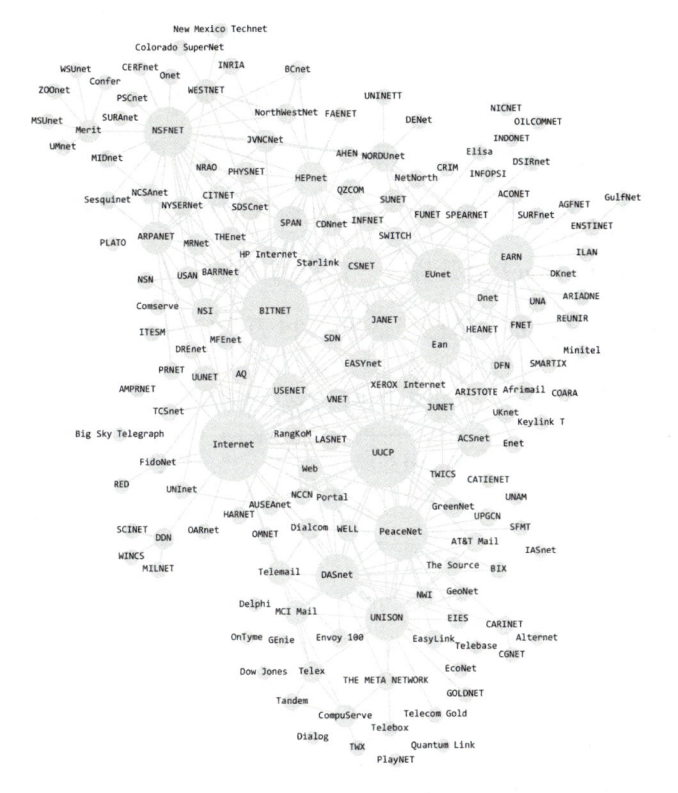

"元网络"自20世纪80年代末开始在全球范围内提供通信互联和信息服务。图中所示的是在41个国家和地区运行的至少227个系统，涵盖国际商业服务、合作电子邮件系统、国家研究网络和军事基础设施等多种类型。节点之间的边缘表示并网点或网关，每个节点的大小对应其连接网络的数量，冗余和缺口反映了记录这一动态时期遇到的实际困难。世界各地的新网络层出不穷，现有网络不断合并，陈旧网络逐步被淘汰。

图 1.1 "元网络"示意图

1994年，"互联网"一词不再只是计算机专家口中的专业词语，而且也被政客、广告商和大众媒体所接受，并在他们的语言中获得了更宽泛的含义。1994年年初，公共网站上的站点尚不足一千，但网络空间却已成为大众十分好奇的话题，到了1995年，美国在线互联网服务商的触达人口已经到达百万量级（表1.1）。早在时任美国总统的比尔·克林顿（Bill Clinton）公开提及"信息高速公路"之前，美国在线（American Online）就已经寄出了25万张启动磁盘。

表1.1　1995年美国在线服务商触达人口

在线服务商	人数
美国在线	3 800 000
计算机在线	3 540 000
Prodigy	1 720 000
微软网络（Microsoft Network）	200 000
Delphi	125 000
电子世界（eWorld）	115 000
Genie	75 000
Mnematics可视图文系统（Mnematics Videotex）	65 000
想象力网络（ImagiNation Network）	62 000
Reuters Money Net	33 000
美国电话电报公司交换（AT&T Interchange）	25 000
交互式可视化（Interactive Visual）	25 000
数字国家（Digital Nation）	15 000

第一章 追忆猫世代

续表

在线服务商	人数
全球电子链接	12 000
计算机体育世界（Computer Sports World）	10 200
多人游戏网络（Multiplayer Games Network）	10 000

资料来源：改编自 Jack Rickard, "Editor's Notes," Boardwatch, December 1995, 65.

1995 年 7 月，遍布美国杂货店收银台的《时代》（Time）杂志在封面上向读者提出了"奇特的互联网新世界"。夸特曼描述的迅速崛起，囊括了公告板系统、商业在线服务和公共数据网络。[7] 在那个融合的时期，传输控制/网际协议互联网作为一个便利的媒介，打破了原本严格的政治边界和组织边界，传递着数据包，《经济学家》（Economist）称其为"网络世界的中央车站"，即网络世界的中转站。

随着万维网成为主要界面，1994 年的互联网失去了其作为"元网络"或"网络的网络"的意义。鼠标在手，有了万维网的互联网感觉就像一个巨大无比的系统，只需轻轻一点，便将所有数字产品与其他产品相连。万维网将复杂的网络路由隐藏在简单的单机界面背后，从而消除了互联网上各网络之间的边界。1995 年初，就在美国国家科学基金会网络（NSFNET）的骨干成员退休前几周，阿帕网的老将大卫·克罗克（David

Crocker）还在尝试解决"互联网"两种含义之间的冲突。[8] 克罗克认为，一个人从公司防火墙后发送电子邮件或通过美国在线账户发帖，那么不管他的机器在不在身边，均应被视作在"网上"。网络不仅仅是某一个网络，而是整个互联网。

如今，互联网已不再像1995年时那般令人着迷。人们现在认为所有网络都是互联网，感觉不到互联网之外还有其他网络。对于大多数美国人而言，宽带无处不在，互联网不是特定网络或网络技术，而是一种社交场所。[9] 从普通电话、信用卡支付到电视连续剧和爆炸新闻，生活的点点滴滴都通过互联网进行。此外，美国人认为互联网给生活带来了积极影响，因此很难放弃使用互联网。他们通过互联网联络家人、看新闻、查看健康信息、找工作、听音乐、玩游戏、社交、祈祷、庆祝生日和悼念逝者。

互联网从何处来？

从2016年开始，我曾让几十名学生用一两句话写下他们所认为的互联网的起源。几年下来，我得到的答案是重复的，都是关于美国政府、硅谷、军队、核威胁等故事。他们通过其他课程对早期互联网有一些了解，又或者在纪录片里听到过"网络热潮"。有些人提到了阿帕网这个名字；有几名同学搞错了时间顺序，把万维网放在了互联网之前或对电子邮件的发明表示困惑；还有些人提到来自硅谷公司和大学实验室的"科技天才"或"怪

第一章
追忆猫世代

才";还有至少四名同学只是简单地写下了比尔·盖茨的名字。

尽管互联网具有惊人的规模,覆盖全球,但其民间史话却极其有限。这种出人意料的不平衡正是由"互联网"本身含义的不确定造成的。渗透在大众电视剧、电影、政治演讲和技术攻关中的互联网历史碎片,讲述了一个自1994年之后便不复存在的互联网的故事。非专业人士寻求互联网的起源故事时,他们想知道的是自己熟知的互联网是如何形成的。但是,如今的互联网是通过融合20世纪90年代中期数百个网络而形成的,而在这些网络中只有一个在以前被称为"互联网"。

"互联网"本身是一项过时的技术,却既新又旧地席卷了美国流行文化。那些称"互联网"是20世纪90年代具有革命性、划时代意义的杂志文章和电视新闻媒体,同样也定会提到它起源于20世纪60年代"冷战"时期的实验室研究。在20世纪90年代,这种创新和历史之间的碰撞曾一度引发编纂历史的热潮。自美国首次迈入网络空间开始,书店里便摆满了使用指南和参考资料。学者、记者和长期用户承担了大量编史工作,以满足读者对互联网起源知识的需求。一般来说,几乎所有面向大众市场的使用指南都在其导言章节中简要介绍了互联网历史。《整个互联网:用户指南和目录》(*The Whole internet:User's Guide & Catalog*)的作者艾德·克罗尔(Ed Krol)是一名资深互联网倡导者,像他这样的倡导者通常认为，网络热潮有时不顾史实，而他们的微观历史就是抵制这些冲动的壁垒。他说："对大多数人来说，互联网似乎是在1990年之后的某个时间点突然出现了，实际上并非如此。"

20世纪90年代兴起的史学热潮围绕由阿帕网项目衍生而来的各个分组交换网。早期的叙述材料被收集和分享在如"电脑民俗"（alt.folklore.computers）和"网络另类文化"（alt.culture.internet）这样的网络新闻组。科幻作家布鲁斯·斯特林（Bruce Sterling）在1993年发表的一篇文章就是个典型的例子，文章开篇便戏剧化地描述了互联网起源于军事。以下摘自美国的杂志《奇幻与科幻小说》（*Fantasy & Science Fiction*）中的一篇文章："大约三十年前，美国第一智库兰德公司（RAND Corporation）在冷战时期遇到一个不寻常的战略问题：万一发生核战争，那么美国当局应如何成功传递信息？"在之后的很长一段时间里，这篇文章以《互联网简史》为标题在各大BBS、网络新闻组、FTP①网站以及万维网上流传。[10]

自20世纪90年代以来，这个冷战时期"如何生存下来"的故事在互联网史上久负盛名。然而，它将重心放在军事战略上，这激怒了那些早期参与互联网的人。1996年，记者凯蒂·哈夫纳（Katie Hafner）和马修·莱昂（Matthew Lyon）撰写的著作《网

---

① FTP是File Transfer Protocol（文件传输协议）的简称。——编者注

络英雄》(Where Wizards Stay Up Late)道出了被误解的前阿帕网工程师的心声,[11]这本书通过大量采访直接向"互联网起源于冷战"这个谬误发起挑战。书中列举了一群才华横溢的天才,这些人的行为与资助者最重要的考量相去甚远。[12]从这个角度看,为获得美国国防部高级研究计划局的资金支持,必须考虑网络的潜在军事用途只是一种官僚形式,实际上对研究没有产生任何实质影响。[13]尽管存在这些分歧,但畅销书《网络英雄——互联网的起源》(Wizards——The Origins of the Internet)并没有撼动阿帕网在互联网史上作为叙事核心的位置。

1999年,历史学家珍妮特·阿巴特(Janet Abbate)所写的《发明互联网》(Inventing the Internet)一书,追溯了分组交换网从实验性质的阿帕网持续转化为20世纪80年代的互联网络以及90年代的消费者服务网络的演化进程。《发明互联网》公开回应过去十年有关互联网的编史错误,开始重点关注塑造了包括阿帕网在内的网络项目的组织文化和政治经济力量。[14]这种方法向我们展示了一个复杂的时期,其特点是国家之间对未来愿景的竞争、对标准的竞争以及同时开发基础技术。在阿帕网蓬勃发展的同时,英国和法国的现代网络却由于缺乏制度陷入困境。[15]尽管早期的历史记录中往往认为标准的形式化过程是枯燥的官僚主义,但《发明互联网》认为,在人们匆匆忙忙将传输控制/网际协议变成事实标准的过程中,也许已

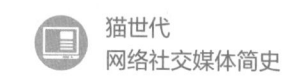

经把有用的研究抛到一边。不论那些每天在阿帕网上工作的计算机研究人员能否看到，他们的互联网都是由各种各样的利益相关者创造的，也都是为这些人服务的，如果网络沿着特定路径发展下去，这些人中的大部分会从战略上和财务上受益。

无论是非正式文章还是大众式平装本，抑或是学术专著，20世纪90年代的作家和历史学家就互联网的起源创造了一系列类似的故事。这些故事重复了几十年，社会学家汤姆·斯特里特（Tom Streeter）称为互联网的"标准传说"。我问学生互联网从何而来，他们中的许多人以这些"标准传说"为答案。然而，这些历史是互联网本身正在经历变革时写就的。互联网兼并了商业在线服务和大学生网络，变得更强大、更商业化，也让非专业人士更容易接触。在文化、技术、经济和政治方面，1999年的互联网与1992年的互联网是完全不同的系统，为什么"标准传说"没能跟上呢？

值得一提的是，将20世纪90年代编纂的互联网历史称为"标准传说"或"错误观点"，并不是要抹黑相关的人、机构或技术。这些历史毋庸置疑是真实的，而且为我们解释了网络世界是如何发展成如今这样的。问题在于，阿帕网或硅谷的历史本身无法解释互联网接入的大规模使用、万维网的商业化以及社交媒体的出现。"标准传说"可以回答为什么我们的智能手机要运行传输控制/网际协议，但不能告诉我们为什么人们

第一章
追忆猫世代

要携带智能手机。我们熟知的历史没有错,只是不全面。

何为"调制解调器的世界"?

个人电脑在互联网的"标准传说"中几乎是不存在的。阿帕网比个人电脑早了近十年。互联网协议不是针对单用户个人电脑设计的。直到 1994 年,微软才发布了传输控制 / 网际协议(TCP/IP)的正式版本。不过,大多数人是通过笔记本电脑或智能手机等个人电脑设备上网的。要了解互联网是如何成为日常生活中的媒介的,我们需要先了解一段个人电脑网络的发明史以及它们是如何与互联网融合的。

这段历史要围绕一个相当奇怪的外围设备展开,即拨号调制解调器。20 世纪 80 年代,调制解调器指的是将计算机数字信号转换成可听信号,再通过标准电话线进行传输的一种装置。个人电脑默认配备调制解调器始于 20 世纪 90 年代中期。因此,调制解调器便成为区分 20 世纪 80 年代和 90 年代的计算机爱好者的一项技术。拥有调制解调器的人知道他们处在计算机用户的一个独立阶层,可以穿越新兴的网络空间。他们经常光顾的网络被统称为"调制解调器的世界"。[16]

在 20 世纪的大部分时间里,计算机并不被视为供个人使用的个人设备。在流行文化中,计算机被描述为负责社会自动化的庞大的"电子大脑"。[17] 从 1957 年的《电脑风云》(*Desk Set*)

到 1968 年的《2001 太空漫游》(*2001: A Space Odyssey*)，电影中计算机表现了人类的统治和非技能化。这也反映了以 IBM 为代表的公司向大公司和国家机构出售的主要是"大型计算机"。尽管"大型计算机"隐藏在大型建筑物的地下室，只有专门的工作人员才能接触到，但大家还是能在日常生活中感受到它们的存在，而且它们的存在感越来越强。利率、所得税、信用评级和兵役应征卡等，所有这些都与社会的"电脑化"有关。[18] 但是，到了 20 世纪 80 年代，小型个人电脑却提供了一种新的计算机技术模式。像苹果公司和微软公司这样的公司将个人电脑作为供单个用户使用的设备推向市场，而不再是将其作为电子化大脑推动整个组织。个人电脑不再取代人类，而是作为一种为个人赋能、培养创造力和提高生产力的工具出售。

科技史学家通过 20 世纪 60 年代和 70 年代两种相互重叠的技术文化——分时技术和微型计算机技术，来追溯计算机从"大型机"到个人电脑的转变过程。分时技术始于 20 世纪 60 年代初，是大学研究人员对大型机样式的一种修改。[19] 分时技术指的是一种聪明的编程技术，将一台计算机的处理能力分配给相互连接的终端网络，给众多用户一种独占访问计算机资源的错觉。分时技术的早期倡导者设想将计算机作为一种类似居民用电的公用设施。根据他们的推断，未来也许一台计算机便能够为整个社区提供足够的"计算力"。

第一章
追忆猫世代

结果证明分时技术在教育领域尤其成功。在成百上千所大学计算机实验室和K12①的教室里，分时技术让计算机技术的创造性和合作性文化发挥得淋漓尽致。在达特茅斯大学（Dartmouth University），BASIC②编程语言为初学者提供了一个可访问的入口。在伊利诺伊大学（University of Illinois），柏拉图系统（PLATO）上有互动游戏、教育软件、论坛和聊天室。分时技术让个人在拥有一种令人兴奋的个人控制感的同时，还让个人拥有一种对其他用户的集体责任感。历史学家乔伊·利西·兰金（Joy Lisi Rankin）称参与分时社区的人为"计算机技术公民"。截至20世纪80年代初，成千上万的学生已经成为分时社区的"公民"。

分时技术蓬勃发展于20世纪70年代，电子爱好者开始尝试建造自己的电脑。业余爱好者沉浸于业余无线电技术文化中，重视动手学习亲身实践和同行友谊。1975年，邮购的"微型计算机"MITS Altair 8800就对爱好者的动手技能发出挑战。[20]不久之后，一群微型计算机爱好者便组成俱乐部，发出时事通讯，通过邮件分享程序，将计算机添加到自己的业余电台。[21]为分时技

---

① K12是教育类专用名词，是指学前教育至高中教育，现在普遍用来指代基础教育。
② BASIC语言，初学者通用符号指令码，一种使用一般英语词汇的简单计算机编程语言。——译者注

术开发的软件深层目录既可访问,也很有趣,微型计算机用户配置一个 BASIC 解释程序,就可以从中获益良多。

到 20 世纪 80 年代末,计算机爱好者不再需要熟练使用工具。像牵牛星(Altair)这样的电脑被诸如睿客(Radio Shack)和康懋达(Commodore)之类的预制"家用电脑"所替代。新兴的个人电脑产业利用业余爱好者的才华和反主流文化的真诚来进行销售,然而,尽管销量不错,但一直到 VisiCalc[①] 等电子表格程序开始吸引商业用户的注意,"微型计算机"才逐渐被视为大型计算机或小型计算机的竞争对手。1981 年,IBM 公司推出个人电脑,进一步取得公司决策者的支持。几年之间,IBM 电脑的兼容性已经成为事实上的业界标准,促使众多业余爱好者离开他们的早期平台。截至 20 世纪 80 年代末,计算机的通俗形象已经不再是"严肃的"大型机,而是平易近人的台式机或个人电脑。

"调制解调器的世界"便是从这两种文化的十字路口发展起来的。装在家用预制微型计算机和成品个人电脑上的第一个 BBS,结合了分时技术的协作感与微型计算机技术的访问基础设施。尽管分时计算机通常为机构所有,但大多数 BBS 是由业余爱好者在家里通过修补和实验来维护的。关键还在于,BBS 与当时的分时技术服务的是不同的人群。最早的 BBS 用

---

① VisiCalc,可视计算,世界上第一套电子表格软件。——译者注

第一章
追忆猫世代

户主要是微型计算机爱好者,他们在 BBS 上交换技术信息、谈论自己的爱好。不过后来,BBS 上的用户更加多样化,他们拥有个人电脑,除科技爱好者还有其他兴趣和身份。分时技术证明了围绕计算机网络可以形成社区的潜力,而拨号 BBS 使得计算机文化周边也能访问社区。

BBS 出现在著名的 1978 年多雪的冬季。当时,沃德·克里斯滕森(Ward Christensen)和兰迪·休斯(Randy Suess)利用一台自制的 S-100 微型计算机和一台全新的海斯牌调制解调器创建了电脑化电子公告牌系统(CBBS)。克里斯滕森和休斯是当地微型计算机俱乐部的成员,俱乐部全称是"芝加哥地区计算机爱好者交流俱乐部",该俱乐部的时事通讯是信息的关键来源,但想要访问早期的信息也不是那么容易,而且俱乐部成员必须提交新文章。该俱乐部在一次会议上使用软木公告栏发布公告,克里斯滕森和休斯正是受此启发,着手创建时事通讯文章的在线数据库。二人在休斯的住处安装好这个数据库系统,并于当年二月初开始运行该系统。紧接着,芝加哥以外的业余爱好者开始打电话来查看此系统,并相互交换信息,把这个"电脑化的"公告牌变成了一个公共论坛。几个月的时间里,CBBS 接到了来自全国各地的几十个电话,新的公告栏如雨后春笋般也出现在亚特兰大和旧金山。[22]

CBBS 就是拨号 BBS 的原型。这个技术系统非常巧妙,界面友好，而且可以无障碍访问。CBBS的"主机"计算机连在电话线上，一次只能接待一个用户。要上网的话，潜在用户需要配置一个电话调制解调器和某种数据终端。一开始，大多数人是通过电传打印机来呼入，不过这些很快就被视频显示器和"终端仿真"软件取代了。成功连接CBBS之后，数据终端就会立即启动，显示"欢迎来到芝加哥沃德和兰迪的电子公告栏系统"。欢迎信息里还设置了系统导航说明，鼓励新用户给在主机旁的克里斯滕森和休斯打电话报告与硬件或软件相关的任何问题。他们会看到下面这条信息："任何与业余爱好者计算机相关的问题，请随意留言。"

CBBS功能简单，以致掩盖了它作为业余爱好者社区组织工具的影响力。1978年11月，《字节》（*Byte*）杂志出版了一期关于通信的特刊，克里斯滕森和休斯在上面发表文章，解释CBBS的技术架构，并邀请读者体验。成千上万名读者接受了他们的邀请，很快，在北美洲和欧洲各地都出现了新的公告板系统。每个新公告板系统都对其核心概念加以调整，增加文件交易或玩游戏等功能，设置规则规定用户行为，体现当地文化和所有者个性。大部分BBS是免费试用的，只需支付长途话费。为了能在电子科技前沿体验一把这些新奇事物，BBS的狂热者甚至能支付几百美元的话费。

除了业余爱好者，还有其他人也在构建联机系统。1979

第一章
追忆猫世代

年,两家新的商业在线服务相继推出,志在吸引个人电脑用户。同年底,总部位于弗吉尼亚州北部的有源(The Source)BBS 号称拥有 3000 名客户拨打电话,分别来自美国 260 个城市。用户按日间 15 美元/时,晚间 2.75 美元/时付费,以获取国际新闻、股票市场数据、房地产列表和餐馆评论。与此同时,分时服务公司计算机在线开创了针对个人电脑爱好者的在线服务:微网(MicroNET)。有源关注信息获取,微网保障计算机技术能力。从每天的下午六点至第二天的早上五点,微网用户每小时支付 5 美元,便可以在连接了计算机在线网的大型计算机上编写和运行程序。但实际上吸引用户按小时付费的,既不是信息,也不是能接入计算机。对于早期拥有调制解调器的人来说,计算机在线和有源 BBS 已经成为重要的社区空间。这些系统上的论坛讨论、软件档案和"CB 模拟器"聊天频道等实际上充当了新兴本地 BBS 的非正式主干网。

1983 年夏天刮起一股新的刻板印象风:天才少年。电影院放映的冷战惊悚片《战争游戏》(War Games),讲述了两个年轻主角利用调制解调器和微型计算机偷改成绩、下载游戏甚至几乎发动第三次世界大战的故事。这是好莱坞电影第一次将计算机和计算机网络描绘成用于探索、游戏、寻求自我认同和青少年恶作剧的工具。[23] 接下来的一年,因为青少年在家用电脑上配置了调制解调器,BBS 及类似商业服务出现了新用户激

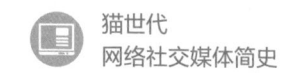

增现象。可是，中年的爱好者和这些初来乍到的青少年之间有什么共同话题呢？哪些青少年能支付得起这种商业服务呢？不久，配备了调制解调器的青少年创建了自己的公告栏，用技术来满足他们的兴趣和需求。

与全国性的商业服务不同，BBS 往往服务于本地用户，因为大多数业余爱好者支付不起经常拨打长途电话的话费。[24] 系统管理员敏锐地意识到 BBS 文化的本地性特点。从某种意义上说，管理员就是在邀请陌生人到自己家中做客。他们把主机放在附近桌子上的柜子里，随着来电者呼入呼出，就能听到硬盘驱动的呼呼声，看到调制解调器的灯光闪烁。大部分 BBS 鼓励用户使用假名或控键，但用户和管理员之间的关系经常跨越线上与线下的界限。许多管理员在自家或喜爱的酒吧举办派对，他们的 BBS 用户可以参加。这些面对面的交流塑造了他们 BBS 的社会形象。想到对方可能是你的邻居、同学、同事或朋友时，口水战和激烈争论就会呈现出不同的特征。

整个 20 世纪 80 年代，BBS 的分布与人口分布基本一致。同样配备调制解调器的前提下，居住在密集城市的人比居住在小城镇的人在呼叫本地 BBS 方面有更多选择。在 BBS 集中的大城市，要求管理员进一步专业化，这样一来，BBS 只服务于城市内特定人群和兴趣社区。想要谈论业余天文学的人创建一个版块，想要交易盗版软件的人去另一个版块。如果对上述两个话

第一章
追忆猫世代

题都感兴趣,那么可以在每个版块创建单独的个人资料,从而选择、展示和披露他们在不同方面的网络身份。小城镇的用户就没这么幸运了,如果所在地区只有你一位业余天文学家,那么本地版块里也许没人会和你聊天。不同地区的 BBS 分布,见图 1.2。

为把来自各个地区的用户聚在一起,BBS 管理员需要让不同版块的用户无须拨打长途电话就可以交流。在 20 世纪早期,业余无线电爱好者解决了这个问题,他们组织了一个合作站网络,在全国范围内自愿"转播"信息。[25] 阿帕网电子邮件系统凭借类似的"存储-转发"技术,在机器网络之间传输数据,中间无须人工操作。还有些机构网络利用系统间文件拷贝程序(UUCP)协议在分时技术之间传递信息。但是,与 CBBS 一样,最终,一位业余爱好者开始编写代码,组织城际链接,方便在各 BBS 之间传递信息和传输文件。[26]

1984 年初,首个 BBS 内部连接从汤姆·詹宁斯(Tom Jennings)旧金山湾区的家里传播出来。詹宁斯是一位微型计算机专家和爱狗人士,自称"同性恋朋克怪咖",率先在 IBM 个人电脑平台上发布了一个名为"惠多"的 BBS 主程序。[27] 截至当年夏季,有十几个 BBS 运行"惠多",詹宁斯通过电话与这些 BBS 的管理员保持联系。在巴尔的摩市的一位 BBS 管理员约翰·马迪尔(John Madill)的帮助下,詹宁斯添加了一个实验功能,让运行"惠多"程序的两个 BBS 相互呼叫并自动

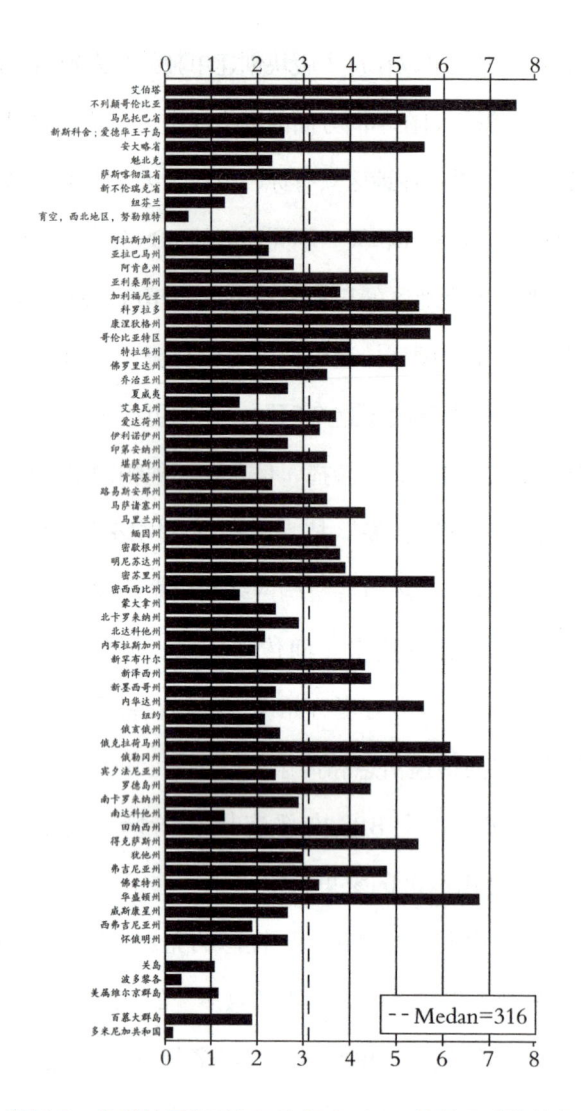

图 1.2 北美地区当时每万人拥有 BBS 的数量（估算）

（资料来源：该数量根据 1978—2010 年与某 BBS 有关的 106288 个电话号码进行估算获得，包括 1996 年以前使用中的 158 个区号，每个区号内至少有一个 BBS。）

第一章
追忆猫世代

交换数据。经过一年的运营，活跃在网络上的 BBS 达到一百多个，"惠多网"便成为在各大 BBS 之间交换文件和传递信息的开放标准。截至 1985 年年底，从马里兰州到圣路易斯，从得克萨斯州到夏威夷，从英国到印度尼西亚，"网络邮件"在其间来回交换。惠多网凭借其开放的标准和巧妙的设计，成为一个实验平台。圣路易斯的一群管理员创建了一个层次结构，实现更高效的长距离传送信息，而互联的网关则在 BBS 和迅速发展起来的互联网之间传递邮件。20 世纪 90 年代初，国际惠多网以其低准入门槛和全球覆盖性在计算机网络中拥有无可比拟的地位。

拨号式 BBS 创造的社会环境和技术环境带动了新形式的计算机艺术和文学。首先，文本奖励了那些喜欢书面交流的用户。许多管理员为用户提供了收集纯文本文档或文本文件的空间。尽管有些文本只是转录比较难找到的纸质材料，但文本文件现象已经发展成一种独特的电子出版类型，类似于爱好者 DIY 杂志或个人漫画。早在 1983 年，文本文件的作者群体就已经组成写作团队，制作了成百上千个协作文档和"电子杂志"。[28]

数字文本也塑造了 BBS 的视觉文化。早期 BBS 的界面都是根据通用打字机上现成的有限符号集构建的，以确保其与电传打印机终端兼容。不过到了 20 世纪 80 年代中期，IBM 兼容"克隆"个人电脑被广泛使用，因此文本模式设计师们拥有了共同媒介，即 80 列、16 色和 256 个字符。很快，BBS 的界面和文本文件被饰以色彩斑斓的"ANSI 艺术"图表。如 ACiD 和 iCE 之类的 ANSI 艺术图表集开始与当时存在的文本文件集一道，共同传播"艺术包"。[29] 这些文本方式的图表具有高分辨率，使 BBS 的"门"游戏制作成为可能。作为 BBS 管理员安装的扩展程序，"门"游戏的范围从简单的赌场模拟游戏到复杂的策略游戏以及多玩家虚拟世界（图 1.3）。[30]

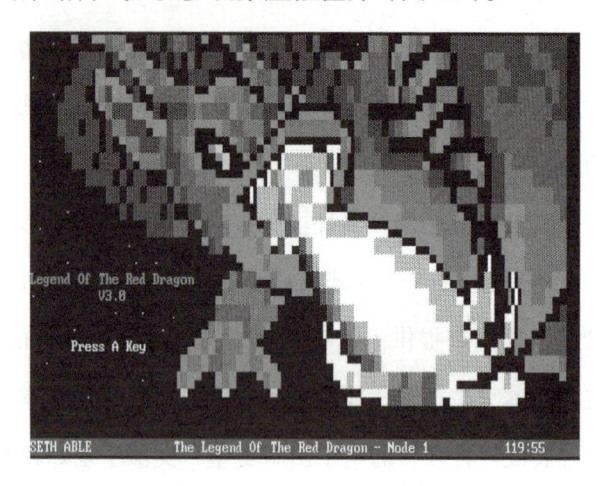

"红龙传奇"是一款多人幻想角色扮演游戏，由赛恩·埃布尔·罗宾逊（Seth Able Robinson）于 1989 年用 Turbo Pascal 语言编写。罗宾逊希望这款游戏能吸引更多人加入他的 BBS，而且游戏机制会奖励那些经常拨入 BBS 的用户。玩家每天可以进行有限数量的活动，比如探索、交易、决斗、搜寻、在酒馆闲逛等，而且这些活动每天晚上都会被重新设定。"红龙传奇"越来越受欢迎，罗宾逊鼓励爱好者对它进行完善和修改，以便管理员能根据他们的 BBS 本地文化对游戏机制和美术设计进行更改。

图 1.3 "红龙传奇"

第一章
追忆猫世代

经过 20 世纪 80 年代的发展，个人电脑日益普遍，调制解调器的价格也有所下降，使用 BBS 的人不再仅限于技术人员，而是已经扩大到对通信媒体有实际需求的人群。酷儿社区、粉丝文化和政治活动等主题的 BBS 尤其活跃，成为人们社交、组织和分享资源的空间。1984 年，阿瑟科恩（Arthur Kohn）创立"密室"（Backroom），进而形成"GayCom"——专门为同性恋人士提供的 BBS。美国和英国的政治组织者为推行和平与环保运动而建立了"依可网"（EcoNet）、"绿色网"（GreenNet）以及"和平网"（PeaceNet）。1985 年，"全球电子链接"——也许是最知名的 BBS 为旧金山湾区反主流文化成员提供虚拟空间，里面汇集了成百上千名"感恩而死"乐队[1]的粉丝。当然，白人权力集团、军队、反犹太阴谋论者以及其他极右分子也没有忽视 BBS 技术的政治潜力。

我们永远不知道到底有多少个 BBS，也不清楚到底多少人曾使用过它们。现有数据一片混乱，难以厘清。但即使粗略估计一下，我们也不难知道这些业余网络比许多知名商业服务的规模还大。在北美地区的城镇，有十万多个这样的 BBS，呼叫的人至少有 250 万。[31] 从地理位置看，呼叫 BBS 的人不只是来自硅谷或北弗吉尼亚这样的科技中心。从阿拉斯加到百慕大，

---

[1] 感恩而死即 Grateful Dead，美国一乐队名。——译者注

从波多黎各到加拿大萨斯喀彻温，北美地区的电话区号列表中的任何一个区号都至少有一个拨号式 BBS 的主机。当今的社交媒体便源自这些本地社区和小型网络的交互连接。

在美国，BBS 用户的统计数据似乎与个人电脑的数量高度一致，人口特征以白人男性为主。1989—1993 年，美国人口统计局调查了电脑拥有者对 BBS 和电子邮件的使用情况。尽管该调查没有区分 BBS、大学网络与商业服务，但由于针对早期上网人群的研究实在凤毛麟角，这项研究可以说是比较全面的调查之一。1989 年，美国人口统计局报告，5%~7% 的电脑拥有者使用 BBS 和电子邮件。使用者在年龄和收入方面的差异不显著，但白人单身男性使用 BBS 的可能性几乎是其他群体的两倍之多。20 世纪 90 年代早期，电脑拥有率跃升，更多美国人随之进入调制解调器的世界。1993 年，美国人口统计局调查发现，拥有电脑的黑人和白人在使用 BBS 方面的比例大致相等，约为 9%，而电子邮件的使用率则一跃升至 32% 左右。似乎黑人用户比其他群体更乐意使用电子邮件。不过，女性上网人数仍然较少。使用 BBS 的男性数量几乎是使用 BBS 的女性数量的两倍，这一明显差异也反映在该时期女性的亲身体验中。[32]

第一章
追忆猫世代

1991 年，未来的美国副总统阿尔·戈尔（Al Gore）[①]介绍信息高速公路时，许多长期使用计算机的用户把它设想为一个加强版的 BBS 网络。当时，只有大约五分之一的美国人有家用电脑，会上网的人就更少了。当人们还在费劲地理解网络空间时，许多 BBS 爱好者看到了将技术爱好变现的机会。于是大量的指导手册和贸易展览出现了，它们都承诺保证教会管理员如何将他们的 BBS 商业化。1994 年夏季，一场在佐治亚州亚特兰大召开的 BBS 大会吸引了四千名与会者，相比 1993 年翻了一番，因此《信息世界》（*InfoWorld*）杂志的专栏作家鲍勃·梅特卡夫（Bob Metcalfe）说 BBS 就要在互联网上"爆炸"了。各大 BBS 都在全国范围内宣传自己立足本地，是诸如"计算机在线""Prodigy"或"美国在线"等全国性系统的友好替代。它们将会是信息高速公路上的入口匝道、休息站和服务站。北美地区的 BBS 用户数量在 1994 年达到了最高峰（图 1.4）。

但私有化的过程是非常混乱的。由于缺乏中央权威机构或宣传组织，BBS 社区在这场关乎互联网未来的激烈争辩中没有发言权。[33] 在商业服务提供商与高校网络管理员争论不休时，几乎完全没有考虑 BBS 用户和管理员的利益。更糟糕的是，

[①] 戈尔于 1993—2001 年担任美国副总统。——编者注

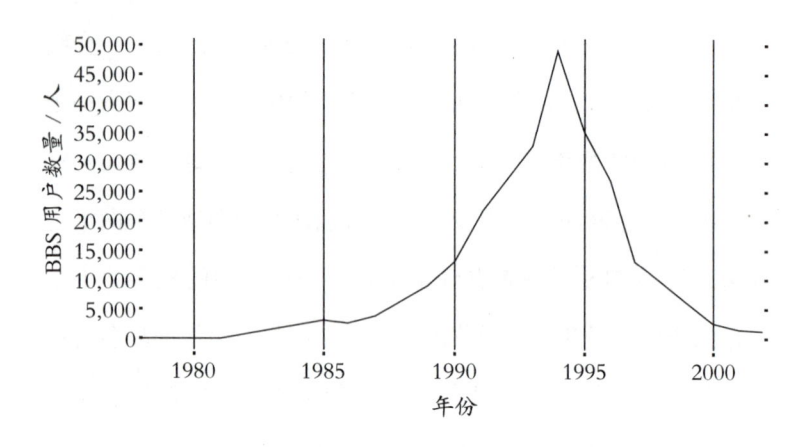

图 1.4　1978—2002 年北美地区 BBS 用户数量趋势

（数据来源：根据存档的 BBS 列表和回顾性自我报告进行的年度估计）

资深互联网倡导者大多不熟悉拨号网络技术与文化。诸如国家科学基金会网络之类的分组交换系统与消费者导向的 BBS 网络分别在完全不同的基础设施上运行，同时熟练使用二者的人寥寥无几。[34] 总体而言，BBS 并非被权力机构有意忽视，而是被遗漏了。最后，1995 年，一场关于"网络色情"的道德恐慌威胁着要戳破互联网泡沫时，各大 BBS 自然就成了替罪羊。BBS 又旧又脏，互联网和万维网全新、干净而且安全。面对如此污名，许多有魄力的 BBS 运营商便悄悄地改头换面。于是，成千上万个拨号 BBS 似乎一夜之间消失殆尽，取而代之的是全新的"互联网服务提供商"。在美国，人们已不再使用 BBS 这个词了。1997 年，美国人口统计局的调查问卷中正式用"互联网"取代了"BBS",时至今日,服务商提供在线服务的形式及其发展速度一直在迭代(图1.5)。

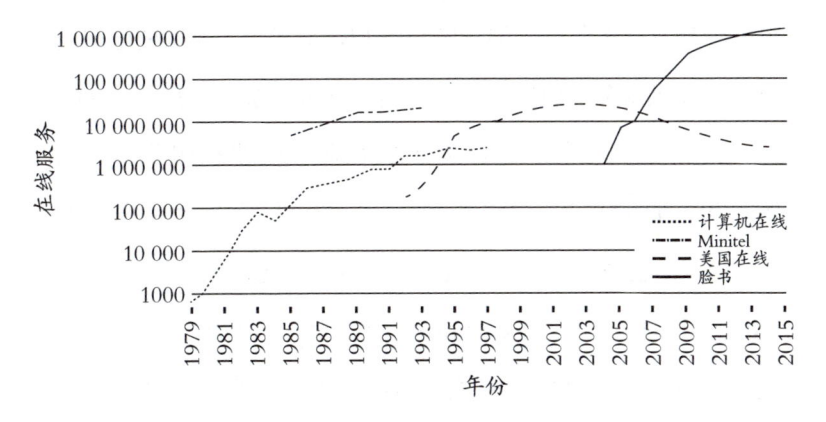

图1.5　1979—2015年不同服务商提供的在线服务的增长对比

(数据来源:根据行业刊物和提交给美国证券交易委员会的年度报告中披露的自我报告数据进行估算。除Minitel是法国居民专用外,其他估计为国际范围。Minitel一直服务到2012年,但使用统计数据只公布到1993年。美国在线于1998年收购了计算机在线。脸书的用户数量估计是根据每月活跃用户指标推断出来的。)

BBS运行的时间虽然不长,但其影响却十分深远。从运营本地互联网服务提供商到创建新的网络社区,之前的BBS用户和管理员在公共互联网的形成过程中扮演了至关重要的角色。那么,他们究竟是些什么人呢?通常来说,调制解调器世界的人口统计学特征符合人们对20世纪80年代电脑怪才的传统印象:年轻、白人、中产阶级男性或男孩。即使在BBS的鼎盛时期,也有许多BBS是男性专属,甚至公开的同性恋社区酷儿论坛也主要为男同性恋服务。然而，调制解调器世界的结构分散，致使各个系统大相径庭。个人 BBS 和 BBS 网络的组织者都可以按照自己的意愿利用 BBS 技术，为不同的电脑用户社区提供服务。纽约"回声"的管理员斯泰茜·霍恩（Stacy Horn）培育了一个以女性为主的社区，科罗拉多州的"橡树"和芝加哥的"百分之十连接"则力求打造女性专属空间，"TGnet"的会员区致力于变性人身份认同、健康与文化。同样，"AfroNet"联接了二十多个 BBS，旨在就黑人权益进行广泛讨论。总而言之，20 世纪 90 年代早期，拥有电脑的美国黑人家庭不如白人家庭那么多，但是他们使用 BBS 的比例相差不大。

要理解这段历史，我们必须正视规模方面的矛盾，在个人用户亲身体验和广泛的草根运动总体特征之间来回游荡。使用拨号式 BBS 的绝大多数人是中产阶级白人男性，同时，它也为没有其他媒体渠道的电脑用户提供了至关重要的相对公共空间。理解调制解调器世界在二者之间的冲突，是理解社交媒体为什么在平台时代失败的基础，对于畅想未来世代至关重要。

我们如何知道我们知道什么？

人们一贯认为数字媒体呆板而精确。把一本书复印一份并通过电子邮件发给朋友不需要任何费用。人们坚信数字媒体是无形的，这一点从我们将其隐喻为"云"就可见一斑。我们

第一章
追忆猫世代

每次将重要的个人数据存储在云端时，都沉浸在人类可以构建和维护一个全球数据中心网而不需要付出任何成本的幻想之中，既没有人力成本，也没有环境成本。然而，在 20 世纪八九十年代，计算机网络还是有形的东西，它们是由铜线和急速旋转的磁盘驱动器组成的，这一点不容忽视。

在最初的调制解调器世界里，以计算机为媒介的通信更像广播媒体，而非软件。它的架构注定了它的短暂性。就像许多电视演播室会经常删除磁带中原有的录音，腾出空间放新录音，许多 BBS 程序也会删除旧帖子，以便给新帖子腾出空间。BBS 用户也明白，他们的线上活动未来没有保障。BBS 从来没有被谷歌抓取过，也不曾被互联网档案馆的时光机捕获过，亦没有搜索引擎、门户网站或数字目录可供参考。如果一个 BBS 下线了，那么它就带着所有用户创建的文件和信息一起彻底从网络空间里消失了。数据存储价格昂贵，大多数 BBS 没有备份副本，也许是管理员负担不起备份副本的费用，也许是管理员认为没有必要。通常来说，记录一个 BBS 视觉文化的最佳办法是用摄像机对准电脑进行文字"截图"。家用录像有时会出现在视频网站上。

调制解调器的管理与技术设计都特别分散，因此它的重要历史愈加复杂了。每个 BBS 均独立运作，所有用户账号都不会从一个 BBS 链接到下一个 BBS。即使有诸如惠多网之类的大型 BBS 联盟出于技术需要而保留记录，但它们毕竟只是整个 BBS 世界里小小的子集。热心人士根据地区和主题对 BBS 进行分类，并发布了几百份参考指南，但记录全网的却一个也没有。[35] 有些国家赞助的当代公司，如 Minitel 和国家科学基金会网络，出于财务考虑而保留核心记录，但没有任何法律条文规定 BBS 运营商也要做好记录。这些 BBS 运营商既不需要申报年度报告，也不需要重新申请拨款，也没有什么股东通知或会议记录。当然了，像计算机在线和有源这样的私人商业服务公司会保存用户记录，但公众是无法看到这些数据的。在 20 世纪八九十年代，除了美国人口普查、一些学术论文和市场调查报告，没有人发表什么特别典型的网络人口调查。正式文档中有针对当代读者的注释，比如常见问题解答和说明文件等。这群人及其所在社区的故事处于这些灰色文献的边缘地带。

　　如今，调制解调器世界的重要记录虽然在顽强地增长，但仍是非常凌乱和碎片化的。它的痕迹也许留存在软盘盒子里、浸满水的杂志堆里、废弃的图书馆书籍里、没有标记的家用录像系统磁带里，抑或是盗版软件里。尽管没有被图书馆、博物馆或其他档案机构系统地收藏，但这些资料出现在业余无线电交换会、易贝（eBay）拍卖会以及前用户的柜子里。在过去的二十年里，一群自存档"计算机复古"爱好者组成一个松

第一章
追忆猫世代

散网络,把他们的个人收藏发布到公共网络上。如果有人想撰写 BBS 世代的历史,那么这个热心社区可以为之提供专业知识、劳动力和重要资源。由于缺乏机构支持,业余爱好者自掏腰包支付主机费用,扫描并上传摘自杂志和目录的图像,学习司法鉴定用的专业技术,从老化的软盘中恢复数据。

调制解调器世界研究的一个最重要的资源是"文本文件网"(textiles.com),这是自称"游手好闲的档案保管员"的贾森·斯科特(Jason Scott)自 1998 年开始便一直维护的网站,堪称数字档案馆。[36] 该网站起源于斯科特的个人收藏,后来渐渐扩展到包括一系列时事通讯、技术文档、计算机程序以及短暂出现在 20 世纪 80 年代的 BBS 文化。今天,该网站拥有五万多份文件,包括 11000 多本常见期刊和电子杂志。除了创建这个数字档案馆,斯科特还执导了一部关于 BBS 技术和文化的系列纪录片——《BBS 纪录片》,这部纪录片一共八集。此外,2001—2005 年,斯科特还在博客和论坛上定期发表文章,记录整个纪录片的制作过程。他似乎通过这种极其透明的方式,直截了当地邀请以前的 BBS 爱好者们分享他们的记忆。斯科特的目标是展示多元化的 BBS 运动,从营利性的商业平台到规模微小的业余 BBS,而非一家 BBS 的个人回忆录。奔着项目最初的精神,斯科特将长达两百多小时的原始采访镜头视频发布到互联网档案馆。这些访谈视频是有关猫世代的口述史的主要来源。

除了"文本文件网"收藏等"先天数字"资源，印刷媒体也是保存 BBS 历史的重要载体。1983—1998 年，美国的科技出版社出版了一些关于 BBS 历史、个人电脑通信的操作指南和技术手册。尽管这些书籍的重点一般是技术操作，但作者也经常写到一些 BBS 使用体验的一手观察资料。从 20 世纪 70 年代末开始，计算机爱好者杂志如《字节》、行业期刊如《信息世界》以及如《计算机纪事》(*Computer Chronicles*)等小众电视节目便开始定期报道个人电脑网络。20 世纪 80 年代末出现了几本专门针对 BBS 用户的杂志，包括《关注公告板》(*Borad Watch*)、《BBS 呼叫者文摘》(*BBS Callers Digest*)、《管理员新闻》(*Sysop News*)、《网络世界报告》(*Cyber World Report*)等。计算机爱好者社区规模不断扩大，对于无法享用本地用户组的读者来说，订阅计算机杂志便成了他们接近这些社区的关键途径。这些杂志通过读者来信和分类广告，精选了新手、非技术人员、行业专家和长期黑客的观点。[37]

除了要面对这些档案和方法方面的质疑，处理 BBS 文化历史的人还终将面临棘手的伦理问题。BBS 社区在相对默默无闻的情况下蓬勃发展。说用户就像在私人俱乐部闲逛也是完全有道理的。BBS 网络的匿名性和给用户的安全感，使之更容易被边缘化群体接纳。作为这种文化的继承者，我们应该尽可能

第一章
追忆猫世代

去理解和保护这些历史,这是我们的一种道德义务。在本书中,我一直在努力平衡,既想确认和赞扬每个 BBS 参与者的贡献,也尽力尊重他们最初的生存环境。

BBS 历史的非正式档案结合了回忆录:杂志的扫描页包含手写便条和收货地址;20 世纪 90 年代的共享软件光盘中收藏有 BBS 广告;盗版电脑游戏的标题屏幕上出现电话号码。这些数字旁注仿佛在提醒我们,这些都是技术在使用中的历史,这些幸存下来的数据并非注定留存下来,而是被偷运到未来的。

为什么不是另一个互联网?

在社交媒体、网络热潮和美国在线的"10 小时免费"之前,拨号式 BBS 为电脑拥有者提供了一个可以相互见面、分享资源和建立社区的平台。猫世代的历史为互联网如何变得社会化提供了一个新解释,以往的历史更多是关注美国军事、学术研究或硅谷,而猫世代的历史是一个很好的补充。业余媒体由来已久,在此基础上,20 世纪 70 年代创建拨号式 BBS 的爱好者群体将计算机网络的概念从工具转换为一个用来沟通交流的文娱空间。20 世纪 80 年代的拨号式 BBS 通过创新和改造北美地区的电话网络,提供了商业分组交换系统和封闭式研究网络的低成本替代品。拨号式 BBS 的网络设计注重满足人类社区的社交需求，而非注重自身稳定性或营利性。20世纪80年代末，成千上万无法接触其他媒体的个人或机构在遍及北美地区各地的大城小镇中使用拨号式BBS。从音乐粉丝圈到奇幻游戏以及酷儿行动和政治倡导，各种社区渐渐形成当今社交媒体系统依然依赖的规范和惯例。

拨号式BBS价格低廉、彼此协作且具有明显的社交性，所有这些都是当时的机构所不具备的。它们的规模在远离诸如硅谷或128号公路等之类的传统技术中心的大城小镇激增。也许它们的主机就放在厨房饭桌上、工作台上、家庭备用橱柜里或志愿服务人员的办公室。与相对同质的研究网络相比，拨号式BBS的访问对象更加多样化，他们来自各行各业，拥有各种不同的社会经济背景。随着在线社区的可持续性问题、隐私问题、管理问题和言论自由等典型问题不可避免地出现，拨号式BBS的网络生态环境也开始多样化，相比不那么多元化的真实社会环境来说，BBS为实验和民主参与提供了更多机会。

对于早期使用调制解调器的人来说，网络空间首先是一个本地BBS。欣然接受这个草根起源的故事，应该可以改变今天我们与社交媒体系统的互动方式。权力向少数平台和供应商集中，这与网络去中心化、地方所有、跨地区合作和相互负责的悠久传统背道而驰。为了设想互联网更美好的未来，我们需要对互联网的历史进行更详细的描述，包括那些在那个更具实验性的时代被抛弃的原型和未被选择的道路。BBS 的繁荣是基于怎样的文化、技术和监督条件？潜在用户是如何看待调制解调器的？BBS 欢迎谁加入以及将谁排除在外？长期使用 BBS 的用户对发生在 20 世纪 90 年代的网络热潮持何种态度？什么样的社会实践与技术革新延续到参与式网络中？为什么这么多历史学家忽略了 BBS 现象？回忆往昔的 BBS 会鼓励我们为未来的互联网寻求怎样的正义？

注释

1 关于酷儿政治和早期网络，详情参见 Megan Sapnar Ankerson, "How Coolness Defined the World Wide Web of the 1990s," *Atlantic*, July 15, 2014, http://www.theatlantic.com/technology/archive/2014/07/how-coolness-defined-the-world-wide-web-of-the-1990s/374443/.

2 Bradley Fidler, "The Evolution of Internet Routing: Technical Roots of the Network Society," *Internet Histories 3*, no.3–4 (October 2, 2019):364–87, https://doi.org/10.1080/24701475.2019.1661583.

3 然而，了解协议对于理解如何规范用户行为以及如何约束社区惯例是至关重要的。要批判地看待影响网络的"守护程序"，详情参见 Fenwick McKelvey, Internet Daemons: Digital Communications Possessed (Minneapolis: University of Minnesota Press, 2018), https://doi.org/10.5749/9781452961743.

4 Morten Bay, "What Is 'Internet'? The Case for the Proper Noun and Why It Is Important," *Internet Histories 1*, no.3 (May 4, 2017):209–11, https://doi.org/10.1080.24701475.2017.1339560.

5 关于施乐帕克研究中心和帕克研究中心通用分组协议网络研究的更多细节，详情参见 Paul Dourish, *The Stuff of Bits: An Essay on the Materialities of Information* (Cambridge, MA: MIT Press,2017), https://mitpress.mit.edu/books/stuff-bits.

6 约翰·夸特曼的网络地理学首先是在 1984 年得克萨斯大学研究生之间流传的非正式网络列表，以及 1996 年发表在《美国计算机学

第一章
追忆猫世代

会通讯》的一篇文章。在 1990 年《黑客帝国》出版之后，他创立了一家名为"矩阵信息和目录服务"的咨询公司。此外，他在名为《矩阵新闻》的时事通讯和《矩阵图季刊》的一系列地图和图表中持续记录互联网的增长。详情参阅 John S. Quarterman, *The Matrix: Computer Networks and Conferencing Systems Worldwide* (Bedford, MA: Digital, 1990); John S. Quarterman and Josiah C. Hoskins, "Notable Computer Networks," *Communications of the ACM* 29, no.10 (October 1, 1986): 932-71, https://doi.org/10.1145/6617.6618; Quarterman, "About Matrix News (MN)," Matrix Information and Directory Services, January 21,1998, https://web.archive.org/web/19980121022331/ http://www.mids.org/mn/about/html; "Matrix Maps Quarterly," Matrix.net, January 24, 2001, https://web.archive.org/web/20010124082100/ http://www.matrix.net/publications/mmq/index.html.

7 美国在线的"互联网中心"是 20 世纪 90 年代互联网扩张的一个关键门户。"互联网中心"是美国在线内部的一个区域，供用户访问封闭平台之外的资源。1992 年 6 月，美国在线推出互联网电子邮件网关，并为用户提供了 @aol.com 邮箱地址。1993 年冬季至 1994 年春季，美国在线增加了对 Gopher、USENET 和 WAIS 的访问。到 1994 年底，它通过实施自定义浏览器和收购主干网提供商 ANS，积极向互联网开放其平台。见 "America Online Expands Capacity and Internet Support," *Information Today*, May 1994; Peter H. Lewis, "America Online Buys 2 Internet Companies: A Company Warms Up to the World Wide Web," *New York Times*, November 10, 1994, sec. Business Day; Jared Sandberg, "America Online, Capital Cities/ ABC Plan New Service," *Wall Street Journal*, July 7, 1994, sec. Technology and Telecommunications; Kara Swisher, *AOL.com: How Steve Case Beat Bill Gates, Nailed the Netheads, and Made Millions in the War for the Web* (New York: Times Business, 1998).

8 1995 年 1 月，克罗克向大型互联网列表服务器发布了一条消息，

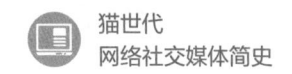

征求大家对互联网访问新类型的想法。克罗克在他的首条信息中表示，正是围绕《纽约时报》一篇文章的讨论激发了他开始思考相关定义。见 Dave Crocker, "Who Is on the Internet?", Big-Internet@munnari.oz.au, January 24, 1995; Crocker, "RFC 1775 To Be 'On' the Internet," Network Working Group, March 1995, https://tools.ietf.org/html/rfc1775.

9 随着移动宽带和平价智能手机的普及，据报道目前 90% 左右的美国成年人使用互联网。在较富裕的城镇，访问互联网就如同使用电灯和自来水一样稀松平常。Pew Research Center, "Demographics of Internet and Home Broadband Usage in the United States," Internet & Technology, June 12, 2019, https://www.pewresearch.org/internet/fact-sheet/internet-broadband/.

10 斯特林写道："如果你还没有电脑和调制解调器，那就买一个吧。"这篇文章以 "internet_sterling.history." 为文件名保存在 "Net_culture" 文件夹下，在电子前沿基金会的数字档案中保存了十多年。Electronic Frontier Foundation, "EFF 'Net Culture & Cyber-Anthropology' Archive," March 13, 2003, http://w2.e.org/Net-culture/.

11 历史学家菲利普·希曼（Philip Shiman）在他的述评中提到过这个主题，见 "Credits for the Information Highway," Science. 274, no. 5293 (December 6, 1996): 1627–28, https://doi.org/10.1126/science.274.5293.1627.

12 对美国国防部高级研究计划局的关注在哈夫纳和里昂的一本德文图书中美国更加突出，详见 ARPA Kadabra oder die Anfänge des Internet（Hei-delberg: Dpunkt-Verl., 2008）。

13 同年出版的一部学术著作对美国国防部高级研究计划局拨款带来的政治影响进行了较为透彻的研究，详见 Paul N. Edwards, *The Closed World Computers and the Politics of Discourse in Cold War America* (Cambridge, MA: MIT Press, 1997)。要了解阿帕网是如何融入国防部高级研究计划局信息处理技术办公室的更大目标的，可参阅 Arthur L. Norberg, Judy E. O'Neill, and Kerry J. Freedman, *Transforming*

Computer Technology: Information Processing for the Pentagon, 1962–1986 (Baltimore: Johns Hopkins University Press, 1996)。

14 "互联网成为媒体焦点之后的这些年，出现了许多以某种方式——通常是以讲述英雄事迹的方式讲述互联网起源的书籍，而且还颇受欢迎"。Abbate, *Inventing the Internet,* 221n2.

15 从英国视角看待这一时期的详细历史，可参见 Dorian James Rutter, "From Diversity to Convergence: British Computer Networks and the Internet, 1970–1995" (PhD diss., University of Warwick, 2005).

16 "调制解调器世界"示例：The Nomad, "The Modem Life. Is It Really Worth It?," May 26, 1985, 存档于 http://www.textfiles.com/100/modemlif.hac; Hanne Borland 和 Jytte Mansfeld, *Living in a Modem World* (Hørsholm, Denmark: Focus, 1991); Chris, "The Fall of the Modem World," August 1, 1991, 存档于 http://textfiles.com/bbs/fotmw.txt; Charles P. Hobbs, "The Modem World," 2000, 存档于 http://textfiles.com/history/modemwld.txt.

17 早在可编程数字计算机出现之前，人们已经用大脑来隐喻通用信息系统了。例如，H. G. Wells, *World Brain* (Garden City, NY: Doubleday, Doran, 1938)。另请参阅 Ronald E.Day, *Indexing It All: The Subject in the Age of Documentation, Information, and Data* (Cambridge, MA: MIT Press, 2014)。

18 例如，见 Nathan Ensmenger, *The Computer Boys Take over Computers, Programmers, and the Politics of Technical Expertise* (Cambridge, MA: MIT Press, 2010).

19 关于分时技术在个人电脑生产中起到的作用，更详细的调查请参考 Joy Lisi Rankin, *A People's History of Computing in the United States* (Cambridge, MA: Harvard University Press, 2018)。关于分时技术及其商业开发的详细资料，请参考 Martin Campbell-Kelly and Daniel D. Garcia-Swartz, "Economic Perspectives on the History of the Computer Time-Sharing Industry, 1965–1985," *IEEE Annals of the History of*

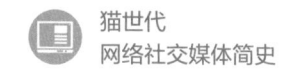

Computing 30, no. 1 (January 2008): 16–36, https://doi.org/10.1109/MAHC.2008.3; T.Van Vleck, "Electronic Mail and Text Messaging in CTSS, 1965–1973," *IEEE Annals of the History of Computing* 34, no. 1 (January 2012): 4–6, https://doi.org/10.1109/MAHC.2012.6; D. Hemmendinger, "Messaging in the Early SDC Time-Sharing System," *IEEE Annals of the History of Computing* 36, no. 1 (January 2014): 52–57, https://doi.org/10.1109/MAHC.2013.44; Jens Brammer, "Time-Sharing in Denmark in 1968," in *History of Nordic Computing 4*, ed. Christian Gram, Per Rasmussen, and Søren Duus Østergaard, vol. 447 (Cham, Switzerland: Springer, 2015), 167–70, http://link.springer.com/10.1007/978-3-319-17145-6_18; Steve Jones and Guillaume Latzko-Toth, "Out from the Plato Cave: Uncovering the Pre-Internet History of Social Computing," *Internet Histories 1*, nos. 1–2 (January 2, 2017): 60–69, https://doi.org/10.1080/24701475.2017.1307544; Alexander Mirowski, "At the Electronic Crossroads Once Again: The Myth of the Modern Computer Utility in the United States," *IEEE Annals of the History of Computing* 39, no. 2 (2017): 13–29, https://doi.org/10.1109/MAHC.2017.12.

20 要更深入地了解微型计算机的出现，参见 Martin Campbell Kelly and William Aspray, *Computer: A History of the Information Machine* (New York: Basic Books, 1996); Paul E. Ceruzzi, *A History of Modern Computing* (Cambridge, MA: MIT Press, 1998).

21 这一时期的历史学家认为，业余爱好者的时事通讯已被证明是特别有价值的来源。例如，见 Kevin Gotkin, "When Computers Were Amateur," *IEEE Annals of the History of Computing* 36, no. 2 (April 2014): 4–14, https://doi.org/10.1109/MAHC.2014.32; Kevin Driscoll, "Professional Work for Nothing: Software Commercialization and 'An Open Letter to Hobbyists,'" *Information & Culture* 50, no. 2 (May 1, 2015): 257–83, https://doi.org/10.7560/IC50207; E. Petrick, "Imagining

the Personal Computer: Conceptualizations of the Homebrew Computer Club 1975–1977," *IEEE Annals of the History of Computing* 39, no. 4 (October 2017): 27–39, https://doi.org/10.1109/MAHC.2018.1221045.

22 在运营的头几个月，有关其他公告板系统的消息会发布到 CBBS 上。见 Jason Scott, "BBS Textfiles: CBBS: The Dead CBBS Scrolls," textfiles.com, 访问于 July 2, 2020, http://www.textfiles.com/bbs/CBBS/SCROLLS/.

23 美国对计算机网络和互联网文化的态度受到《战争游戏》的影响，关于这种影响的详细情况，请参考 Stephanie Ricker Schulte, *Cached: Decoding the Internet in Global Popular Culture* (New York: New York University Press, 2013).

24 这一区域焦点反映了 20 世纪 80 年代北美拨号电话的经济情况。大多数人每月支付固定话费，可以在当地无限通话，但如果拨打另一个城市或州的电话，那么费用是按照通话时长、距离以及通话所处时段来计费的。北美电话号码一共十位数字，其中包括"区号"和"电话交换台号码"。一不留心，一次长途电话可能会花费一百多美元。对任何希望避免负债的 BBS 探索者来说，学习解码这些数字是一项必备技能。大多数 BBS 用户只是访问当地呼叫区域的公告板系统。

25 业余无线电中继联盟始于 1914 年，其目标是创建一个正式的信息传递网络，它在一个多世纪后仍是美国业余无线电的重要倡导组织。关于业余无线电中继联盟的起源，请参阅 Susan J. Douglas, *Inventing American Broadcasting, 1899-1922* (Baltimore: Johns Hopkins University Press, 1987), 205–6.

26 事实上，早在 CBBS 出现之前，业余爱好者和专业研究人员就在反复考虑个人电脑联网这个观点。计算机杂志上发表过关于创建微型计算机"个人电脑网"的快报，阿帕网上也有关于此类的讨论，参见 Dave Caulkins, "Personal Computer Network," *People's Computers*, August 1977; Caulkins, "PCNET, 1979," *People's Computers*, October 1977.

27 詹宁斯的自我描述见1991年分发给所有惠多网管理员的时事通讯中，详见 Tom Jennings, "Editorial," *FidoNews*, September 2, 1991.

28 如需关于英语文本文件组的更多信息，参见 Jason Scott, "Textfile Writing Groups," textfiles.com, 访问于 February 5, 2021, http://www.textfiles.com/groups/.

29 目前，通过公共网络可以访问早期 ANSI 艺术包，详见 16colo.rs—ANSI/ASCII Archive, 访问于 July 31, 2019, https://16colo.rs/.

30 如需更多关于 BBS 游戏开发的信息，请参见 Josh Renaud, "Break Into Chat," Break Into Chat—BBS Wiki, 访问于 May 13, 2014, http://breakintochat.com/wiki/Break_Into_Chat.

31 关于调制解调器世界人口统计特征的详细信息，见 Driscoll, "Demography and Decentralization."

32 关于性别和访问拨号式 BBS 的即时讨论，详见 Stacy Horn, *Cyberville: Clicks, Culture, and the Creation of an Online Town* (New York: Warner Books, 1998).

33 20世纪90年代初期，BBS 网络的组织架构基础设施不完善以及缺乏机构合作，因此它们的需求和利益在哈佛信息基础设施项目举办的一系列私有化研讨会上均没有直接代表者。详见 Brian Kahin, "RFC 1192 Commercialization of the Internet Summary Report," Network Working Group, November 1990, http://www.rfc-editor.org/info/rfc1192; Brian Kahin, James Keller, 以及 Harvard Information Infrastructure Project, *Public Access to the Internet* (Cambridge, MA: MIT Press, 1995); Brian Kahin, *Building Information Infrastructure: Issues in the Development of the National Research and Education Network* (New York: McGraw-Hill Primis, 1996); Brian Kahin, Ernest J. Wilson and Global Information Infrastructure Commission, *National Information Infrastructure Initiatives Vision and Policy Design* (Cambridge, MA: MIT Press, 1997). http://search.ebscohost.com/login.aspx?direct=true&scope=site&db=nlebk&db=nlabk&AN=1325. 另见 Janet Abbate, "Privatizing the Internet:

第一章
追忆猫世代

Competing Visions and Chaotic Events, 1987－1995," *IEEE Annals of the History of Computing* 32, no. 1 (2010): 10－22, https://doi.org/10.1109/MAHC.2010.24.

34　有关租用线路使用方面的详细信息，见 Fenwick McKelvey 和 Kevin Driscoll, "ARPANET and Its Boundary Devices: Modems, IMPs, and the Inter-structuralism of Infrastructures," *Internet Histories* 3, no. 1 (January 2, 2019): 31–50, https://doi.org/10.1080/24701475.2018.1548138.

35　1992 年和 1993 年，惠多网促成人兰迪·布什想要从惠多网节点列表外推人口统计学特征。最近，艾弗里·达姆·格里夫一直努力利用惠多网技术（如 TGNet）通过网络重建来了解调制解调器世界的酷儿历史。参见 Randy Bush, "FidoNet: Use, Technology, and Tools," in *Proceedings of INET '92: International Networking Conference, Kobe, Japan, June 15-18, 1992,* ed. Harushisa Ishida (Reston, VA: Internet Society, 1992); Bush, "FidoNet: Technology, Tools, and History," *Communications of the ACM 36,* no. 8 (August 1993): 31–35, https://doi.org/10.1145/163381.163383; Dame-Griff, "TGNet Map." 另见 Scott, "TEXTFILES.COM Historical BBS List."

36　1999 年，斯科特说网络上 BBS 资料的匮乏是激发他创建该网站的动机之一。他在网上搜索自己年少时访问的 BBS 名称，那些 BBS 却没有出现，这让他很失望。他在 1999 年接受《丹佛邮报》采访时回忆说，"所有这些重要的（对我而言）人和地方都无处可寻。"见 David Thomas, "Online Pioneer's Web Site Chronicles Phenomenon's Beginning," *Denver Post,* August 1, 1999, 存档于 http://www.textfiles.com/thoughts/denver.art.

37　要想透过《软件说》（*Softalk*）杂志的镜头仔细观察早期苹果公司的文化，见 Laine Nooney, Kevin Driscoll 和 Kera Allen, "From Programming to Products: *Softalk* Magazine and the Rise of the Personal Computer User," *Information & Culture* 55, no. 2 (June 18, 2020): 105–29.

第二章
业余电台的计算机化

1978年1月12日，美国中西部正处于下雪的季节，短短几天，这片地区的积雪已经厚达半米。电线杆倒塌，货运列车脱轨，数百辆汽车被困在暗藏危险的道路旁。[1]这场暴雪持续五天之久，袭击了从密歇根州到马萨诸塞州的多个城镇，几千人被困，街道积雪未清，电力也不稳定。[2]克里斯滕森和休斯也同其他芝加哥人一样被困在那里，面临着又一天的失业。直到1月16日周一的早晨，感到不安的克里斯滕森打电话给休斯，建议两人着手为她们的计算机俱乐部CACHE创建一个CBBS。其实，克里斯滕森琢磨这个想法已经有段时间了，正好现在除了铲雪也没什么事分散她们的注意力，于是两个女人开始工作起来。[3]一天下来，她们已经大致敲定设计方案，在之后的几周里，她们利用业余时间进行组装、焊接、编程和系统测试。一切准备就绪，她们两人准备向俱乐部其他成员展示CBBS。1978年2月16日，第一台土生土长的拨号式BBS建成，

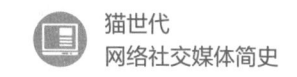

并开始在休斯的地下室运行,等着接听任何一个拥有计算机终端和调制解调器的人呼入。

CBBS 物如其名,似乎同时拥有电话答录机和社区公告板的功能。访问系统需要一个终端、一台调制解调器和一根电话线,这一串东西在当时(1978 年)对于除铁杆爱好者之外的大众来说并不容易获得。由于没有自己的计算机终端,最早的用户依赖电传打字机,如 ASR-33 型电传打字机。[4] 要用这种终端连接网络,用户需要在耳边放电话听筒,手动拨打号码 312-528-7141,等待休斯地下室的机器接听。听到 CBBS 有回应后,用户将听筒放在一个特殊的架子上,再在终端上按几次"回车键"。这个"神秘仪式"一旦启动成功,他们的打印机就开始运转,发出咔嗒咔嗒的声音,随之发出信息。

你或许能想到,这个系统并非万无一失。嘈杂的线路、古里古怪的调制解调器以及软件漏洞都可能使连接中断。克里斯滕森和休斯根据用户反馈定期更新系统,但新兴的调制解调器的世界既让人兴奋,同时也令人难以预测。[5] 对此,克里斯滕森和休斯也只能在网上耸耸肩,她们什么也没有保证,只是建议潜在的用户"如果你遇到问题,请随时挂断电话,重试几次"。[6]

CBBS 的设计代表了当时 DIY 微型计算机技术的先进水平。[7] 克里斯滕森用 BASIC 语言模拟系统软件,然后再用 8080 汇编语言对它进行改写,休斯利用从跳蚤市场买来的 S-100 主板定制硬件。利用全新的海斯牌调制解调器将机器连接到电话线上,这是第一台由爱好者制作、为爱好者服务的计算机调制解调器(图 2.1)。[8] 与当时市面上的大多数调制解调器不同,海斯牌调制解调器是可以编程的。克里斯滕森和休斯利用其可破解的特性,设计安装了一个巧妙的来电检测机制,将系统直接"冷启动"至 CBBS 软件,从而唤醒调制解调器并接听来电。倘若呼入的一方断开连接,系统则自行关闭,这种方式虽然比较简单粗糙,但在用户没有注销却掉线时是一种有效的恢复方式。

克里斯滕森和休斯与 CACHE 俱乐部成员以及海斯牌调制解调器制造商分享他们的发明,此外,克里斯滕森还向《多布博士计算机健美操和正畸》(*Dr.Dobb's Journal of Computer Calisthenics & Orthodontia*)以及《字节》杂志发送公告。这些杂志拥有十万多名订阅者,遍布北美洲和欧洲。[9]《多布博士计算机健美操和正畸》杂志的编辑只是简单地将克里斯滕森的原文本打印出来,附上便条"如遇系统问题,请给在家的她打电话"。[10] 同时,《字节》的编辑发表了一篇关于 CBBS 的简评,标题为"CACHE 俱乐部的线上涂鸦可能是什么"。他们不但简要介绍了系统架构,还针对如何拨号进行一步步指导,并开玩笑说读者要做好占线的准备,因为"看到此便条的其他人"也在这一时间尝试登录。此外,他们还在文章最后附上了于 1978 年 3 月 19 日通过 CBBS 召开的部分会议记录。杂志的编

上图为海斯联合公司为其第一款产品 80-103A 调制解调器做的广告。海斯牌调制解调器定位当时新兴的计算机爱好者市场，让微型计算机能够通过电话网络进行数据交换，采用美国电话电报公司的贝尔 103 标准协议。宣传册中不但介绍了调制解调器可以访问分时技术，还推荐了一系列其他应用，如远程办公、多人游戏、电子邮件、家庭和办公自动化、运行在线数据库，等等。该电路板设计适合安装流行微型计算机使用的 S-100 扩展总线，如牵牛星 8800 和以姆赛 8080（IMSAI 8080）。(《字节》，1978 年 11 月）

图 2.1　海斯联合公司最早的调制解调器广告

第二章 业余电台的计算机化

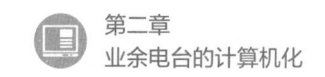

辑鼓励读者亲自试用一下这个系统，保准它会是"漫长而迷人的对话交流"。

对 CBBS 的反应立即如排山倒海般而来。当时，CBBS 经口口相传，已经接到芝加哥以外地区的呼入电话。《多布博士计算机健美操和正畸》和《字节》的便条立刻引起人们对 BBS 的注意，休斯的电话线开始接听来自美国各地及美国以外地区的电话。[11]《字节》的创始主编卡尔·赫尔默斯（Carl Helmers）受 CBBS 启发，发表了一篇长达八页的社论，预测未来调制解调器对业余计算机技术的影响。[12] 他激情澎湃地说："对个人用户而言，通过拨号电话网络进行计算机与计算机之间的通信是非常可能的。"赫尔默斯敦促读者要从典型的分时技术范式中跳脱出来，转向小规模组通信。爱好者认为，以计算机为媒介的交流使合作有了新空间。赫尔默斯设想，如果"一些人拥有共同目标，而彼此之间又离得够远"，那么像电脑化公告牌这样的系统就会蓬勃发展。他认为，公告板可以代替长途驾驶和偶尔的会议，方便兴趣社区的成员定期交流。

经过几个月的测试、修改和修复，克里斯滕森和休斯向《字节》投稿，详细介绍新系统的架构。这篇标题为《电子公告板系统》的文章发表于 1978 年 11 月，阐释了运行独立的 BBS 须如何组装硬件以及编写软件代码。除了技术说明，他们在文章里还默契地为千变万化的 BBS 文化设立了几个规范，

055

如社交规范和金融规范。玩 CBBS 很有趣，但它并不是免费的，需要购买硬件和花时间编写软件，因此，他们必须考虑在家运营在线社区要面临的财务挑战和技术挑战，许多早期用户需要购买昂贵的打印设备以访问系统（图 2.2）。

```
TERMINAL NEED NULLS?  TYPE CTL-N WHILE THIS TYPES:
        ***   WELCOME TO CBBS/CHICAGO   ***
   *** WARD AND RANDY'S COMPUTERIZED BULLETIN BOARD SYSTEM ***

-----> CONTROL CHARACTERS ACCEPTED BY THIS SYSTEM:

       DEL/RUBOUT    ERASES LAST CHAR. TYPED (AND ECHOS IT)
       CTL-C         CANCEL CURRENT PRINTING
       CTL-K         'KILLS' CURRENT FUNCTION, RETURNS TO MENU
       CTL-N         SEND 5 NULLS AFTER CR/LF
       CTL-R         RETYPES CURRENT INPUT LINE (AFTER DEL)
       CTL-S         STOP/START OUTPUT (FOR VIDEO TERMINAL)
       CTL-U         ERASE CURRENT INPUT LINE

-----------------------  BULLETIN  -----------------------
         PROBLEMS WITH THE SYSTEM??
HARDWARE: RANDY (SUESS), (312) 935-3356
SOFTWARE: WARD (CHRISTENSEN), (312) 849-6279
-----------------------  BULLETIN  -
)
-----------------------  BULLETIN  - -----------------------
---> ALL USERS: BE FAMILIAR WITH MESSAGES 3, 6, AND 60
                        N O T E
-----> AS OF 4/8/78, MESSAGES PACKED AND RENUMBERED <-----
-----------------------  BULLETIN  -----------------------
```

许多早期用户通过电传打印机终端访问该系统，因此这些转换元件会被敲到纸卷上，而不是在屏幕上滚动。(《字节》, 1978 年 11 月)

图 2.2　CBBS 运营第一年的典型会议记录

　　从一开始，CBBS 就为计算机通信爱好者提供了一个开放的聚会场所。每当首次致电用户接入，系统就会发出一个包含"欢迎"的文本文件。CBBS 欢迎文件传达了一种轻松随意的友好感觉。在一组简短的系统操作指令下面有个公告："遇到

第二章
业余电台的计算机化

系统问题请拨打克里斯滕森和休斯的电话，一起讨论软硬件方面的问题。"欢迎文件的语气活泼，感觉 CBBS 不像是什么高科技实验，倒像是不那么严肃的计算机俱乐部会议。

克里斯滕森和休斯还希望 CBBS 可以为其他计算机俱乐部提供创建线上会议场所的模型。通过阅读《字节》杂志的文章，读者能够了解创建 BBS 需要的所有知识。克里斯滕森在给《多布博士计算机健美操和正畸》杂志的信中指出，他已经和调制解调器制造商丹尼斯·海斯（Dennis Hayes）以及公共计算机公司网络委员会的负责人戴夫·考尔金斯（Dave Caulkins）共享了 CBBS 软件。[13] 软件文档强调在 CBBS 上用无线电联系的乐趣，开玩笑说，用户无聊时，欢迎接通作者"偶尔聊聊天"。

除了这些免费分享，克里斯滕森和休斯也会琢磨 CBBS 面临的法律困境和商业潜力。克里斯滕森注意到，软件受版权保护，商业用途受限，但在非商业用途情况下"应该可以做出一些东西"。不久之后，他们开始出售 CBBS 副本。[14] 克里斯滕森开玩笑说，以前总有人为了免费拷贝软件而"窃听"她，现在软件开始出售了，应该不会再有人"窃听"了。克里斯滕森根据考尔金斯的建议将软件价格定在 50 美元，并把所有收益都给了休斯。她解释说："毕竟，所有的钱都是休斯投入的，我只是投入时间。"买家可以收到两个 8 英寸（1 英寸 =2.54

厘米）的软盘，里面有 8080 汇编语言码和 CP/M 操作系统专用格式的相关文档。据她们回忆，这款软件售出了大约两百份。1981 年年底，也就是《字节》杂志文章发表两年后，运营 CBBS 的系统已经有二十多个，遍布从加拿大不列颠哥伦比亚的温哥华到美国佛罗里达州的塔拉哈西的大城小镇。数不胜数的人在使用受 CBBS 影响的软件，比如苹果二代的 ABBS 软件和睿客 TRS-80 的 FORUM-80 软件。

是什么驱使克里斯滕森和休斯创建 CBBS 呢？她们想到自己会启发成千上万的人吗？她们当时是梦想着改变世界还是赚取钱财？还是只是一次不经意的尝试呢？当被问及动机时，克里斯滕森和休斯说没有什么动机。克里斯滕森在给《字节》杂志寄去的首次声明中说她让系统每天 24 小时运行不间断"只是为了看看究竟会发生什么"。后来，她开玩笑说，被困在暴风雪中，CBBS 只是一件可以做的趣事而已。她说："所有部件都齐备，又一直在下雪，我们出不去，那么就来编程吧。"当然了，这些话只是克里斯滕森带着些许幽默的自嘲，不过倒也符合战后科技文化中普遍存在的一种伦理：纯粹为了创新而已。[15]

当然，这个 CBBS 还有个实际用途。正如系统本身告诉呼入用户的那样，它的设计目的是供"计算机爱好者交流"。在 1978 年以前，克里斯滕森和休斯所在的 CACHE 俱乐部已经开

第二章 业余电台的计算机化

始照搬照用媒体技术分享跟俱乐部爱好相关的信息。俱乐部发表了一篇名为《CACHE 登记簿》(*The CACHE Register*)的月度时事通讯,利用放在克里斯滕森地下室的答录机维护一条信息"热线"。[16] CBBS 并没有取代这些系统,而是提供新机会以扩大原本就在会议、时事通讯和电话中存在的生动对话。此外,与短暂交互不同的是,CBBS 上发布的问题、答案、公告和文章在未来检索时仍然可以找到。

CBBS 的创建标志着调制解调器的时代正式开始,这段时间为 1978—1998 年。那时,尽管个人计算机文化在推广,但真正使用计算机通信仍是比较小众的活动。与此同时,美国众多计算机科研机构也在进行网络互联,尤其是一些得到美国国防部高级研究计划局或美国国家科学基金会财政资助的机构。尽管这些事件在时间方面是重叠的,但实际上,这些机构的计算机网络对于普通个人电脑用户而言几乎完全无法访问。因此,从 1978 年普通个人电脑用户的角度看,美国国防部高级研究计划局和美国国家科学基金会资助的网络根本不存在。

但是,CBBS 并非是随着芝加哥的大雪一起从天而降、史无前例、自发成形的,而是在一个创成式历史时刻诞生的。在这一历史紧要关头,政策、基础设施和流行文化融合,不再把个人电脑当成计算工具,而是重新将其设想为通信媒介。此

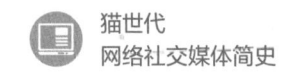

外，业余电信传统为草根创新和渴望尝试新型数据网络形式的社区创造了环境。技术爱好者已经习惯通过无线电、邮件、旧物交换会和俱乐部会议交流信息。实际上，刊载 CBBS 文章的那一期《字节》杂志，其封面故事是关于改造业余无线电中继器以建立"计算机间通信"的全球系统（图 2.3）。这一期杂志的封面图是闪亮的卫星照片和电离层传播图，呈现了世界各地的计算机爱好者通过以太网相互交换信息的惊人景象。相比之下，克里斯滕森和休斯勾勒的系统一定看起来非常简单。然而，CBBS 在易访问性与操作难度之间找到了恰当的平衡，激励读者从他们的"烙铁"中跳脱出来。创建一个公告牌并不容易，但也不是不可能的，而且与一些稀奇古怪的方案不同，BBS 的实际效果会立刻显现，尤其是可以为爱好者俱乐部及其组织提供即时的价值。

这个 CBBS 起源的故事是 BBS 传说中非常珍贵的片段。[17] 克里斯滕森和休斯是谦逊的英雄，1978 年的暴风雪为她们的探险提供了绝佳背景，更能引发人们的共鸣。乍一看，两个好朋友的故事意外引发了一场革命，这是硅谷创新老掉牙的故事，但是，CBBS 与苹果公司和微软公司不同，它不是企业。克里斯滕森和休斯也只是想为爱好计算机的小伙伴提供一个交流和共享集体智慧的平台。克里斯滕森后来回忆说，CBBS 的灵感来自俱乐部的时事通讯和俱乐部开会时用于张贴信息的软

第二章
业余电台的计算机化

注：艺术家兼软件工程师肯·洛丁（Ken Lodding）用一幅画描绘了一颗卫星和两个微型计算机终端，围绕一个明亮的蓝绿色星球运行。网线将终端和卫星连接到星球表面。敏锐的读者可能已经发现这颗卫星的三点星形是业余无线电卫星公司正在开发的原型航天器。专题文章详细介绍了将业余无线电、微型计算机技术和卫星通信融合起来的机会。夹在中间的是克里斯滕森和休斯的一篇文章，介绍了他们建立在现有电话网络上的CBBS。（《字节》1978年11月）

图 2.3 《字节》专为数据通信而设的特刊封面

木公告栏。之后，美国许多人爱上科技，技术精湛带来的愉悦感与自豪感推动了 CBBS 系统进一步发展。从这个意义上说，CBBS 的这个故事或许可以解释互联网的另一个神话。社会、科技、金融和法律等方面的限制塑造了早期的 CBBS，同时也预示了后期的冲突与创新领域，这些领域让个人计算机网络在接下来的二十年里充满了活力。同样，CBBS 花了近一个世纪的时间，修改无线电技术和电话网络。CBBS 也许仅仅是将社区公告板进行计算机化，但它却标志着一个更重要的转变，即大众阶层进行的电信计算机化。

20 世纪 70 年代末，美国社会、技术和监管活动多管齐下，为诸如 CBBS 之类的草根网络创造了良好环境。首先，作为全国电话网络的贝尔系统（Bell System）为数据通信爱好者提供了稳定、可访问和相对开放的基础设施。在近乎五年的时间里，美国电话电报公司实际上垄断了美国的电信业务，这在二十世纪六七十年代越来越受关注。到 20 世纪 70 年代末，监管机构开始采取措施拆分贝尔母公司，并在 20 世纪 80 年代初向私有企业开放电话业务竞争。在这一过渡时期，贝尔垄断逐渐被打破，独立拨号网也逐渐形成。没有十位数的电话号码和 RJ-11 标准壁式插座，就没有 BBS 网或个人电脑调制解调器。

要把贝尔系统想象成可供挪用的基础设施，离不开更广泛的文化背景。拨号式 BBS 的技术文化直接源自业余实验的

第二章
业余电台的计算机化

传统,爱好者实验已经围绕无线电通信研究进行了几十年。20世纪70年代,由于当时新双向调频设备和民用波段广播价格实惠,人们兴趣盎然,因此业余无线电在美国经历了一次复兴。在这之前,业余无线电活动因其复杂性、成本高以及使用真空管的设备难以获得等一直受限。但在20世纪60年代,随着微电子学的进步,基于集成电路和其他固态原件的收音机及无线电器材更简单了。在这些创新的推动下,20世纪70年代,人们生产出新型便携式和手持式甚高频无线电台,从而解决了业余爱好者参与无线电和民用无线电研究的资金难题和技术障碍。美国各地的业余无线电俱乐部创建"中继器",为非正式交流提供虚拟聚会场所。[18]20世纪70年代末,与附近的陌生人在网上聊天已经很常见了。许多好莱坞电影和电视节目也都刻画过操作无线电设备的角色,民用电台里的俚语也已逐渐渗透到人们的日常对话中。

与此同时,20世纪70年代中期,双向无线电通信逐渐普及,微计算学作为业余实验的新领域也出现了。尽管一群计算机爱好者自20世纪60年代中期便开始尝试业余计算机技术,但70年代中期发明的DIY工具包才真正为更多技术爱好者打开了微型计算机技术的大门。像牵牛星8800这样的套装电脑除被针对业余无线电爱好者的出版物如 *QST* 和《73》进行报道以外,还出现在诸如《大众电子》(*Popular Electronics*)之

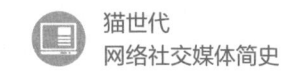

类的普通技术杂志上。套装电脑是出了名的难组装、难操作，但电脑爱好者通常会运用自己之前的经验和专业知识完成电脑组装操作，如业余无线电、模拟火箭和高保真音响设备等。1977年后，随着预装微型计算机的出现，包括电信设备在内的硬件周边出现二手市场。因此，自从20世纪80年代开始，创建BBS的基本技术要求只需要一根电话线、一个调制解调器和一台个人电脑，既不再需要烙铁，也不再需要电气工程背景了，大部分美国人都能满足这个条件。

调制解调器的时代出现在社会变革、政治变革和技术变革的时刻。克里斯滕森和休斯将CBBS推向网络正是在几个系统汇集的重要节点：为自由主义做准备的电话网络、当时刚兴起的民用波段热、业余无线电实践革命以及微型计算机产品的新兴市场。简要地说，这些不断变化的系统为业余爱好者提供了一个环境，让他们可以从底层开始构建新的数据基础设施。在那个休息的下午，克里斯滕森和休斯认为CBBS会是个有意思的项目。在美国其他地方，民用波段广播的歌曲在流行音乐排行榜上正不断飙升；经济学家正在争论是否要打破美国电话电报公司的垄断；业余无线电运营商在架设天线塔；电脑发烧友忙着把爱好变成产业。要理解这个非同寻常的创成式时刻，我们应该回到电气通信尚未普及之前。

第二章
业余电台的计算机化

与无线电爱好者接触

对于生活在 1975 年的人来说，他们需要熟悉媒体环境，才能想象出贝尔系统除了语音电话还能提供其他功能。但是，要在贝尔母公司的基础上建立一个替代通信系统，这就需要你有勇气改变。1978 年，克里斯滕森和休斯在 CBBS 的研究中展示了这两种特质。她们把电话网络改造成普通大众数据通信的媒介，她们这是在将业余电信变成一种传统。从青少年业余通讯社和"野猫"乡村电话接线员到社区电视系统和激进的"视频发烧友"网络，爱好者们发现媒体技术还有其他意想不到的用途，并推动电信不断向新方向发展。

从 19 世纪末最早的无线通信实验开始，爱好者已经采用工业信息与通信技术，并把它改造后用于社区建设、资源共享、集体智慧和公共安全等。除了监管、商业化和军事化的力量，这些业余活动在 20 世纪八九十年代在塑造社交计算机技术实践与平台方面也起到了关键作用。这些普通的美国中产阶级业余爱好者与学术界、工业界或军方的同辈群体不一样，他们利用工作和家务之余的"空闲"时间和金钱在家里工作。专业研究人员待在研究机构，他们的工作是合理的、官僚化的和有存档的，而业余研究人员的工作要么是自我存档，要么通常被遗忘在时间里。因此，业余爱好者的贡献被媒体与传播

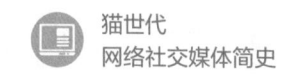

通俗史掩盖、忽视和忽略了。然而，要理解20世纪70年代末CBBS的创建和之后调制解调器时代的崛起，我们必须理解那些激励着整个北美地区的技术爱好者前行的规范、价值观和愿景是什么。

微型计算机爱好者创建和研究CBBS这样的网络与业余技术文化和民用波段无线电通信密切相关。业余无线电和民用波段是无线电通信在法律和文化方面截然不同的方式，但它们都在20世纪70年代参与了热潮。截至20世纪70年代末，无论是业余无线电还是民用波段的研究者，都已经习惯利用新媒体技术拓展爱好。剩余和废弃的军用消费品为他们的实践和实验源源不断地提供原材料。除了广播交流，北美地区各地的民用波段和业余无线电爱好者还都参与当地和地区的俱乐部，他们定期见面，发布时事通讯，并管理共享的技术基础设施。到20世纪70年代末期，业余无线电爱好者的技术技能为计算机爱好者创建在线交流平台提供了现成代表和通信框架。实际上，我们现在接触到的许多以计算机为媒介的交流方式在业余无线电的编年史上还有一段前传。

与调幅/调频（AM/FM）广播不同，民用波段和业余无线电是点对点技术和非商业性的无线通信形式，没有观众，没有新闻，没有娱乐节目，也没有广告商。这些业余爱好者的无线电实践包括一些自制的或从商店采购的电台，在特定频率

第二章
业余电台的计算机化

"波段"上发射信息。例如，自20世纪20年代末以来，业余爱好者使用10米的"高频"波段在世界各地收发摩尔斯电码信息。20世纪70年代，业余无线电和民用波段无线电是美国最常见的两种业余广播形式。

从历史上看，业余无线电台和民用波段无线电台向来有着截然不同的技术文化。二者在运行频率、使用设备和规章制度方面均不相同。不过，在更大的社会技术层面，这两种无线电形式的参与者却有共通之处，他们都重视实践知识和对通信技术的平等访问。业余无线电台和民用波段无线电台的用户都乐于通过无线电波与看不见的陌生人交流，他们享受这种不同寻常的联系方式。无线电爱好者的一大乐趣就是将无线电用于联络，用于创建一种沟通纽带，而不完全用于传递任何有用信息。[19] 尽管业余无线电和民用波段无线电之间明显存在差异，但二者在塑造调制解调器时代的新兴技术文化中都扮演了十分重要的角色。

本地转发器上的虚拟社区

在美国，业余无线电爱好者指的是经联邦通信委员会许可，能够在一组明确界定的频率上操作某些设备类型的一类特殊无线电操作员。为鼓励自下而上的实验和创新，联邦通过立法保障业余爱好者可以进入有价值的电磁波谱区域。一百多年来，业余无线电爱好者创建并维护了无数网络，范围从公共服

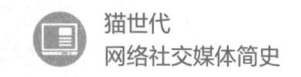

务系统到实验卫星通信等。他们的尝试和成就为20世纪70年代其他通信技术的灵活运用提供了文化背景。从非常实际的意义上讲，拨号式BBS就是从早已存在的业余无线电网络中发展起来的。

关于业余无线电的起源，有个故事跟业余技术人员顽强的创造力有关。泰坦尼克号沉没后，随之而来的是1912年国会通过了《无线电法案》。该法案正式引入"业余无线电许可证"，同时严格限制业余操作员的活动。业余电台在刚领取许可证时只能发射200米以内的电波，这一波段在当时被认为是无用的。可以不受限制地做实验的日子一去不复返了。然而，这些人将无线电业余爱好者视为他们共同的身份，并在广播内外寻求新机会相互交流。在领取业余无线电许可证的无线电业余爱好者中有一位43岁的汽车工程师，名叫海勒姆·珀西·马克西姆（Hiram Percy Maxim）。1914年，马克西姆认为《无线电法案》中严格限制的规定应归咎于业余爱好者缺乏政治代表，因此他提议成立本地俱乐部"联盟"，代表业余无线电爱好者群体。除了政治目的，业余无线电中继联盟还意欲创建供无线电台合作的全国通信网络。通过"存储与转发"的网络技术，参加联盟的业余爱好者可以突破《无线电法案》中的技术限制，实现更远距离之间的信息交换。到1917年，业余无线电中继联盟的规模已经发展到遍布美国和加拿大的三千多

第二章 业余电台的计算机化

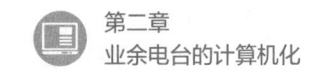

名成员。3月8日,一条信息在不到两小时之内从洛杉矶往返纽约,这个技术和组织的光辉业绩,在当时无论是商用还是军用无线系统都无法超越。

在接下来的半个世纪里,无线电技术和电视技术普及到美国的各家各户和汽车行业,业余无线电继续打破无线通信的边界。20世纪60年代,美国各地的业余无线电俱乐部开始创建一种被称为"转发器"的新型合作网络。转发器安装在高地自动站,可以自动转播附近业余无线电的信号,以扩大其地理范围。与需要大量人力组织,力求扩大覆盖面积的中继网络不同,转发器是本地资源。20世纪70年代,业余无线电俱乐部在美国各地的大小城市建造和维护转发器。时至今日,业余无线电中继联盟依然提供转发器数据库,列出位置、频率、所有权及其他细节,以帮助访客"调高"转发器。转发器可以为生活在附近或经过该区域的业余无线电爱好者提供一个非正式的聚会场所。

20世纪60年代末,电子产品逐渐微型化,利用集成电路或"芯片"等小型独立组件就可以代替全尺寸晶体管、电阻和电容器。有了集成电路,就可以生产、组装更小、更简单的设备并以较大的折扣出售。同时,美国联邦通信委员会改变了30MHz以上无线频谱(即甚高频)的分配,结果造成大量商用调频无线电设备被淘汰,例如警车和出租车里安装的那种设备。业余爱好者热情地买光了这种被淘汰的设备，对其进行改进，并用在新的业余无线电设备上。截至20世纪70年代初，业余爱好者在甚高频方面的活动非常普遍，电子制造商（如摩托罗拉）开始生产专门针对业余爱好者市场的新型甚高频收发器设备。[20] 由于采用了较短的甚高频天线和微型集成电路，许多新型收音机都小到可以手持操作，业余无线电操作者操作起来更加灵活了。[21]

虽然甚高频收音机的操作更加灵活，其音频质量也有改善，但它们的射程比其他操作模式短得多，范围为8~24千米。业余爱好者使用转发器克服了这个限制。转发器组装完成后大约占一个办公室文件柜大小的空间，包括天线、收发器、自动操作无线电的微型计算机和一个让系统可以在单个天线上同时发送和接收信息的"双工器"。天线放置得越高，信号可以覆盖的区域越大，因此业余爱好者总是将转发器安装在山顶、山脊或无线电发射塔上。

实际上，操作转发器就像加入一个聊天室或合用线。一次只能有一个人说话，转发器通常在每次传输之间强制暂停。20世纪70年代转发器文化出现，业余无线电爱好者开始整天把收音机调到本地转发器，等着朋友们来和他们聊天。许多俱乐部曾使用（现在仍使用）转发器进行每周直播讨论，或称为"网络"，以此在未见面期间与别人保持联络。有源转发器在

第二章 业余电台的计算机化

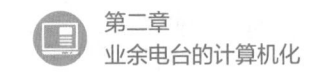

以太网中提供一个集散点，是电磁波谱上的一个休息站。

转发器是对用户有重要价值的集体产品。例如，在印第安纳州的埃尔克哈特，埃尔克哈特县无线电协会已经持续运行了近50年甚高频/调频转发器。20世纪70年代初，埃尔克哈特是皇冠国际公司（Crown International）所在地，这家电子公司的老板是一位名叫克拉伦斯·穆尔（Clarence Moore）的业余无线电爱好者。穆尔为员工提供了一个业余无线电台，满足他们对无线电通信和实验的兴趣。不过，当地俱乐部成员记得，公司的低频段电台几乎没人使用，直到穆尔在另一个业余爱好者的介绍下兴冲冲地"增加了甚高频转发器"。

最初，埃尔克哈特县无线电协会转发器的天线安装在穆尔家外面一个25米高的"中等"塔上。从此，转发器成为埃尔克哈特俱乐部社交生活中的重要基础设施，渐渐成为会员技术和对实验的集体承诺的象征。1978年穆尔去世后，人们为了纪念他，将转发器的天线转移到一个新的150米的天线上，并于1980年1月1日正式启动。据说，新天线是为了实现已故创始人的梦想，"覆盖方圆80千米"，新天线进一步扩大了俱乐部的规模，因为转发器邀请了来自更大地域范围爱好者的参与。

20世纪70年代的业余无线电转发器，诸如埃尔克哈特系统，代表了一种新型电信网络，与半个世纪前业余无线电中继联盟的存储转发信息系统不同。分散的业余无线电中继联盟网络可以在整个大陆高效传递信息,而集中式转发器则代表本地通信枢纽。[22] 创建和维护当地转发器的工作加强了当地社区业余爱好者之间的关系,而且,通过公布转发器的位置和频率,旅行中的业余爱好者也能收听到当地俱乐部的广播,将一种友好的热情延伸至以太网。

在结构上,业余无线电转发器为大众计算机网络(如 CBBS)的架构师提供了一个现成的概念模型。这两个系统都是本地网络爱好者的枢纽。转发器和 BBS 的自主运行依赖可编程微处理器,以此控制通信接口,并在系统用户之间传递信息。在功能上,转发器和 BBS 都为大型电信基础设施用户提供虚拟的聚会空间。转发器位于甚高频波段的特定频率,而 BBS 则使用电话系统的特定号码。潜在用户通过口口相传或针对共同兴趣社区的出版物了解这些空间。不过,BBS 一旦建立和运行起来,在其上面的讨论主题和兴趣范围比业余无线电转发器上的技术类聊天要广泛得多。实际上,拨号式 BBS 的开放式讨论与民用波段电台频道上一些有意思的高谈阔论更接近。

民用波段上的狂欢

业余无线电注重历史和传统,而民用波段无线电则是作为一种有趣的草根交流形式闪现在 20 世纪 70 年代的美国流行文化圈。无线电历史学家克里斯滕·哈林(Kristen Haring)

第二章
业余电台的计算机化

从社会规范和参与门槛方面描述这种差异:"民用波段无线电文化是自由的,而业余无线电文化是约束性的。"虽然频谱是在 1948 年分配的,但我们知道,民用波段是在 1958 年随着 23 个不同"频道"的创建而形成的。在 20 世纪 60 年代,双向无线电设备价格下跌,业余爱好者和商业用户这才广泛采用它们。1965 年出版发行的《睿客产品目录》(*Radio Shack Catalog*)杂志封面是两个男人在海滩通过手持收音机聊天,"没有执照,没有装备配置,准备就绪,可以说话了"。据官方说法,民用波段无线电需要执照,但是民用波段无线电相关的规定很少被执行。几乎没有民用波段电台所有者愿意在联邦通信委员会注册。20 世纪 70 年代中期,在睿客或车库甩卖店里买一台预装好的民用波段收音机,你就可以开始广播啦。在这场狂欢巅峰中,民用波段无线电的参与者规模比业余无线电参与者大一个量级。仅 1975 年一年就售出 400 多万台民用波段无线电设备。

由于进入门槛低,民用波段电台频段上的对话比业余无线电台频段上的对话更自由。业余无线电台往往遵守广播秩序,而民用广播无线电台则可能是欢快、混乱的,充斥着频繁的打断、废话和数不清的变异俚语。如果说业余无线电台感觉像友好的教室或研讨会,那么民用波段无线电台则可能更像徜徉在深夜的酒吧。因此,民用波段无线电台在大众眼中的形象

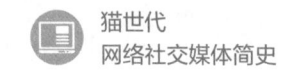

与早期的业余电信形式截然不同。业余无线电爱好者是热心公益的书呆子,而民用波段人士则是开着拖拉机挂车的电信草莽。在一些影视剧里,民用波段电台运营商公然违反联邦通信委员会的规定,超速驾驶,不顾全球原油短缺,反而加速运转引擎。根据联邦通信委员会的规定,民用波段电台运营商应当在广播中通过呼号表明身份,禁止传播污言秽语、音乐、广告、恶意干扰等,但是,这些规定很难被执行,基本上都被普通的民用波段电台运营商忽视了。

在20世纪70年代中期的电台狂欢中,乡村和西部的录音艺术家将民用波段电台的声音和俚语带入调幅/调频广播。大量车载歌曲包括民用波段电台的噼啪声,传达着高速上的声波体验。1972年,多莉·帕顿(Dolly Parton)和波特·瓦戈纳(Porter Wagoner)录制歌曲《10-4结束》(*10-4 Over and Out*),这是一首早期以民用波段电台为主题的歌曲。在这首歌曲中,帕顿和瓦戈纳演绎了一个妻子与其常年迟到的丈夫之间一系列不断升级的争吵,就像他们在广播中唱的歌一样。在第二节,帕顿问为什么她丈夫不在家,瓦戈纳用颤抖的声音回答说因为干扰太多听不到她的呼叫。这首歌曲的浪漫在于这对情侣只在广播中吵架,一回到家,他们便关掉电台,彼此相爱,昭告世界"吵架结束"了。随着使用民用波段电台的人越来越多,这种偷窥和表演之间的紧张感也越来越刺激。

第二章
业余电台的计算机化

帕顿和瓦戈纳的二重唱似乎暗示不论男女都可以平等使用民用波段无线电，但其他流行媒体却认为民用波段电台以男性为主导。例如 1977 年上映的《警察与卡车强盗》(Smokey and the Bandit)和 1978 年上映的《大车队》(Convoy)等票房大片中，长途卡车司机就将民用波段电台视为一种粗犷的、大男子主义的反主流文化的一部分。1975 年，一首由 C. W. 麦考尔（C. W. McCall）演唱的西部乡村歌曲《大车队》登上公告牌排行榜冠军宝座，之后被改编成剧本并拍摄成同名电影。电影和歌曲的内容大致描述了一场虚构的、发生在路上的抗议，长途卡车司机利用民用波段电台战术躲避公路巡警和国民警卫队。民用波段电台喋喋不休的片段强化了麦考尔的故事，时不时还夹杂着几乎令人费解的行话。这张唱片从西部乡村电台转到主流流行音乐，也促进了民用波段电台在全国范围内的宣传。帕顿和瓦戈纳的争吵将民用波段电台描绘成一个日常聊天的空间，而《大车队》则将它描绘成一个用于大规模抵抗的方式。这些卡车司机手持麦克风，"就是不付过路费"。与业余无线电台的极客男子气概截然不同，《大车队》将民用波段电台同十八轮大货车、38 号左轮手枪以及美国肌肉车视为一道，认为它们象征路边餐馆里的男性气质。

此外，人们普遍认为民用波段无线电是很难控制的，这一观点还反映在它被用于性别游戏和性探索。除了《10-4 结

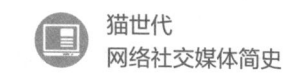

束了》这个可爱的戏剧和《大车队》的法外男子气概，民用波段无线电还为附近的陌生人提供了匿名调情的机会。正如欧内斯特·迪金森（Ernest Dickinson）1976 年在《纽约时报》上报道的那样，有些民用波段无线电社区非正式地给这种类型的交流提供了一个频道，用他的话说就是"单身电波吧"。对那些冲着性感去的人而言，广播的听众不确定，关于民用波段电台狂欢的流行报道经常谈到，使用民用波段电台的人群中不乏性工作者。

有时候，民用波段电台对性的表现有特别怪异的特征，比如罗德哈特（Rod Hart）有一首新奇的歌叫《CB 野人》（CB Savage），当年小火了一把。这首歌的声乐表演介于恐同者和同性恋者之间。在有声叙述中，哈特讲述了两个无聊的卡车司机被民用波段电台里一个口齿不清的男性挑逗声打断的故事。这个神秘男性操着一口流利的无线电俚语，说着民用波段电台中常见的行话。这两名卡车司机被这种性暗示的信号搞得心慌意乱，他们的反应又引起一系列奇怪的误解。叙述者描述到副驾驶微笑着脸红了，就像"一只由鸟儿喂食的又老又大的猫"。唱片套上的注释煞费苦心地将哈特描述成"乡下直男"，但普兰泰申市唱片公司（Plantation Records）似乎承认对《CB 野人》更模棱两可的解读，这张 7 英寸长的单曲唱片在发行时，没有用传统的绿色标签，而是采用了粉色标签。

第二章
业余电台的计算机化

尽管民用波段电台的典型代表越来越耸人听闻，但日常生活中民用波段电台的使用却是温和的。1975 年，在民用波段电台最繁荣的顶峰时期，来自伊利诺伊州河岸森林罗萨里学院教育系的哈维·A. 丹尼尔斯（Harvey A. Daniels）鼓励中小学英语教师把民用波段收音机带入教室。丹尼尔斯认为，民用波段电台中的行话有些不常见的词汇和动态词汇，这为学生提供了一个独特的批判性思考语言、文化与交际之间关系的机会。丹尼尔斯指出，在芝加哥郊区，"首次听民用波段电台的人最常见的语音判断是'他们听起来都像南方人'"。丹尼尔斯注意到，尽管"从人口统计学现实来讲，南方人不太可能占主导地位"，但说话者虽然语音特征不同但却惊人地和谐，"说话者因其社会背景不同或来自不同地区，确实有不同的口音，但他们之间似乎没有任何冲突或歧视。无论是黑人白人还是南方人北方人，他们在广播中交谈比面对面交谈更平和，也更频繁。只要双方都使用基本的 CB 行话，我还从未听说过有什么语言上的歧视或贬低。一般情况下，在 CB 行话里俏皮话比较多"。不过，丹尼尔斯还谨慎地指出，这种忍耐是有限度的，一般情况下，英语以外的语言不被接受。在一次互动中，一名接线员用简单的西班牙语传递信息，却遭到另一名接线员的严厉批评。他说："有些人忘了这是在美国。"显然，并不是所有用户都能平等地使用民用波段无线电。

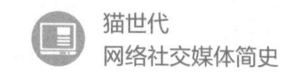

除了"南方"特征，丹尼尔斯还观察到 CB 行话里的另一个语言习惯，即让人联想到"黑人英语"。1976 年的"网络热潮"让数百万美国白人在家里和汽车上安装了民用无线电波段收音机。巧的是，那时候民用波段收音机在黑人中产阶级中也已经被广泛使用。业余爱好者对无线电感兴趣往往出于对技术的好奇，而使用民用波段电台的美国黑人则更多是被无线电通信的音质所吸引。2011 年，《美国季刊》（American Quarterly）发表了一篇具有里程碑意义的文章，探讨黑人民用波段电台广播文化的起源和发展。阿特·M. 布莱克（Art M. Blake）认为，黑人民用波段电台文化起源于早已存在的黑人"听说领域"，结合了黑人感兴趣的广播、黑人爵士乐师使用的俚语、爵士乐和布鲁斯歌词等。尽管黑人在社会和政治上流动依然受限，但使用民用波段电台的美国黑人却利用有源的全方位天线为黑人发声，为黑人文化赢得无限关注。

黑人使用民用波段电台的动机与 20 世纪 60 年代的民权斗争有明确的联系，同样，他们对民用波段电台的未来政治影响也毫不避讳。1976 年，《埃伯尼》（Ebony）发表了伯克利·G. 伯勒尔（Berkeley G. Burrell）的一份声明，称赞黑人民用波段电台在政治组织和经济发展方面的潜在应用。伯勒尔是全国黑人商业联盟（National Negro Business League）的会长兼尼克松总统的顾问。他热情地说："使用民用波段电台的黑人成千上万，有了他们的力量，我们没有什么做不到的。"两年后，伯勒尔在非裔美国人电台俱乐部"公鸡频道黑客"第五届年度大会上，向一万多名黑人民用波段电台发烧友重申了这一呼吁。短短几个月，这种政治潜力便在波士顿得到验证，关于废除种族隔离的公共危机爆发成街头暴力。罗克斯伯里和南波士顿社区的居民，无论是白人还是黑人，都通过民用波段电台与邻居协商政治和公共安全活动。

尽管民用波段电台很快便被人采用，而且备受追捧，但它的热潮并没有持续太久。据哈林推测，技术标准不确定，加上大气环境不利，民用波段电台通信的可靠性下降。试想一下，如果你听不到别人说话了，那电台还有什么意思？况且，联邦通信委员会还专门规定禁止在民用波段上使用转发器，因此，即使联系紧密的民用波段电台社区也无法（合法地）解决不断出现的干扰问题和受限的覆盖范围。[23] 不像获得许可证的业余爱好者，使用民用波段电台的人没有实验的自由，任凭不受他们控制的力量支配。随着民用波段电台的功能下降，许多用户也许渐渐就放弃了使用民用波段电台的习惯。

在20世纪70年代，业余无线电爱好者和民用波段无线电相互补充，造就了无线电活动在美国遍地开花的景象。许多公司都提供多种合法参与的形式，内容从专家直播演示操作到修理二手设备，多种多样。由此可见，与技术和创新有关的参与式文化广泛兴起，例如业余电影摄影，改装车和低底盘车俱乐部以及科幻和幻想爱好者。[24] 民用波段电台也吸引了各种群体收听广播。业余广播历来都是一种促进中产阶级白人男性代际友谊的社交活动。[25] 组织诸如架设新天线或举办"野外演戏"等俱乐部活动，为无线电爱好者提供了建立亲密情谊的机会，而无须打破战后男子气概的限制性规范。此外，民用波段电台欢迎各种业余爱好者，不论他们的种族和社会经济阶层如何，因此业余使用民用波段电台的人在种族和社会经济阶层方面比无线电爱好者更加多样化。

业余无线电活动经历了半个多世纪之后，随着民用波段电台的普及和大众娱乐的兴起，业余无线电通信终于开始被大规模应用。此外，民用波段电台的进入门槛较低，因此更适宜成为在拥有不同技术专长的人群之间进行政治组织的工具。鉴于这些特征，民用波段电台文化的参与者来自各个种族、群体和社会经济阶层，而业余无线电文化的参与者则相对同质化。民用波段电台充斥着各种俚语、地区俗语甚至特定种族的话语，因此可以"听出"其电台文化参与者的多样性。相比它的表亲——业余无线电而言，民用波段电台促成了一种更有趣、更自发，有时甚至更具颠覆性的广播文化。

总之，伴随着民用波段电台热潮同时出现的，还有可支付得起、可访问的计算机技术。1976年3月，在前往新墨西

第二章
业余电台的计算机化

哥州阿尔伯克基的 40 号州际公路上，有多少微型计算机爱好者在去第一届世界牵牛星计算机大会的路上听到了麦考尔的《大车队》的疾驰节奏？

业余无线电的计算机化

20 世纪 70 年代，随着双向辐射这种新技术文化正围绕一种不同的微电子媒介——计算机形成，无线电的光景也很热闹。尽管数据处理已成为美国企业信息基础设施的一部分，分时行业也开始蓬勃发展，但实际上，人们动手操作电脑的机会仍然较少，尤其是在大学实验室之外的地方更是如此。像明尼苏达州教育计算联盟这样的参与式分时技术，证实了业余爱好者和非专业人士有潜力塑造计算机的未来，但这些辉煌的事迹在 20 世纪 70 年代只能算是特例。抑或说，稀缺性激发了技术爱好者的好奇心，催生了一种流行的计算机文化。在人们的推崇下，计算机变得神秘而又令人兴奋。对于喜爱业余无线电的青少年而言，计算机成为他们梦寐以求的东西，比如后来的微型计算机设计师史蒂夫·沃兹尼亚克（Steve Wozniak），他就曾梦想拥有一台属于自己的电脑，他卧室的墙上挂着电脑的海报。相关杂志和科幻小说猜测计算机的未来会更具参与性，更是鼓励了这种粉丝行为。因此，不受限制地使用计算机技术便成为新技术文化的驱动力和基本价值。广播是容易得到的，而计算机是人们梦寐以求的。

业余人士断断续续地使用着电脑。早在 20 世纪 60 年代中期，得益于当地机构的捐赠，一些业余爱好者便可以非正式地使用电脑。不过在 1971 年便宜的"微处理器芯片"被推出之前，很难想象人们能够广泛使用微处理器。微处理器是一种用以执行基本运算的集成电路，其效用取决于被部署的架构。20 世纪 60 年代，英特尔公司曾设想将微处理器植入咖啡机和洗衣机等家用电器，使一些简单、预定的任务实现自动化。但是，就像之前做过的许多尝试一样，实验人员和企业家们意外地发现这些新材料能够以低廉的价格生产计算机。截至 1975 年，微处理器为"DIY 成套电脑"奠定了基础，其零件可以通过邮购目录或爱好者杂志购买。

业余无线电爱好者和民用波段电台发烧友都是最早使用微型计算机的一批人。套装计算机有时候也被称为"业余爱好者计算机"，出售业余或民用波段电台设备的邮购目录和零售店中通常也出售套装计算机，比如《大众电子》《无线电电子学》（Radio-Electronics）《QST》[1] 和《73》等业余无线电爱好者感兴趣的杂志上面，多有计算机专题文章和微型计算机制造商

---

[1] 《QST》杂志是美国业余无线电协会出版的会员刊物，专门针对无线电爱好者群体。——编者注

第二章
业余电台的计算机化

的广告。从促销照片上看,微型计算机通常在业余电台小屋的大型技术设备中间。对众多业余爱好者而言,业余无线电和微型计算机需要的技能差不多,从中获得的技术乐趣也差不多。对那些享受燃烧的焊锡味道的人们而言,这些都是亲自动手的乐趣。

无线电设备内置集成电路,而不是分立电子元件,其开发潜力实在有限,无线电爱好者对此闷头丧气,因而对微型计算机更加感兴趣。经过业余无线电杂志的推广,计算机成套元件成了业余爱好者现有技术的扩展练习,此外,数字逻辑和软件开发也被视为前所未有的挑战。1974年至1976年间,《73》杂志发表了一系列关于计算机科学基础的文章,内容覆盖数字系统、二进制算法、离散逻辑、串行通信和存储器地址等。而且,当时《73》的编辑韦恩·格林(Wayne Green)还在努力编写专门面向计算机爱好者的新杂志《字节》。

计算机爱好者学习新技术领域,除了可以获得技术本身的乐趣,还有望扩大现有无线电实践的范围。格林在一篇名为《计算机来了——你准备好了吗?》(*Computer Are Here——Are you Ready?*)的文章中,将微型计算机定位为最新业余无线电技术的补充。他说:"越来越多的业余爱好者装备新型廉价计算机成套元件,并取得非常有用的结果。有些人利用这些装置把天线对准月球弹跳技术,有些人利用这些装置进行预测,甚至将天线瞄准奥斯卡,有些人利用这些装置操作虚拟的自动无线电传电台,还有些人利用这些装置运行一个甚至一组中继器。"如果说微电子技术威胁着传统的业余无线电手动操作技术,那么业余计算机技术则预示着一种更新。

1976年,成千上万的业余爱好者忙着组装自己的计算机。同年,格林出版了一本关于微型计算机的文集,目标读者是业余无线电爱好者。乍一看,书的封面宛若常见的业余无线电操作员的工作台。不过,封面照片不是收发器,也不是放大器,而是一个典型的业余计算机设置——自制键盘、盒式磁带录音机、小型电视和视频接口以及牵牛星8800型号计算机。该计算机基于英特尔8080微处理器,在当时,它并非市场上唯一的或最新的配套电脑,但其明亮的蓝色外壳和闪烁的红色指示灯已经成为微型计算机技术文化的象征。实际上,负责牵牛星的微仪系统家用电子公司之前就曾出售过模型火箭组件和电子计算器。[26] 牵牛星是一款由技术发烧友开发,并为该类人群使用的电脑。

牵牛星8800的设计类似于较昂贵的微型计算机,如美国数字设备公司的PDP-11,牵牛星8800可用于商业实际和科学应用,并且为技术爱好者提供有意思的挑战。[27]《大众电子》刊登的1975年1月的一篇采访新闻称,牵牛星是一款"堪与商业型号电脑相媲美、以成套形式提供的微型计算机"。[28] 这

第二章
业余电台的计算机化

个说法在一定程度上讲是准确的,因为在许多工商业场景中,功能齐全的牵牛星可以取代一台微型计算机,不过它不能完全反映出成套元件的可用性。分时技术提供实时交互和带有电脑标准键盘的终端,而牵牛星的用户界面仅有一排红色指示灯和一排开关。如果没有额外购买的电传打字机终端和磁带阅读器,要为这台机器编程是非常困难且缓慢的任务。而且,如果没有软盘或盒式磁带接口,机器每次关机都会丢失其内存。

尽管组装牵牛星电脑和编程十分辛苦,但这让计算机爱好者能够近距离接触微处理器的数字逻辑。因为微电子技术的缘故,组装电脑将业余爱好者带回"接近金属"的状态。早期电脑程序员需要利用刻在 8080 上的有限指令集来表达他们的想法。[29] 牵牛星上的 8 个开关对应能被 8 位微处理器一次读取的 8 个数字。"开"的位置对应 1,"关"的位置对应 0。尽管较复杂的系统上有更高效的编程工具和调试工具,但这种接口迫使业余爱好者与微处理器使用同种语言。

业余爱好者在 1975 年和 1976 年积极采用牵牛星,预示了一直延续到 20 世纪 80 年代的微型计算机市场的繁荣。[30] 正如民用波段电台热潮扩大到双向无线电通信,远远超出技术爱好者范围一样,预装的"家用"电脑和"个人"电脑将微型计算机带给更广泛的人群。1977—1983 年,众多制造商将各种电脑推向市场,这些电脑拥有不同价格和不同的应用程序,面向不同用户。睿客公司在其年度产品目录中推荐低成本的 TRS-80 彩色电脑，而苹果公司则对其产品苹果二代保持了溢价。同期的雅达利（Atari）和康懋达则将图形和声音丰富的计算机作为娱乐设备出售，IBM 则向严肃的商业用户提供其银色和米色外壳的电脑。与此同时，BASIC 编程语言成为个人电脑通用语言，大量 BASIC 工作簿文件和编程杂志鼓励用户自己编写软件。到 20 世纪 80 年代末，微型计算机已经不再需要烙铁设施，不过无线电爱好者的价值观和兴趣依然塑造着日益繁荣的技术文化。

无线电爱好者将微型计算机视为一种通信设备，而非信息处理设备或自动化设备。无线电爱好者将计算机技术与无线电技术结合起来，率先将计算机在电信领域普及。在业余无线电操作员手中，微型计算机开始逐渐发挥三个关键作用。第一，微型计算机扩大了业余无线电台的技术支持功能，例如通过自动控制定向天线或解释传入的莫尔斯电码信息。第二，业余爱好者利用诸如数据库管理系统和文字处理软件之类的应用组织无线电通信以外的活动，比如印刷俱乐部简讯或个人的联络记录等。第三，微型计算机提供了一种全新的、前所未有的电信模式。

面对以计算机为媒介的通信技术发来的挑战，业余无线电爱好者是迎接挑战的不二人选。他们不会把自己的活动称

第二章 业余电台的计算机化

为"数字化",但他们在20世纪70年代时却经常用代码交流。直到2003年,业余爱好者必须在利用莫尔斯电码复制及传送信息方面必须具备一定的能力,才能获得执照。而且,业余无线电自20世纪40年代以来便流行一项活动,即将被遗弃的电传设备改装为无线电电传打字或进行无线电传操作。无线电电传站甚至可以半自动接收信息,给无线电传操作员提供一种原始的公告板功能。设想在这种系统中加入微型计算机其实很容易。实际上,微型计算机在业余无线电方面的一个流行应用就是将人工操作员发送的莫尔斯电码转换为无线电传使用的十进制码和波德电码。

地方和区域业余无线电爱好者俱乐部会议也是微型计算机爱好者相互认识的重要场所。20世纪70年代末之前,许多业余无线电俱乐部还在积极开展计算机业余活动。1983年,在《QST》杂志的《俱乐部一角》栏目中,萨莉·阿德尔(Sally O'Dell)写了一篇题目为《俱乐部与电脑:简单的连接》(*Clubs and Computers:A Simple Interface*)的专栏文章,特别强调了二者之间的联系。阿德尔将早期的业余无线电与新兴的个人计算机运动进行比较,鼓励俱乐部成员让计算机成为他们活动的重要特征。她建议寻找用微型计算机和打印机进行出版的工具,指出至少四分之一的业余无线电中继联盟附属俱乐部已经在出版由电脑制作的时事通信。阿德尔还认为,无线电爱好者俱乐部是学习和分享新技术信息（如家庭计算机）的重要场所。她敦促无线电俱乐部的组织者联系当地的计算机用户群。她说："我们对电脑感兴趣，电脑爱好者很可能也对业余无线电感兴趣。"最后，阿德尔宣布将两段微型计算机影像添加至业余无线电中继联盟影库，供所有附属业余无线电俱乐部租用。

除了杂志和俱乐部会议，业余无线电爱好者还为新生的微型计算机技术社区提供了一些其他场所，比如实况转播的"网络"以及区域的旧物交换会。业余无线电"网络"是一种实况转播的会议，业余爱好者聚集在预定频率或中继器上，分享信息和进行社交活动。1980年，*QST*杂志发表了大卫·P.艾伦（David P. Allen）从马萨诸塞州锡楚埃特发来的一篇便笺，邀请读者加入几个电脑爱好者网络。有个位于波士顿的网络每周三晚上开会，有个针对苹果用户的东海岸网络每周六晚上开会，国际雅达利网每周二晚上开会。在南加州，简称叫W6TRW 的业余无线电俱乐部在雇用了众多俱乐部成员的一家航空公司的停车场举办每月一次的交换会。[31] 尽管要在里面租用一个摊位需要持有有效的业余无线电许可证，但旧货交换会的组织者特别规定，参与者除了出售业余无线电设备也可以出售计算机零件。业余无线电网络和交换会为有兴趣了解计算机技术的业余爱好者提供了宝贵的非正式社交空间。

第二章
业余电台的计算机化

20世纪70年代，业余无线电爱好者已经拥有比较成熟的技术文化，为计算机技术爱好者提供了培养环境。当然，并非所有的业余计算机爱好者都源于业余无线电，但这两种业余爱好相辅相成，相得益彰。尤其是业余无线电爱好者的价值观、惯例和结构为业余计算机爱好者的技术文化提供了有用的模型。不过，对于那些热爱无线电的计算机爱好者来说，业余无线电极大地塑造了他们对微型计算机的期待。广告商宣传的是微型计算机的商业用途和娱乐用途，但业余无线电爱好者们最初邂逅家用计算机却是将它作为一种通信技术和助力社区组织的工具。

从无线电波到电话线

1978年，CBBS创立，这标志着调制解调器时代——猫世代的开端。克里斯滕森和休斯在《字节》杂志上发布CBBS系统的细节，为成千上万个CBBS在北美地区出现奠定了基础。截至1983年，至少有275个这样的电子公告板（BBS）成立并运行，遍及43个州。《字节》在新兴的调制解调器时代依然发挥着关键作用，定期报道BBS技术的最新进展，出版了几十封关于调制解调器和电信的读者来信。[32]

尽管CBBS起源于大雪纷飞的封城时刻，但它并非凭空诞生。确切地说，克里斯滕森和休斯工作的时代恰逢电信业在技

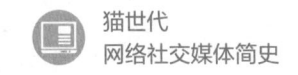

术、文化和监管变革方面的紧要关头。贝尔系统的基础设施当时刚开放，基于牵牛星架构的微型计算机零件也越来越稳定，业余无线电的技术文化鼓励大家参与更有趣的电信。他们创建的 CBBS 代表了这三种平行现象的汇合，是美国业余电信和专业电信发展几十年以来的巅峰。

调制解调器时代的技术文化展现了业余电信早期形成的许多规范和价值观，但这些也并非全都是积极的。我们从早期公告板栏系统中看得到技术探索与合作精神，这种精神激励业余无线电爱好者的先辈们，但在当时，社会和物质准入壁垒都很高。相比开放便利的民用无线电，早期的调制解调器世界更类似战后的业余无线电。几十年间，参与调制解调器技术的仍以中产阶级男性白人为主，其中大多数人似乎是为了逃离 20 世纪 70 年代的复杂社会现实，因而乐于进入一个由协议、软件和晶体管构成的另类世界。最终，在 20 世纪 80 年代的政治、经济和文化环境下，调制解调器的世界终于向更加多样化的公众开放。但在最早期，大多数 BBS 的用户相对单一，尤其是与民用波段电台用户和其他种族多样化的技术爱好者相比更是单一。

不过话说回来，业余无线电和民用波段无线电为诸如 CBBS 之类的基层计算机网络提供了繁荣发展的广阔天地。无线电爱好者利用二手军事设备和废弃的商用硬件建造电台，一

第二章 业余电台的计算机化

贯坚持实用主义。无独有偶，基层计算机网络也灵活运用贝尔系统进行数据通信。同样，早期在线系统复刻了许多网络的概念以及业余无线电文化规范。正如业余无线电中继器为本地业余无线电爱好者服务一样，拨号式 BBS 为本地计算机爱好者提供了类似的功能，甚至二者之间使用相同的术语。例如，"频道"和"绰号"这种术语都是直接从民用波段无线电借用而来的。1980 年，美国全国范围内的在线服务公司计算机在线将其聊天系统命名为"民用波段电台模拟程序"，更加直白地说明了二者之间的联系。可以非常直接地说，20 世纪 70 年代业余无线电的计算机化促成了 20 世纪八九十年代调制解调器时代的诞生。

> 猫世代
> 网络社交媒体简史

注释

1　"Snowfall a Nuisance Here, Deadly in East," Chicago Tribune, January 15, 1978; Roy Halt, "Freight Car Tumbles off Viaduct," Chicago Tribune, January 15, 1978.

2　这场暴风雪很快就被另外两次更凶猛的暴风雪掩盖：1 月 25 日至 27 日中西部地区的"克利夫兰超级炸弹"和 2 月 5 日至 8 日东北部地区的"78 年暴风雪"。

3　1978 年 1 月 26 日源代码中有一条注释写着："最初由被雪困在家中的沃德·克里斯滕森编写。"见 Ward Christensen, "Comments and Prologues to CBBS up to Version 3.2," BBS Software Directory, 1979, http://software.bbsdocumentary.com/AAA/AAA/CBBS/history.txt.

4　电传打字机在分时技术中的使用已经很受限，反而是在出售过时军用品的商店或二手商店中更常见。实际上，电传打字机以前被计算机爱好者用作牵牛星 8800 等成套计算机的接口。参见 Martin Campbell-Kelly and William Aspray, *Computer: A History of the Information Machine* (New York: Basic Books, 1996), 238.

5　大部分电脑化公告板系统软件被刻录到电可擦可编程只读存储器上，而没有被保存在软盘上。正如休斯后来回忆的那样，系统几乎总是在修订，"必须得每周对那个程序重新编程 10 次，这样持续几个月"。见 Ward Christensen 和 Randy Suess, "The Birth of the BBS," Chinet, 1989, https://www.chinet.com/html/cbbs.html.

6　Ward Christensen 和 Randy Suess, "Hobbyist Computerized Bulletin

第二章
业余电台的计算机化

Board," *Byte*, November 1978, 157.

7. 1975 年 1 月,《大众电子》杂志封面刊登了 MITS Altair 8800,这台计算机作为成套设备出售,其架构被广泛模仿,并成为 20 世纪 70 年代中期微型计算机的实际标准。见 Campbell-Kelly 和 Aspray, *Computer*, 240–44. 另见 H. Edward Roberts and William Yates, "Altair 8800 Minicomputer, Part 1," *Popular Electronics*, January 1975.

8. 海斯牌调制解调器设计用于安装在牵牛星 8800 等成套计算机上的 S-100 总线。《字节》杂志刊登了海斯牌调制解调器的早期广告以及有关电脑化公告牌系统的故事。详见 Christensen 和 Suess, "Hobbyist Computerized Bulletin Board," 157.

9. 《字节》杂志分销整个北美和西欧地区,是交流计算机行业新产品、新技术、新组织和新想法的主阵地之一。即使在访问美国期刊可能受限的国家,业余爱好者们也能找到阅读《字节》的方法。历史学家帕特里克·威斯亚克发现,在波兰,非正式计算机俱乐部的成员筹集资金共同订阅《字节》等"西方"的计算机杂志。见 Wasiak, "Playing and Copying: Social Practices of Home Computer Users in Poland during the 1980s," in *Hacking Europe: From Computer Cultures to Demoscenes*, ed. Gerard Alberts and Ruth Oldenziel (London: Springer, 2014), 129–50. 关于《字节》的发行量,据我估计,1978 年 2 月的那期有一封出版商的道歉信,信中将当时近期的发行问题归咎于该杂志的成功。信上说:"《字节》从 1975 年 9 月创刊以来,一直在高幅度增长,发行量超过 11 万册。"我把这个数字缩减到 10 万,因为我对出版商的统计数据有所怀疑,同时也考虑了威斯亚克描述的在某些情况下有未知数量的读者。见 Virginia Peschke Londner, "Letter from the Publisher," *Byte*, February 1978.

10. "成功接入的人,我们当然知道,但有些接入失败的人,我们就不会知道。这是不对的,这对系统的成功给出了错误的、有失偏颇的看法。因此,我请那些连接失败的人给我打电话,我是沃德,电话号码是 (312)849-6279。"见 Ward Christensen, "Computer Network

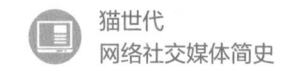

Poll," *Dr. Dobb's Journal of Computer Calisthenics & Orthodontia*, July 1978.

11 在杰森·斯科特发表的个人通讯中，克里斯滕森写道："CBBS 整个生命周期中，一条电话线接听近 25 万次用户。"见 Scott, "Customized: S–100 Kit Computer: CBBS," BBS Software Directory, 访问于 February 17, 2021, http://software.bbsdocumentary.com/AAA/AAA/CBBS/.

12 海尔默斯为调制解调器写了八页时评，表达他对 CBBS 默默的热情，1978 年海尔默斯的社论模态页长为三页（平均值为 3.67，标准差为 3.08）。

13 公共计算机公司网络委员会是于 1977 年 4 月第一届西海岸电脑展上成立的旧金山湾区组织。由于与阿帕网社区的连接，该委员会小组与考尔金斯很早就构想了微型计算机的网络。1989 年，克里斯滕森和休斯表示，他们与公共计算机公司网络委员会保持联系，对这个想法的潜力很感兴趣，但对团队中"缺乏实干家感觉灰心丧气"。见 Dave Caulkins, "Personal Computer Network," *People's Computers*, August 1977; Caulkins, "PCNET, 1979," *People's Computers*, October 1977; Christensen and Suess, "Birth of the BBS."

14 我们尚不清楚克里斯滕森和休斯开始出售 CBBS 的确切日期。有几份文件表明，截至 1981 年前它都可以邮购，然而，两人在 1989 年的回忆录表明，《字节》文章发表时 CBBS 还在出售。

15 为了黑客而黑客反映出业余无线电操作员对"联络"的追求，他们追求双向无线通信是为了建立联系而非交换信息。见 Susan J. Douglas, *Listening In: Radio and the American Imagination: From Amos 'n' Andy and Edward R. Murrow to Wolfman Jack and Howard Stern* (New York: Times Books, 1999), 333. 另见 Kristen Haring, "The 'Freer Men' of Ham Radio: How a Technical Hobby Provided Social and Spatial Distance," *Technology and Culture* 44, no. 4 (2003): 734–61, https://doi.org/10.1353/tech.2003.0164.

第二章
业余电台的计算机化

16 俱乐部在1976年出版的《字节》杂志的一份说明中正式宣布了它的名称：CACHE。"Clubs and Newsletters," *Byte*, February 1976. 其热线电话号码在月度通讯中公布。*CACHE Register* 6, no. 1 (January 1981). 克里斯滕森曾于1986年在CBBS上的一篇帖子中提到过这条热线。Welch, "Item 20."

17 CBBS还在运营期间就已开始获得神话般的地位。沃德·克里斯滕森于1986年在CBBS上发帖说："关于'起源故事'，我已经讲了很多次，已经被磨得筋疲力尽。"实际上，克里斯滕森通过淡化成为第一的重要性，来阻止他的系统稳定，"这没什么了不起的，我只是碰巧做了第一个而已。它也没有多伟大，甚至不能算很好，不过它确实就是第一个"。关于克里斯滕森在1986年此番言论的完整记录，请参见 Welch, "Item 20."。

18 业余无线电中继联盟称20世纪70年代采用甚高频设备为业余无线电操作员的"革命"。见 Jim Maxwell (W6CF), "Amateur Radio: 100 Years of Discovery," *QST*, January 2000, http://www.arrl.org/files/file/About%20ARRL/Ham_Radio_100_Years.pdf.

19 在业余无线电中，"联络"是一个名词，指两个无线电操作员之间成功交换呼号。有关无线电爱好者交流的文化习俗以及种族和性别维度的更多信息，请参阅 Susan J. Douglas, *Inventing American Broadcasting, 1899-1922* (Baltimore: Johns Hopkins University Press, 1987); Douglas, Listening In; Jonathan Sterne, *The Audible Past: Cultural Origins of Sound Reproduction* (Durham, NC: Duke University Press, 2003); Haring, Ham Radio's Technical Culture; Art M. Blake, "Audible Citizenship and Audiomobility: Race, Technology, and CB Radio," *American Quarterly* 63, no. 3 (September 1, 2011): 531–53.

20 这一时期，1969年的摩托罗拉HT-220是一款非常成功的收发器，它是一款大型手持式收音机，曾在众多警察类影视剧中被用作道具。直至今日，人们依然在使用收音机，HT-220保护协会在网络上保存了一个小小的纪念页面。详见 "HT-220 Page," Michael

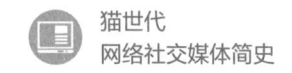

Wright Page，访问于 February 9, 2014, http://mfwright.com/HT220.html.

21 发射天线的尺寸与待发射信号的波长成正比。有些业余爱好者认为集成电路不是一个无法修补的神秘黑匣子，而也有些人则鼓掌欢迎更低成本的设备，并且开始在小规模组件上尝试新应用程序。

22 最近，业余无线电爱好者已经开始利用互联网网关，将各种中继器"链接"到像 WinLink 这样覆盖更大区域的分散网络中。尽管这项活动不在本次讨论范围内，但它其实也恰当地展示了业余电信的创新文化。

23 业余无线电爱好者和民用波段无线电人群并不像我叙述的那样清晰。戴夫·霍尔（N3CVJ）在一个网页上回忆过他的民用波段无线电经历，20 世纪 70 年代末，"有些知识和大量空闲时间"的民用波段无线电人群能够建立民用波段中继器。见 Hall, "CB Repeater," Spew Radio Inc., 访问于 February 11, 2014, http://home.ptd.net/~n3cvj/repeater.htm.

24 查阅记载这些活动的资料，不难发现它们之间产生共振的证据，例如，阿帕网上第一个非技术性邮件列表是科幻爱好者。克里斯汀·哈林也探索了美国 20 世纪技术文化之间的一些联系。见 Katie Hafner 和 Matthew Lyon, *Where Wizards Stay Up Late: The Origins of the Internet* (New York: Simon and Schuster, 1996), 201; Haring, "Freer Men' of Ham Radio."

25 业余无线电导师被称为"Elmers"，而指导被称为"Elmering"。关于业余无线电文化方面起源的更多信息，详情参见 Rod Newkirk, "How's DX," *QST*, March 1971.

26 1969 年，在阿尔伯克基武器实验室工作的一对空军工程师埃德·罗伯茨和福雷斯特·M. 米姆斯三世共同创办了微仪系统家用电子公司（MITS），为模型火箭制造商提供电子配件。米姆斯接下来还创作了一本颇具影响力的工作手册，题目为《电子学入门》，通过睿客销售，已出版发行 30 余年。有关 MITS 早期产品的更多信息，请访问米姆斯的个人主页，即"About Forrest M.Mims III," Forrest Mims's

第二章
业余电台的计算机化

website, 访问于 February 18, 2014, http://www.forrestmims.org/biography.html.

27　牵牛星电脑上并排的灯和开关类似于 DEC PDP-11 系列小型计算机中前面板的几个变异型。另见 Waldrop, Dream Machine, 430.

28　这篇文章由埃德·罗伯茨和微软创始人比尔·盖茨撰写，被误称为"威廉·耶茨"。见 H. Edward Roberts and William Yates, "Altair 8800 Minicomputer, Part 1," *Popular Electronics*, January 1975.

29　早期微型计算机程序员使用一组助记符"操作码"来手写代码。例如，用于停止程序的机器语言指令 8080 可能是二进制值 1111111，但程序员在设计这个程序时会使用助记符"HLT"。为使该程序可以在牵牛星电脑上执行，程序员参考了印刷版"操作码"和机器语言指令，将其程序转换为二进制数列表。见 Charles Petzold, *Code: The Hidden Language of Computer Hardware and Software* (Redmond, WA: Microsoft Press, 1999), 236.

30　《大众电子》专刊之后，微仪系统家用电子公司（MITS）收到大量牵牛星成套设备的订单，很快就以运输速度慢和售后服务差而声名狼藉。此外，那些收到成套设备的人也可能因其复杂和繁重的编程体验而受挫。为满足这个新发现的客户群的需求，MITS 不久便宣布了打包系统，捆绑了打印机、磁盘驱动器、磁带阅读器、键盘以及牵牛星电脑。不幸的是，市场竞争此时已变得更加激烈，MITS 在很大程度上已经没有竞争优势了。另见 Campbell-Kelly and Aspray, *Computer*; Waldrop, *Dream Machine*, 431.

31　W6TRW 交换会议接下来仍是每月在位于加利福尼亚州雷东多海滩的诺斯罗普·格鲁曼公司大楼停车场举行。在 1967 年的影视剧《星际迷航》第一季第 29 集中，该地点还作为地球殖民地——虚构星球 Deneva Prime 的背景。更多详情，请参阅 W6TRW Swap Meet, 访问于 February 18, 2014, http://www.w6trw.com/swapmeet/index.htm; Memory Alpha, "TRW Space and Defense Park," 访问于 June 4, 2021, https://memory-alpha.fandom.com/wiki/TRW_Space_and_Defense_

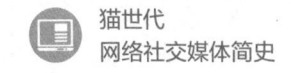

Park.

32   1975—1980年,《字节》上发表的 675 封读者来信中有 78 封曾提到过调制解调器、电信或无线电。

第三章
为所有人构建的互联网

1983 年，马迪尔在马里兰州巴尔的摩市的派克维尔电脑园商店工作。当时，电脑园正在推广美国数字设备公司的彩虹电脑——IBM 个人电脑的竞争对手，马迪尔就给自己买了一台。他学会使用这台新电脑后，就开始四处寻找通信软件，想要经营自己的 BBS。尽管彩虹电脑与微软磁盘操作系统兼容，但它没有提供与调制解调器接口的"中断"，以往的大多数磁盘操作软件都需要这种"中断"与调制解调器连接。因此，许多当时广泛使用的 BBS 程序在他的电脑上无法运行。一位朋友建议他联系旧金山"惠多 BBS"的管理员詹宁斯。詹宁斯擅长编写低级代码，可以让磁盘操作软件在非 IBM 硬件上运行。詹宁斯一边在波士顿的凤凰科技公司工作，一边为包括彩虹在内的诸多个人电脑品牌"克隆"编写兼容层。他自己的电脑绰号叫"惠多"，便是一个真正的"杂型机"，在摩托罗拉 6800 的微处理器上运行微软磁盘操作系统。

一天晚上，马迪尔通过从巴尔的摩到旧金山的长途电话呼叫"惠多BBS"，他给詹宁斯留言，之后二人开始讨论计算机和通信。詹宁斯将自己为终端仿真和文件传输编写的两个彩虹兼容实用程序提供给马迪尔。之后几个星期，二人经常讨论如何将"惠多BBS"底层软件移植到彩虹电脑上。出了旧金山，詹宁斯便无法使用彩虹电脑了，因此他们经常深夜电话联系，詹宁斯报代码，马迪尔负责输入代码。后来，詹宁斯称："那是我写过的最痛苦的代码。"在几份长长的电话账单后，马迪尔终于在他的彩虹电脑上复制并运行了"惠多BBS"。

虽然詹宁斯和马迪尔最后成功了，但他们之间的合作并不容易。因为生活在不同时区，区号不同，他们的联系成本高昂。他们通过BBS联系，不断修正"惠多BBS"，同时也逐渐开始讨论一项新功能，即如何能够让一个"惠多BBS"自动呼叫另一个"惠多BBS"，快速交换新信息或新文件，然后挂断电话。如此一来，长途电话的持续时间尽可能缩短，而且他们可以安排深夜通话，即长途话费最便宜的"低谷"时段。当时，只有两个"惠多BBS"，因此他们设计出一个简单的"点对点"组网方案，每个系统配置一个数字，如詹宁斯对应1号，马迪尔对应2号，等等。每个系统保存一个文件，列出每个节点号码相连的电话号码。若要向另一个"惠多BBS"的管理员发送信息，你只需要知道对方的节点号码即可。你的

第三章
为所有人构建的互联网

"惠多BBS"会在半夜醒来,在你睡觉时传递信息。"低谷"时段通话费大约每小时13美元,因此他们预计每条信息"从东海岸传递到西海岸"费用大约为0.01324美元。1984年夏初,詹宁斯给马迪尔的"惠多BBS"发送了一条软件更新信息。不久之后,第一个"惠多网"便诞生了,连接了加利福尼亚州的旧金山与马里兰州的巴尔的摩。[1]"那是一场巨大的黑客袭击",詹宁斯回忆说,"但那次黑客攻击的价值非常高"。

那次巨大的黑客行动后来范围更大。詹宁斯还与圣路易斯的计算机爱好者本·贝克(Ben Baker)有过交流。贝克当时正计划为麦克唐纳·道格拉斯(McDonnell Douglas)的航空航天公司的员工计算机俱乐部创建一个BBS。该俱乐部租用的系统主机是美国数字设备公司的彩虹100,因此贝克发现了马迪尔和詹宁斯编写的"惠多BBS"端口。那年三月份,贝克在彩虹电脑上创建了一个新的"惠多BBS",该系统于同年四月份升级为10号"惠多BBS"。接下来的几个星期,全国各地不断出现新的"惠多BBS"。截至当年六月,仅圣路易斯314区号就出现了5个"惠多BBS",其中4个在彩虹电脑上运行。詹宁斯一边不断开发惠多软件,一边与所有运行"惠多BBS"的管理员保持联系,定期在他们的"惠多BBS"上留言、上传文件以及电话聊天。6月,詹宁斯发布了惠多软件的更新版本,新版本增加了"惠多网"和"节点列表"两个新组件。一夜之间，每个运行"惠多BBS"的电路板都变成了一个可寻址的节点，组成了一个自治的基层信息传递网。

长途拨号的问题

詹宁斯和马迪尔之间的合作遇到财务和技术限制。要理解这一点，我们必须探讨一下拨号式BBS依赖全国电话网的几个关键问题。

调制解调器时代可以说就是互联网的电话史。如果没有遍及全美国的稳定的电话网，20世纪八九十年代不可能出现计算机网络——无论是机构网络还是业余爱好者网络。像阿帕网这样由国家支持的网络可以通过"长途专线"运行，在"专线"网的各个节点间建立专用连接，因此阿帕网的工程师只要专攻更高层次的问题就够了。但是，业余爱好者享受不到如此奢侈的待遇。使用过调制解调器的人非常明白自己住宅电话服务的条件和限制：线路噪声、信号占线、其他家庭成员想用电话等，都是BBS用户和管理员感到沮丧的普遍原因。

计算机化的公告板恰如其分地出现在电话历史上。美国电话电报公司实际上垄断美国电信业务长达数年，直到20世纪80年代早期，监管机构打破了贝尔母公司的垄断，允许私人进入电话业务市场。贝尔公司的垄断地位不断被打破，独立拨号网逐渐形成。但我们不可否认，美国电话电报公司创造

第三章 为所有人构建的互联网

的系统无论从技术上还是从组织上讲都是一个奇迹。1978年，美国几乎每家每户都有电话，非常方便接入。

不过，当时有些电话费比平常话费贵得多。20世纪，美国电话业务分为"本地"和"长途"区域，长途"中继线"负责连接本地网络交换机。自20世纪20年代以来，美国长途话费就要比本地话费高。这种话费设置的基本原理是，呼叫者使用长途服务必须通过本地网络基础设施，也就是说长途电话利用了更多网络。

因此，截至1978年，几乎每个人都可以"接"电话了，而且知道接听电话无须任何费用。但是，拨打电话的人就需要计算一下时间、距离和花费了。"电话的空间想象"根据电信监管机构设定的费率，对人的社会生活进行区域地理上的分类。给在市中心读书的儿子打电话也许是免费的，给在外地的朋友打电话也许按每分钟5美分收费，给住在瓦拉的拉里叔叔打电话也许要每分钟20美分。不幸的是，对于许多刚学会使用调制解调器的人来说，一不小心就拨打出一大笔账单是常见的。长途电话、小时收费、代管服务等组合收费可能令人不解，用户往往要到月底收到账单和信用卡账单时才意识到自己的错误。虽然有工作的成年人可以开玩笑说上不起网，但如此使用网络的青少年则可能真的导致家庭内部小冲突。

美国电话电报公司为创建连接整个北美大陆的全自动网

络努力了三十年，终于建成了这个十位数的电话号码系统。1945 年，该网络被编排成"北美编号计划"（North American Numbering Plan，简称 NANP），这对该项目而言十分关键。[2] 在网络上实施通用的编号方案，如此一来，全国各地的电话用户都可以把自己设想为单一集成系统的成员。北美地区的任何一个电话号码的前三位都是"区号"。自从 20 世纪 60 年代被引入以来，区号便成了集体身份的标签，在美国各地都可以被识别出来。洛杉矶、纽约曼哈顿、迈阿密等城市的常住居民为自己拥有城市区号而自豪。尽管区号并非总与本地和长途话费系统一致，但 BBS 的列表是按区号排序的，这也反映了用户希望避免长途话费。

不管 BBS 的用户是否愿意或有能力支付长途话费，长途话费实际上已经构成了人们对调制解调器世界的网络想象。区域 BBS 名单排行榜也反映出拨打 BBS 仍是一种本地活动。寻求特殊利益的呼叫者可能比寻求普通利益的呼叫者更愿意支付长途话费，但一不小心，长途电话费便能轻而易举地让使用调制解调器的人不知所措。带有成人内容的 BBS，尤其是一些原创图片和视频剪辑，通常会收月租费，但《两性关系》(*Erotic Connections*)（一本发表在 BBS 上的指南书，目标读者是对"爱与欲望"感兴趣的人）的作者提醒读者注意话费，"即使 BBS 本身免费，如果拨打州外电话，话费也会很贵"。

第三章
为所有人构建的互联网

长途电话拨号带来高昂的成本,这也意味着 BBS 的聚合增长并不一定意味着所有电脑用户都可以平等使用它。面对一个由 10 个不透明数字组成的电话号码,只有拨号,他们才能知道电话另一端是什么。[3] 对某些人而言,这种不确定性赋予了 BBS 一种神秘的吸引力,给他们一种参与到地下社会的感觉。然而对有的人而言,这花费太高,令人受挫,足以将他们彻底拒之门外。

成为惠多网

早期,惠多网采用了简单的点对点组网方案,利用固定方案在节点之间传输信息。节点列表文件便是惠多网中可编辑的 BBS 列表。每天晚上美国东区时间凌晨四点,惠多网程序便接管个人电脑主机。如果有待发送的信息,它会在节点列表文件中查找目的地 BBS 并拨号,收到占线信号后会转战列表中的下一条信息。此外,它还会在呼叫之间暂停,以防有其他 BBS 远程呼入。长途电话以分钟为单位计费,通常一条短信的长度只有几百字节。即使以 300 字节 / 秒的速率进行传输,大多数情况下,从一个"惠多 BBS"到另一个"惠多 BBS"之间的传输也能在一分钟内完成。不过,随着越来越多的"惠多 BBS"上线,越来越多的管理员开始尝试在各 BBS 之间进行信息传递,网络逐渐开始不同步了。随之而来的是占线信号越来

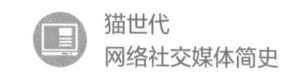

越容易出现，信息无法传输，因此，网络需要一个更加复杂的系统，按指定路线去发送和调度邮件。

除了网络流量堵塞，节点列表本身的管理也是一个问题。起初，惠多网上的人彼此互相认识，整个节点列表可以写在笔记本上，节点号码也是在权益之下分配的。只要注册了"惠多BBS"就可以收到一份印刷手册，封面上写好了自己的节点号码。但是随着网络扩展到超过了30个节点，而且陌生人也参与其中，人们需要对节点列表进行日常管理。詹宁斯回忆道："1984年7月，节点列表开始瓦解，网络开始崩溃。"每过一周，节点列表都在变得更长，出错的机会也就更多。有些新管理员没有经过任何正式加入网络的程序，便直接联系詹宁斯要求加入网络。詹宁斯陷入软件开发的困境，他跟不上人们的兴趣。网络中的业余爱好者对错误感到失望，节点列表中出现一个错误号码便意味着每天晚上会有几十个BBS向这个错误的号码拨打电话。有个案例是，由于一个拼写错误，一位"可怜的老太太"每天凌晨四点会被电话吵醒。詹宁斯发现自己的这个错误后，打电话道歉，结果发现自己很难向一个"疲惫至极、恼怒至极的老人"解释清楚什么是"惠多网"。

圣路易斯因本地呼叫区有六个活跃节点而成为未来惠多网的非官方试验场。1984年8月，圣路易斯的管理员肯·卡普兰（Ken Kaplan）、迈克·梅林杰（Mike Mellinger）和乔恩

第三章
为所有人构建的互联网

威克曼（Jon Wichman）正式开始节点列表的维护工作。那时候，节点列表已经"乱七八糟"了。他们花了几个星期，逐条验证记录的准确性，终于在 1984 年 9 月 21 日公布了一份经修订的节点列表。此外，他们还宣布，之后的请求必须提交惠多网，以确保所有新节点正确安装和配置 BBS 软件。同时，包括马迪尔、托尼·克拉克（Tony Clark）、丹尼·费恩史密斯（Danny Feinsmith）、吉姆·瑞安（Jim Ryan）、贝克和维恩·克劳福德（Vern Crawford）在内的其他几个管理员继续与詹宁斯一起开发和测试惠多网。他们增加了二进制文件传输、成本核算和系统安全等功能。此外，他们还开始研究网络本地节点之间邮件的路由方案。单板与点对点网络不同，可以充当进入区号的网关，在本地重新分发邮件。在这种"存储并转发"的安排中，一条信息经多次短途"跳跃"送达目的地，从而减少整个系统的长途电话。[4] 詹宁斯等人梦想着有一天可以只用固定费率的本地电话就可以将信息从美国的东海岸传到西海岸。

网络在新系统下不断扩大（图 3.1）。在 1984 年的最后四周里，节点列表从 108 个节点增加到 134 个节点。第 1 版发布了不到一年，"惠多 BBS"便在北美编号计划的 41 个地区代码中运行，圣路易斯不再是唯一一个拥有本地网络群的地区代码。新的集群逐渐在一些富裕郊区形成，如马萨诸塞州的 128

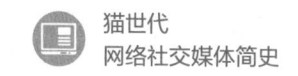

号公路、加利福尼亚州的奥兰奇县、北弗吉尼亚和得克萨斯州的休斯敦环城公路等。除了这些高科技中心，惠多网还在那些在长途拨号方面特别不利的地区站稳了脚跟。例如，夏威夷群岛的BBS有四个节点交换邮件，加拿大安大略省的BBS有三个节点，新罕布什尔州彼得斯伯勒小镇的BBS有一个节点，等等，这些影响力引起了《字节》杂志的注意。除了加拿大和美国，他们还与英国、印度尼西亚和瑞典的BBS建立了国际联系。当时，北美与欧洲之间的跨国电话大约每分钟1美元到3美元，因此通过计算机交换信息相对电话费来说还是便宜的，而且比传统邮寄信件要快。

随着惠多网越来越稳定，地理范围覆盖越来越广，它作为一个社会组织的同时逐渐也变成一个技术项目。1984年12月1日，詹宁斯推出电子通讯《惠多新闻》（*FidoNews*），每周发给网络中的每个节点。詹宁斯简要介绍了《惠多新闻》的愿景：每一期都会包括一份"人可读的"节点列表副本、路由图以及其他管理员写的分类广告和文章。他向读者承诺："该电子通信包括任何适合的内容，比如你对BBS的描述、发现的问题、疑问、笑话、修复方法、关于惠多网错误号码的'恐怖'故事、待售物品等。"接下来的一年,《惠多新闻》成为惠多网社区的一个论坛，内容从关于网络协议的高技术研讨到出现令人担忧的关于新纳粹主义的文章。《惠多新闻》在当

第三章
为所有人构建的互联网

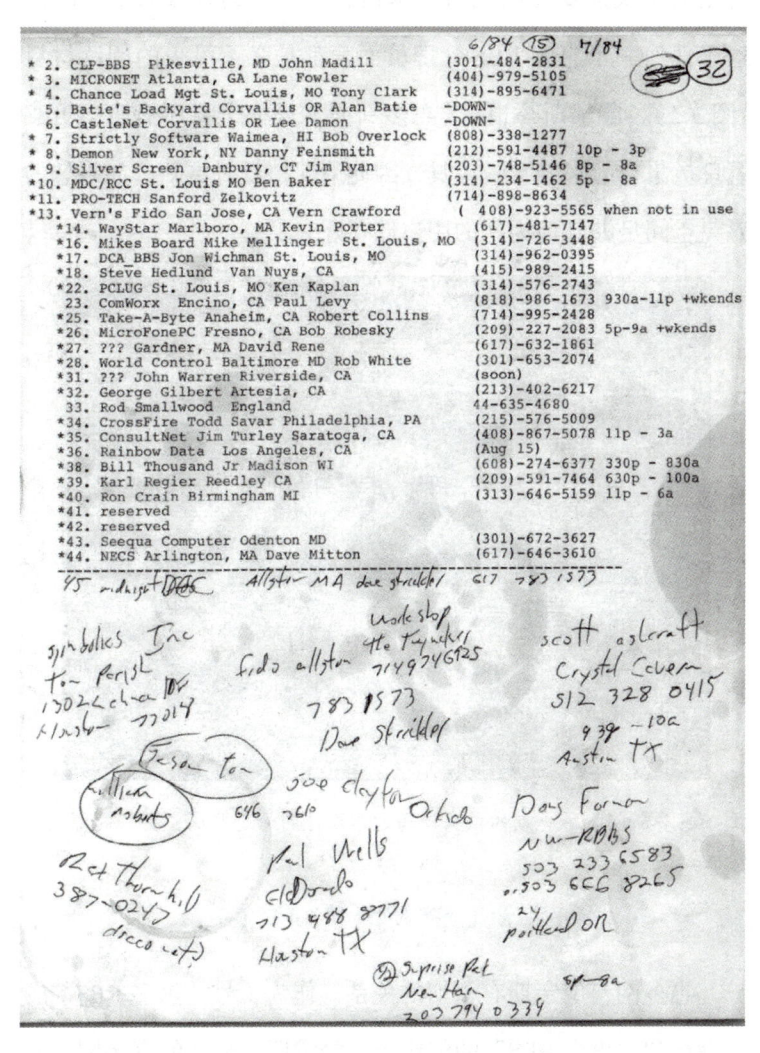

注：图中包含詹宁斯手写的更新节点。

图 3.1　1984 年 6 月至 7 月的惠多网节点列表

时是关于快速变化的网络技术信息的唯一的权威来源,因此对于任何一个惠多BBS管理员而言都是必不可少的阅读材料(图3.2)。詹宁斯写道:"《惠多新闻》是一个将所有惠多BBS管理员集合起来的唯一工具,因此请保持及时更新。如果您的磁盘空间足够,请为您的用户储存好它。"

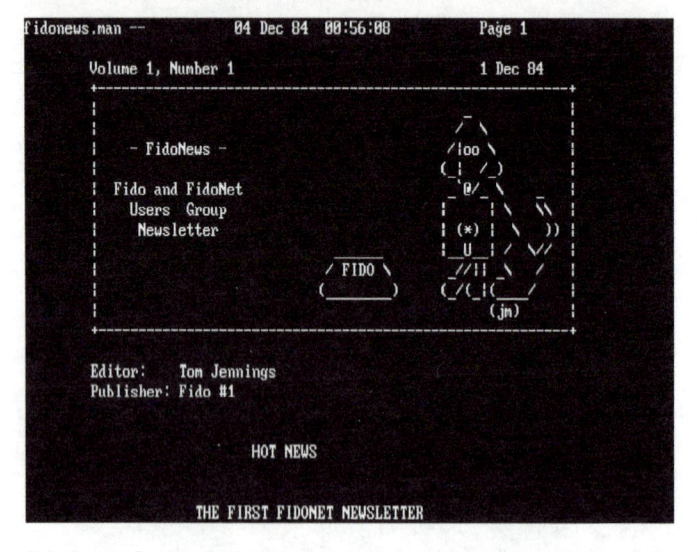

```
fidonews.man --        04 Dec 84  00:56:08         Page 1
                Volume 1, Number 1                  1 Dec 84

                                                _
                                               / \
                  - FidoNews -                /|oo \
                                             (_|  /_)
                  Fido and FidoNet            _`@/_ \    _
                  Users   Group              |     | \   \\
                  Newsletter                 | (*) |  \   ))
                                _____    |__U__| /  \//
                               / FIDO \      _//|| _\   /
                              (_____)    (_/(_|(____/
                                                  (jm)

                  Editor:    Tom Jennings
                  Publisher: Fido #1


                              HOT NEWS

                       THE FIRST FIDONET NEWSLETTER
```

注:《惠多新闻》第一期的报头以马迪尔设计的十进制码"狗"的标志为特征。

图 3.2 《惠多新闻》第一期的报头

惠多网与詹宁斯有密切的关系。作为1号"惠多BBS"的管理员和"惠多BBS"的创作者,詹宁斯是公认的惠多网创始人,大多数其他管理员尊重詹宁斯对惠多网未来的规划。詹宁斯在线上线下都是一个爱交际、有洞见、有魅力和直言不讳的人。他本可以轻而易举地将自己定位为惠多网的最高权威，但他多次放弃了这种做法。相反，他邀请其他人合作，关注他人对网络的贡献，放弃自己掌权的地位。他在电子版《惠多新闻》和后期的一些采访中透露，他拒绝中央控制这种行为可以说是表达了他的政治主张——激进、无政府主义。詹宁斯认为将既存的调制解调器时代去中心化是一种美德。他说："每个 BBS 都是独一无二的，由一些个性十足的人以他们认为合适的方式打理着，这样就很好。"惠多网的最初设计是寻求保持每个 BBS 的自治。管理员可以编辑自己的节点列表副本，切断自己与他人的联系，但是不能强迫别人接受他们的改变。反过来说，"惠多 BBS"软件不要求使用圣路易斯的节点列表。只要拥有"惠多 BBS"软件副本，任何两个管理员就可以组建一个新网络，这个新网络可以与原网络并行、竞争甚至是对抗。关于这一点，系统的早期文档说得特别清楚："惠多网可以做到的，您都可以做到。"

1985 年春天，经过一年的运营，惠多网囊括了更多东西：一组协议、一组在不同平台执行协议的程序集合、一个相互连接的 BBS 网络、一个管理员社区和用户社区。这种意义的多重性预示了十年后互联网的转型。当然了，任何人都可以利用"惠多 BBS"软件创建新网络，但是"惠多网"只有一个。面对数以千计的求助请求，詹宁斯将每周通讯的编辑控制权交给了一位早期的"惠多BBS"管理员汤姆·亨德森（Thom Henderson）。亨德森开篇就鼓励读者成为《惠多新闻》的主人，他写道："不要认为这是'我的'文章，甚至不要认为这是'惠多网'上的文章，请把它视为'你自己的'文章。"惠多网是集体参与的项目，惠多BBS管理员也开始与这个网络产生共鸣。詹宁斯打印出500张车尾贴，上面画着一只狗和供管理员填写节点编号的空白（图3.3）。

注："惠多BBS"管理员可以将他们的节点编号写在空白处。1985年初，通过《惠多新闻》以成本价出售。

图3.3 惠多网车尾贴

重构惠多网

随着节点列表持续加速增长，惠多网再次面临瘫痪。尽管新的路由系统成功了，但最新版本的惠多网也只能将250个节点编入索引。人们预计节点列表会在1985年4月中旬达到

第三章
为所有人构建的互联网

极限。节点列表也成为志愿管理员卡普兰的沉重负担。贝克认为,应该让快乐成为业余网络的驱动力。他说:"对卡普兰来说,惠多网正在迅速成为工作,而不是乐趣。"最终,卡普兰在一个几十人参与的系统中发现了一个单点故障。詹宁斯在《惠多新闻》上发表了一篇文章,文中写道:"惠多网现在实在太大了,无法从一个中心点实现管理。"

当时迫切需要对惠多网寻址方案进行根本修订。但是,1985年,对于拥有跨国规模且注重节省成本的计算机网络如何组织,当时没有这样的模式。惠多网是个特例。詹宁斯在1984年10月的《字节》杂志上说:"惠多网不是设计出来的,而是被架构出来的。"但是哪怕与其几个月前相比,它的风险也似乎更高了。每天晚上,数以千计的人通过惠多网发送邮件,每周都有十几个BBS加入这个网络。他们能一边运行这个网络一边对它进行重构吗?重构时它会分崩离析吗?

1985年4月,重构惠多网的机会出现了。道格拉斯计算机俱乐部邀请詹宁斯、亨德森和《字节》的西海岸编辑埃兹拉·夏皮罗(Ezra Shapiro)前往圣路易斯出席一个由数字设备计算机用户协会本地分会举办的特别联合会议。亨德森当时没有时间,但詹宁斯和夏皮罗坐了5个小时飞机,从旧金山来到美国中西部的惠多网神经中心。俱乐部会议于周四晚上举行,詹宁斯和夏皮罗留了下来。那个周末,他们在卡普兰的家里召集了几个圣路易斯的管理员,讨论惠多网的未来。詹宁斯背着滑板和背包走遍了北美的大江南北。他们把地图摊在地板上,拿来一支笔,把整个北美大陆划分成10个"区域"。整整11个小时,没有人离开卡普兰家的客厅。他们一直在讨论软件问题、管理方面的挑战等,绘制了可能的地图和路由图,探讨网络应该怎样以不同的方式运行。詹宁斯后来称这次会议是他参加过的"最有成效的会议"。他们一直讨论到深夜,才带着商定好的计划跟彼此道别。

1985年4月22日,亨德森在《惠多新闻》上发布特刊,专门报道在卡普兰家客厅举行的会议的成果。亨德森料到满足于现状的管理员对此会有抵触情绪,于是开篇便写了一篇激动人心的社论。他写道:"惠多网发展得太快、太大了,它从一开始只是一种供一小群朋友之间交换文件的方式,后来却发展成一个全国性乃是全球性的电子邮件网络,拥有成百上千个用户。"詹宁斯和贝克也分别写文章阐述他们希望能够重组惠多网。詹宁斯笃定地说:"别担心,重组后对所有人而言都会更容易、更好。"

圣路易斯会议的主要成果是将网络从"无定形"的拓扑结构重组为一个"多网络"的双层结构。在多网络中,每个独立的BBS仍是一个节点,不过同时它也属于某一个区域或"网络"。区域严格按照地理位置划分,网络还包括一份本地发送邮件的协议。在理想情况下,所有节点最终都归属同一个网络,但偏远地区的节点通常起初是某个地区的成员。例如,第17区包括以美国阿拉斯加州、加拿大萨斯喀彻温省、美国俄勒冈州和怀俄明州为边界的地理区域,但第17区中的大多数节点属于围绕波特兰、温哥华、阿尔伯塔省、西雅图、里贾纳、萨斯卡通和尤金等地组建的七网之一。为了保持其连贯性,现有节点保留了它们的编号,这让它们在新节点列表中留下了早期拓扑痕迹。詹宁斯最初创建的"惠多BBS"位于旧金山湾区125号网络,现在变成了125/1号。马迪尔的2号"惠多BBS"加入了华盛顿地铁区109号网络,现在变成了109/2号。在网络/节点编号系统中,几乎没有信息直接通过长途电话进行传输,而是利用0号节点作为网关,任何传输到0号节点的信息都会被路由到相应的本地节点。

区域图式代表了一种新的空间重构。惠多网旨在让网络/节点编号系统取代电话号码,成为BBS的主要地址。为了向社区传达网络编号,贝克和詹宁斯把这些编号与电话区号进行比较。实际上,惠多网地图原型几乎是直接采用了北美编号计划的区号系统。有些管理员乍一看还以为他们在重新设计电话号码,但是,将网络寻址模式从北美编号计划中分离出来,可以让惠多网从底层的电话基础设施中独立出来。正如过去在圣路易斯,网络群围绕道格拉斯计算机俱乐部有组织地形成,人们会根据当地社区的社会经济需求创建网络。

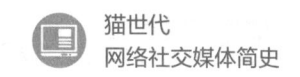

把惠多网划分为多个区域，不仅解决了技术难题，这种双层结构还有效分散了网络管控。詹宁斯说这种新架构是"通过电脑实现的无政府状态"，是一种非强制性的网络工作交流方式。每个网络和每个区域都安排了一位志愿"协调员"，即"网络协调员"和"区域协调员"，而不再只依靠一个人管理整个节点列表。协调员负责分配新节点编号，发布《惠多新闻》议题，解决技术问题，维护其区域内的节点列表。每周如果其负责区域或负责网络内发生了任何变化，协调员负责向1/0号节点的管理员发送更新列表。1/0号节点管理员最初由卡普兰担任，他只需将区域列表编制成全球性的节点列表发回网络协调员就可以了。詹宁斯说这个新的顶层职位"工作繁重且枯燥"。关键是网络协调员的职位是为业余爱好者设计的。每位网络协调员只负责几个节点。网络不再依赖某个协调员，错误和故障也将被限制在单个网络和区域内。

节点列表被拆分，每个呼叫区域的管理员之间相互依赖。网络/节点方案的设计中并没有规定如何选择网络协调员，这种不干涉的方式赋予区域网络政治控制权，区域网络的文化因而繁荣起来。寻找网络协调员志愿者这个实际需求，隐晦地鼓励当地管理员将他们的区域网络与惠多网视为一个整体。1985年7月，亨德森邀请107号网（纽约地铁区）上的所有人到他船上度过一天，享受"阳光、啤酒、冲浪和管理"。而且接下

第三章
为所有人构建的互联网

来的一期《惠多新闻》还对这次聚会进行了幽默的报道:"想象一船的惠多网管理员带着打印出来的文本文件,引导着船只沿着花园州公园大道向北行驶。"加入网络就意味着加入了一个同龄人社区。

惠多网向"多网络"的过渡不是一蹴而就的,其创始人料想到了这个过程也许会困难重重。1985 年 4 月举行的那次会议后不久,卡普兰宣布暂时冻结节点列表。[5] 新申请者必须等惠多网完成过渡,届时再向新网络协调员提出申请。1985 年 5 月底,经过一个多月的测试,詹宁斯推出支持多区域网的惠多网的第 1 版。现在,用户进入惠多网信息区创建一条消息时,会被提示先选择一个区域网,然后在网内选择节点。他要求管理员在 1985 年 6 月 12 日之前安装新版本。届时将启用新的节点列表。每个管理员都必须下载新的节点列表,并设置系统的网络和节点编号,以使网络平稳过渡。贝克回忆说:"我以为会乱成一团,完全没料到过渡竟会如此顺利!"试运行了几个星期,惠多网几乎没有出过错误。贝克很开心,还开玩笑地说:"邮件还在不断被发送,好像什么都没发生过一样!"

这次成功升级标志着惠多网管理员的集体身份也得到进一步发展。就像 20 世纪最初的那十年,无线电业余爱好者讨论从美国东海岸到西海岸的转发器项目一样,惠多网向多网络的过渡成为惠多网社区的骄傲。"我们做成了一件不可思议的事情",亨德森在过渡完成的几个月后通过《惠多新闻》发表评论。与同时也需要重组的其他主要网络相比,惠多网的重组过程异常平静。阿帕网整整花了 6 个月的时间才让其所有节点全部采用新传输控制／网际协议。网络新闻组的"重大重命名"经历了长达几个月的激烈辩论。惠多网 BBS 管理员有共同解决重大技术问题的经验,因此更有决心转变惠多网。"这种转变需要很多人共同努力",贝克在 1984 年回忆说:"事实证明,我们可以像机构一样运行!"

接下来的一年,惠多网网络(节点)架构稳定,其上的节点增加到近 1000 个,在北美地区,惠多网完成了向"多网络"过渡后的地理结构(图 3.4)。其中北非以外地区的节点有 100 多个。[6]1985 年 11 月,荷兰的爱好者计算机俱乐部用飞机把詹宁斯送到荷兰乌特勒支,参加大型计算机展览和欧洲惠多网 BBS 管理员会议。根据詹宁斯在《惠多新闻》上发表的报告,爱好者计算机俱乐部大约有 25000 名成员,房间里挤满了听他演讲的人。尽管人们对微型计算机和 BBS 热情高涨,然而欧洲对惠多网的发展提出了独特的挑战。美国人按国内固话支付费用,欧洲人按分钟付费,不管距离远近。此外,因为电线质量的变化和消费者调制解调器的出现,国际关系建设变得更加复杂。短期内,北美以外的国家由国家区域和网络代表,当地协调员确定在每个国家分发邮件的最佳方式。截至

第三章
为所有人构建的互联网

1986年10月，北美地区以外运行着19个区域网络，包括印度尼西亚、澳大利亚、新加坡和中国香港的节点等。

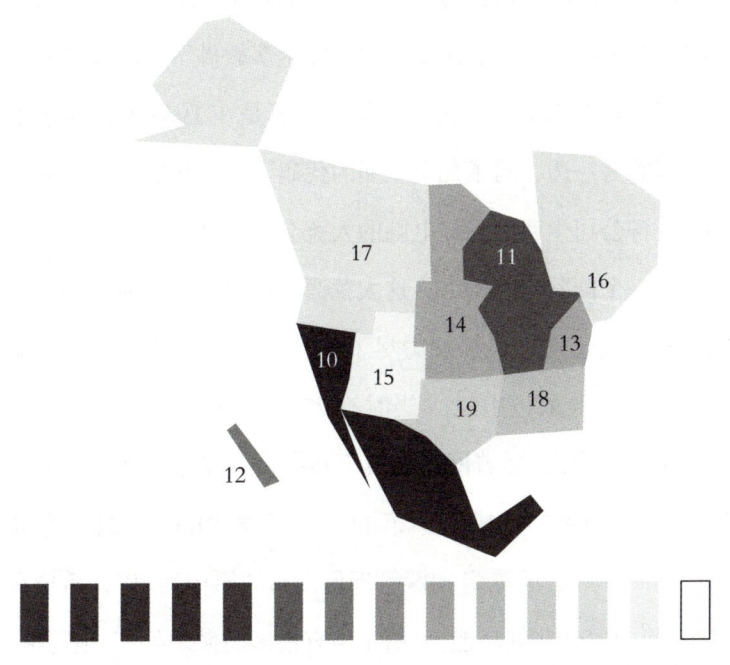

注：最初的这10个区域是由几位核心的惠多网管理员在圣路易斯举行的马拉松会议期间"构想"出来的，而且囊括了北美编号计划中的所有有效区域代码。几个管理员铺开几张纸质大地图，用马克笔圈圈点点，凭直觉构建了这10个区域，争取让每个区域使用惠多网的人口大致相等。结果就是该时期BBS管理员普遍想象出来的空间图，也是电话网络的地理范围快照。照片中没有的：第18区还包括区号809（波多黎各、美属维尔京群岛、百慕大、多米尼加共和国和英联邦加勒比海的15个岛国都使用该区号）。

图3.4 1985年6月惠多网完成向"多网络"过渡后的地理结构

重建惠多网

经过 1985 年 6 月的过渡，惠多网的行政控制分配到区域子网，但关键部分仍然高度集中，即惠多软件本身。詹宁斯最初创建"惠多 BBS"是为了好玩——那是在 1983 年，他刚搬到美国的另一边，写了几个星期的代码。他没想到，拥有美国数字设备公司生产的彩虹电脑的人竟会蜂拥而至，惠多网可能要变成一个国际信息网络，这太荒谬了。经过两年时间和几十次更新，詹宁斯已经筋疲力尽了。"这太疯狂了！"他在一家计算机杂志的采访中说，"当时有 250 或 300 个节点，而维护人只有我一个。"随着网络规模不断扩大，发布更新的压力也越来越大。1985 年 10 月，第 11 版"惠多 BBS"软件发布几周后，一个好心的惠多 BBS 管理员发布"愿望列表"，希望在第 12 版中看到些新功能。"詹宁斯有很多骄傲之处，"他写道，"也许可以教给惠多网 BBS 一些技巧。"一直到 1987 年 8 月，詹宁斯才完成第 12 版"惠多 BBS"软件。

幸运的是，"惠多 BBS"结构欢迎大家对它进行修订。"惠多"一直是软件系统，而非单一的单片程序。惠多网的未来创新正是来自其本身之外。典型的惠多网包括可执行程序副本、磁盘上的一组目录和一个自定义脚本的集合。最初配置比较困难，但一个功能齐全的"惠多 BBS"相对而言就比较容易理解

第三章
为所有人构建的互联网

了。惠多网使用标准的微软磁盘操作系统（MSDOS）定义其消息区和文件区，管理员可以对其内部操作实行不同程度的控制。管理员经常编写和交换小型实用程序，以自动维护其 BBS 并添加系统功能。惠多网的参与者开始在网络边缘进行试验，构建新组件以替换默认的惠多系统的部分内容。1986 年 4 月，休斯敦区域系统管理员理查德·泼兰斯基（Richard Polunsky）追踪到 133 个惠多小程序，其中许多自动执行维护任务，如管理节点列表、删除旧邮件等。1987 年，功能齐全的惠多网节点无须任何原始软件便可以自动运行了。

与此同时，詹宁斯和一群怪才朋克、艺术家、激进分子和滑板运动员住在旧金山的一个仓库。不到一年，这个仓库便成了政治组织、地下出版和反主流文化的诞生地。詹宁斯把所有惠多共享软件产生的收入都用在集体租金和杂费上，不过他的同伴并不特别清楚他在电脑上做什么。他的一位前室友亲切地称他为"科学疯子"。詹宁斯还是一如既往地从仓库的工作台上支持惠多网社区。不久之后，他不再经营自己的 BBS 了。别的管理员承担了更多责任，詹宁斯减少了自己的任务，让惠多网拥有自己的生命。

一系列平台都可使用已经编成的"惠多 BBS"版本，如"FIDO_IBM.EXE 平台""FIDO_DEC.EXE 平台"等，不过源代码有所不同。惠多代码里有一些詹宁斯无权发布的私人程序。

1985年3月,詹宁斯开始提出警告:"这是一个基层、低成本的业余爱好者网络,是第一个也是唯一一个。它是真正的技术前沿,你可以免费追踪、看着它到不了秋天就会崩溃,也可以做些事情,让它活下去甚至比现在活得更好。"万一它"死"了的话,要想保持网络继续正常运行,我们需要一个兼容惠多的BBS程序。而且,惠多还有缺陷:"它庞大而烦琐,耗费磁盘空间就像国会小组委员会花钱一样。"至1985年年底,已经有几十个节点零零碎碎地在鲍勃·哈特曼(Bob Hartman)的惠多兼容漫游者项目上运行了,但是克隆惠多网也并非詹宁斯改善惠多网单点故障的唯一方式。如果其他BBS软件也会产生和"惠多BBS"一样的信息"包",那么这个网络还是会继续自行扩张。[7] 至少,"海豹"(SEAdog)和"巨人"(Colossus,又名Collie)这两个程序的作者呕心沥血地对惠多数据格式进行的逆向设计,已经可以对惠多网邮件提供有限支持了。忘掉惠多代码吧,惠多网的未来在于它的协议。

在理想情况下,发布一个不依赖惠多软件的标准惠多网协议可以向几千名新参与者开放网络。1985年,开发人员——无论业余爱好者还是专业人士但凡能接触到协议准确信息,都在编写可能加入惠多网的BBS程序。[8] 当然了,困难在于任何技术标准都不仅是一个文档。标准作为复杂的社会对象,承载着文化价值和政治承诺。在电信领域,嵌入在网络协议中的

第三章
为所有人构建的互联网

价值观塑造了人、事物与地点之间的关系。20世纪80年代中期，这种"协议"形式的社会控制最是让欧美的网络研究人员关注。社区人群关于互联标准的争议不断，有人支持传输控制/网际协议（TCP/IP），也有人支持开放系统互联模型（ISO/OSI）。不过，传输控制/网际协议和开放系统互联都代表大学、公司、政府等大型机构的利益，但惠多网协议则服务于一个开放、松散的业余爱好者网络。经济上的利害关系也许不大，但争论却同样激烈。BBS管理员是出了名的有个性，他们可不习惯听别人指挥该做什么。

尽管"惠多BBS"是网络前沿，但到1985年底的时候，它的用户界面已经开始显得非常过时了。信息栏和菜单栏以单色文本呈现，卷在屏幕上，就像电传打印机的输出端，其实相比20世纪70年代末的BBS没有什么变化。詹宁斯为这种简朴的界面辩护说它简约、互相操作性好且易上手。他在《信息世界》的采访中说："我们故意让它难看的。"实际上，"惠多BBS"能够兼容任何当下的计算机平台，包括专门为视力障碍人士设计的屏幕阅读器，不过调制解调器时代的其他部分正在转向彩色动画界面，比如Minitel等可视图文系统。这种不同的美学让"惠多BBS"管理员进退两难，他们难道非要做那么难看的网络吗？

调制解调器时代的其他地方正在研究更漂亮的惠多网。在

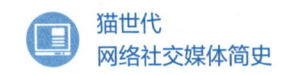

朋友们的敦促下,达拉斯的程序员威恩·瓦格纳三世(Wynn Wagner III)开始在一个叫"欧普斯"的惠多网兼容 BBS 上工作。[9] 威恩·瓦格纳三世没有取消以前的系统,而是设想让"欧普斯"在以前系统的基础上"更进一步"。"欧普斯"的支持文件、消息区和网络工具都与惠多网相同,因此管理员切换起来比较容易。不过,詹宁斯固执地坚持使用早期的极简界面,而威恩·瓦格纳三世却鼓励管理员采用"色彩绚烂"和"奢华"的部件。鉴于要制作动画图形,"欧普斯"依赖微软磁盘操作系统特有的 16 色"ANSI 艺术"技术特点和 IBM 的个人电脑平台。[10] 如果呼入者拥有兼容硬件,那么"欧普斯"可以显示动态、移动的视觉图像,否则只能使用 ASCII 纯文本。

"欧普斯"对惠多网愈演愈烈的官僚文化造成冲击。整个用户手册里到处都是对赛博朋克科幻小说的胡乱引用和参考。惠多网是个"矩阵",程序员戴着墨镜,整个项目"激进"且反商业。威恩·瓦格纳三世坚持认为,以赢利为目的经营"欧普斯"的人必须捐出 50 美元支持艾滋病相关研究和护理服务。[11] 1987 年 1 月,经过一年的测试,"欧普斯"0.1 版本发布,在得克萨斯州北部掀起一阵呼叫风潮(图 3.5)。"特别多人使用调制解调器登上达拉斯的'欧普斯'网站,"威恩·瓦格纳三世回忆说,"电话网络无法承受那么大的负荷。"几个月内,惠多网上的大多数节点都转移到"欧普斯"上了。惠多网正在

第三章
为所有人构建的互联网

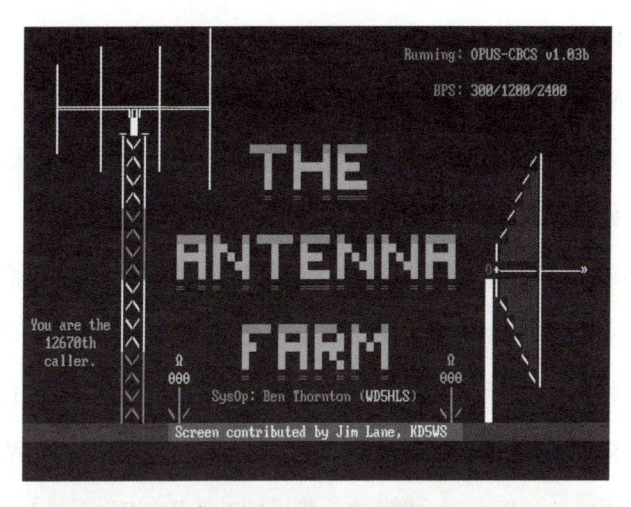

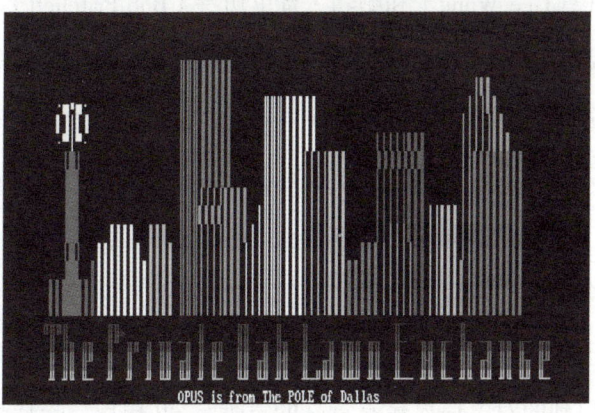

注：这些图像是通过排列内置的半图形字符和 ANSI 转义码以兼容 IBM 个人电脑（IBMPC）的文本模式制作的。"天鲜农场"（The Antenna Farm）是莱恩为本·桑顿（Ben Thornton）运营的业余无线电 BBS 创建的。"私人奥克朗交易所"（The Private Oak Lawn Exchange）与"欧普斯"绑定在一起，以展示其图像功能，其名称来自得克萨斯州达拉斯的奥克朗社区。

图 3.5　运行"欧普斯"软件的 BBS 的欢迎界面

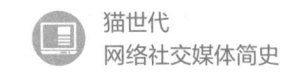

变成像 mongrel 服务器。

随着"欧普斯"等替代惠多网的产品不断出现，人们迫切需要给惠多网下一个通行的定义。于是，1986年夏天，人们开始首次共同努力对惠多网进行标准化定义。兰迪·布什（Randy Bush）作为惠多网管理员兼几个 BBS 工具的作者，宣布成立惠多网标准委员会。该委员会最初旨在记录现有协议，并为将来"克隆惠多网"制订标准。委员会名单中是几个为人熟知的名字——贝克、卡普兰、詹宁斯、亨德森以及程序员吉·王（Gee Wong）和鲍勃·普里切特（Bob Pritchett）。委员会计划于 1986 年 8 月在科罗拉多州斯普林斯召开的惠多网大会上分享标准的初稿。亨德森向《惠多新闻》的读者保证，委员会只关心惠多网在技术方面的定义，不介入它的管理或组织情况。他说："委员会只关心经过电话线的东西。"兰迪·布什向大会提交了委员会的标准草案，受到热烈欢迎。早期的惠多网管理员艾伦·米勒（Allen Miller）说这个标准化项目是"我能想象到的对电信界最有意义的贡献"。几周后，哈特曼邀请委员会去新罕布什尔州南部，和自己一起列出"扩展寻址"计划纲要，以更好地处理国际流量的增长问题和惠多网、网络新闻组以及阿帕网等网络网关的增长问题。将现有网络 / 节点地址扩展到包括可选区域和浮点编号。区域代表大型、大陆规模的结构，浮点则代表一个用户的节点。例如亨德森的地址 107/6 扩展之后成为 1:107/6.1。会议结束几天后，亨德森在《惠多新闻》的报告中表示持审慎的乐观态度："也许它还不成熟，但它简单又直接。"

惠多网标准委员会后来也被称为惠多网技术标准委员会，采用了与新兴互联网社区类似的决策。惠多网标准以 ASCII 纯文本出版，在网络上传播以供讨论，并且委员会人员也经常更新。[12] 与互联网的征求评议文件类似，惠多网标准将政策考量与技术规范相结合，这是任何电信协议都不可避免的特征。[13] 正如兰迪·布什在早期的标准草案中解释的那样，遵守标准协议是网络合作参与者必尽的一项"社会义务"。这反映了业余社区对电话网络空间结构和经济结构的依赖。无法接收传入的数据包不仅意味着通信中断，还给呼叫的管理员带来不公平的经济负担。惠多网标准是由自己支付电话费的人们编写的。

1987 年，在科罗拉多州和新罕布什尔州会议后不久，惠多网标准委员会制定了首个标准：《惠多网基本技术标准》。该标准是兰迪·布什编写的，被命名为 FSC001，它对节点充分参与网络制定了最低要求。通俗地说，FSC001 旨在确保任何两个节点之间都有"合理的机会"能够成功收发邮件。在理想情况下，节点列表上的每个节点都必须符合标准。兰迪·布什对惠多网的定义基于惠多 11w 版本和海豹程序第 3 版的信息和数据包。为使标准更容易被业余爱好者和机构理解，他采用了与开放系统互联同样的"分层式"协议模型。[14]FSC001 还有些其他技术细节，比如列出了信息"包"的逐个字节结构，并将节点之间的信息包交换建模为有限状态机。[15] 至于网络的关键组成部分，如节点列表的格式等，则被搁置，以在未来的标准中再进行定义。FSC001 的目标是提供复制"惠多 BBS"网络功能必要的所有细节。

与标准化工作同时进行的还有"连续邮件"（continuous mail）和"回声邮件"（Echomail），这两种惠多网扩展文件是由社区成员创建的。"连续邮件"也被称为"撞车"邮件，不同 BBS 可以在除惠多网深夜邮件时间以外的其他时间交换信息。支持"连续邮件"的节点全天都可以收发惠多网数据包，大大加快了信息在网络中的传播速率，并且为管理员提供了更细化的开销控制。"连续邮件"最早出现于 1984 年，当时亨德森引入了海豹——采纳惠多网网络协议但没有任何 BBS 特征的一个电子邮件程序，它既可以与标准"惠多 BBS"安装在一起运行，也可以作为单个用户的独立节点。[16] 海豹在补充配置中可以代替"惠多 BBS"接电话。如果呼入电话来自另一个海豹节点，那么两个程序会迅速交换数据包并挂起；如果不是，"海豹"程序则会自动将电话转交给惠多。

像"海豹"这样的"信件前导程式"打破了惠多网的时间限制。深夜邮件的时间自然不必说，依然是网络互联的技术文化仪式，但越来越多的节点全天都在交换邮件。从 1987 年至 1992 年，接收"连续邮件"的节点数量比例从 54% 左右上升到 85%。[17] 同时，"宾客利"（Binkley Term）、"达奇"（Dutchie）和"前门"（FrontDoor）等新的邮件收发软件让个人电脑用户在"脱机模式"下仍能够读写邮件，改变了 BBS 的通信结构。[18] 广受欢迎的 BBS 的管理员鼓励经常呼入的人士使用邮件程序，这样可以减少每个人在 BBS 上花费的时间，从而为其他需要呼入的人腾出电话线路。[19] 邮件程序还为管理员提供确定何时以及如何在网上发送数据的工具。例如，管理员可以针对一些 BBS 设置高优先级，不计成本地向它们发送即时邮件，其他邮件则等到深夜再发送。

"回声邮件"是惠多网的第二个主要扩展程序，它利用底层网络设施创建了一个公共会议系统，目的和结构类似于网络新闻组或计算机在线论坛（图 3.6）。[20] 标准的"惠多 BBS"围绕不同主题设置各个独立"区域"。手册中提到一些如"IBM 个人计算机"之类的技术相关主题，不过管理员可以自由创建自己的本体，例如詹宁斯的公告板上有专门的涂鸦区和音乐区。然而，标准的惠多网软件只允许其中一个信息区携带惠多网邮件。因此，惠多网邮件主要用于管理员之间的个人信息传递，而非供不同 BBS 用户之间进行开放式讨论。

"回声邮件"与"欧普斯"一样，诞生于活跃的得克萨

```
--- ReadMail
 * Origin: tomj@fidosw.fidonet.org / World Power Systems  (1:125/111)

--- msged 2.07
 * Origin: STARCOM - Milwaukee, WI - Your Midwest Echo Hub (1:154/69)

--- Maximus 2.01wb
 * Origin: On a Clear Disk You Can Seek Forever (1:225/1)

--- QuickBBS 2.80 Ovr (Gamma-5)
 * Origin: Music Lovers' Board (885-9531) (6:700/7)

... TELEGARD Conference Moderator and Author of Telegard (Retired)
--- Blue Wave/TGq v2.02/C+ Beta
 * Origin: The I/O Bus - TG_BETA Conference Moderator (1:120/187.0)

... OFFLINE 1.35 * Recycle! For us... and them...
--- Maximus 2.01wb
 * Origin: Permaculture 1 BBS * Northcote_Aust * +61-3-482-2942 (3:632/376)


 * Origin: Rights On! - Privacy #1 Right! - Titusville_FL_USA (1:374/14)

--- Where Friends Meet!!
 * Origin: RecoverNet * The Recovery Corner * TX * (817) 447-1619 (1:130/911)


 * Origin: GAIA/GALAXIA BBS Aylmer QC Canada 1-819-684-6187 V.FC (1:163/262)

--- Nothing special
 * Origin: Edifying Cat Point Station (2:5020/140.1)

... "Man has the one true religion.  Several of them!" -- Twain
--- Blue Wave/QWK v2.12
--- TriToss (tm) 1.01 - #22
 * Origin: End of the Line, Austin,TX, (512-459-4693) (1:382/208)

--- Heaven [2 Node/ANSI]
 * Origin: h e a v e n  -  better than bad, it's good!  -  613.732.1616

--- GoldED+/LNX 1.1.5
 * Origin: Rusty's BBS - Bloemfontein, Free State, South Africa (5:7105/1)
```

注："撕裂线"以三个短线开头，标志着用户信息与所需控制信息之间的分界线，通常包括用于发送消息的"邮件程序"名称和版本号。"信息源"表示发出信息的BBS，通常用小括号列出其惠多网地址。此列表中包括从澳大利亚、加拿大、中国香港、南非地区和美国发出的邮件。许多"回声邮件"程序还允许用户在"撕裂线"前添加额外"标语"。"标语"包括公开问候、引语、社会评论和单行ASCII艺术插图。

图 3.6　"回声邮件"会议上的标语、撕裂线和控制线

第三章
为所有人构建的互联网

斯州 BBS 社区。达拉斯和沃斯堡附近的管理员联系紧密,经常见面,一起参加比萨聚会和野餐。1985 年年末的一次聚会上,几个管理员一直在那儿闲聊,抱怨昂贵的长途话费和给 BBS 带来麻烦的用户。他们开始大声讨论是否能做出一个供本地管理员交流意见的网络空间。杰夫·鲁什(Jeff Rush)是其中一位管理员,他从那些人的闲谈中受启发,想出"回声邮件"的基本结构。鲁什没有将所有收到的惠多网信息存入同一个信息区,而是引入了另外两个程序——"扫描器"和"丢包器",负责在多个联网区之间分发信息。达拉斯地区的管理员查克·劳森(Chuck Lawson)、乔恩·萨伯尔(Jon Sabol)和威恩·瓦格纳三世一致认为应该测试新的系统。不到一周,他们便给旧金山的"哈夫内吉拉"BBS(Harv Neghila)添加了一个链接。

"回声邮件"的关键特征在于主题会议,即"回声"。每个"回声"有个独特的昵称,出现在参与的 BBS 信息区列表中。位于达拉斯的小组从管理员区和技术区开始,一周后又添加了聊天区和政治区,这也预示了话题激增,远不止技术领域和电信领域。像惠多网一样,"回声邮件"也是个分散的通信系统,人们从网络各个边缘对其进行管理。没有官方"回声"清单,创建新"回声邮件"也不需要批准程序。相反,"回声邮件"的增长是自组织的、非正式的。要创建一个新的会议,需要两个管理员同意在他们的 BBS 上"刊登"这个话题，自愿交换信息。若有其他管理员想要加入，他们会要求其中一位已经参与进来的管理员发送新消息"订阅源"。为激发人们对新"回声"的兴趣，参与者将电子备忘录分发给其他管理员，邀请他们传播"订阅源"。到 1986 年 8 月，每周都有新回声出现在各类话题下，比如家谱、业余电台、唱片收集、科幻小说、幻想爱好者、其他另类生活方式、支持残疾人、不计其数的计算机平台、软件系统以及编程语言等。

"回声邮件"比传统惠多网邮件更易使用。实际上，它的界面非常透明，新用户刚加入讨论时甚至意识不到自己正在与 BBS 上的其他人交换信息。不过，仔细检查的话，每条远程消息都附有详细信息。就像传统信件的邮戳一样，"回声邮件"的邮件正文里包含两行或多行控制信息，用于将邮件通过网络路由分发出去。"信息源"可以跨行，需要指出消息来源的 BBS 名称和地址，不过最多 79 个字符，因为人们认为过多的控制信息是一种浪费。勇于创新的管理员抓住这种技术需求，借机推广和表达自己，将 ASCII 艺术、笑话、双关语等信息包装在"信息源"里。很快，个人用户也加入进来，在自动生成的文本中添加附带自己签名的"标语"。实际上，标语和控制信息很容易被忽略，但它们会定期提醒人们，"回声邮件"的会议并非处于抽象的网络空间，惠多网是由真实的计算机组成的

第三章
为所有人构建的互联网

网络,每台计算机都插在地球某处的一堵墙上。

"回声邮件"在整个网络中迅速、充分地传播,惠多网面临突如其来的活跃用户几乎要崩溃了。在"回声邮件"发布后的几周内,亨德森开玩笑说:"如果一开始没有破坏惠多网的话,它就一定会极大地扩展惠多网的意义了。"到了夏天,位于达拉斯的小组发布了内置支持"回声邮件"的新版"欧普斯",进一步降低了参与门槛。1986年8月,鲁什穿着一件印有靶心和"回声邮件创作者"字样的衬衫出席惠多网年度会议。开幕式上,贝克和亨德森假装从舞台上向他发射想象中的箭,他从观众堆里站起来,赢得周围一片掌声。与会的绝大多数管理员在"回声邮件"发布几个月后就开始使用了。为处理新的通信流量,与会者非正式地同意使用压缩软件,缩小传输规模,限制冗余的"回声邮件包",将人与人之间邮件的优先级排在会议信息前面。这一阶段惠多网存活着,"回声邮件"繁荣了。

由于网络的去中心化结构,"回声邮件"没有权威的会议列表或全面的会议信息档案。然而,随着更广泛的BBS运动,一些"回声邮件"用户开始就新网络创建他们自己的信息资源。1986年5月,惠多网管理员托马斯·肯尼(Thomas Kenny)宣布计划创建一个"回声邮件"会议的公共数据库,链接到他在新泽西州汤姆斯河的BBS上。1987年伊始,肯尼

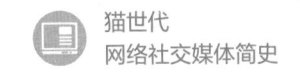

公布了含有 133 个积极"回声"和 23 个拟定主题的联系方式的初步清单。

1987 年 1 月,"回声邮件"发布才满一周年,但从肯尼的清单看,人们越来越意识到惠多网是一种跨区域沟通交流的媒介。一些"回声"集中在某些特定区域,例如关于佛罗里达阳光海岸 BBS 现场的闲聊会议,再比如与波士顿地铁区使用调制解调器的人探讨书籍的国际化会议,或者关于华盛顿地区餐馆评论的原始美食会议。但是,更多的"回声"是为了克服长途拨号的限制。最早的"回声"就是专门寻找来自不同地区的调制解调器用户以创建跨区域兴趣社区(表 3.1)。威恩·瓦格纳三世和他的朋友里克(Rick)从他们位于奥克朗的家中创建了达拉斯地区的一个社区。就像奥克朗的居民可能会去芝加哥拜访朋友,也可能去马萨诸塞州的普罗温斯敦度假,"回声邮件"使调制解调器世界的另一种集合成为可能——由共同兴趣和身份而非区号或计算机平台连接到一起。

对于从事惠多网管理已久的人而言,"回声邮件"是他们曾经为之奋斗近两年的一场革命。贝克先是"绞尽脑汁"地"恳求"用户尝试惠多网,然后突然对"回声邮件"产生了令自己震撼的热情。詹宁斯认为,单单是"回声邮件"一项便推动了惠多网在 20 世纪 80 年代末的普及。"它就像野火一样蔓延开,"詹宁斯回忆说,"流量简直太大了。"新加入惠多网的管理员就是为了访问"回声邮件"。还有几个管理员自愿组建一个高容量的"回声邮件""骨干"网络，以确保最受欢迎的"回声"可以使用。1986年至1989年，节点列表翻了两番还多。据估计，当时在网络上举办了近500次公开的"回声邮件"会议。[21] 为控制不断上升的经营节点成本，管理员利用斯普林特（Sprint）公司和媒体控制接口（MCI）以及基于光纤通道协议的商业分组交换网络（如远程网的PC Pursuit）对新型长途产品进行试验。他们直接与美国机器人公司（US Robotics）、必达公司（Telebit）和微网公司（Microcom）等调制解调器制造商合作，设计出更快、更灵活的个人电脑端调制解调器。[22] 1992年，他们把惠多网上的大部分流量从电话网络转移到与行星连接的卫星网络上。[23] 然而，这些创新依然无法跟上惠多网和"回声邮件"的增长速度。1993年，管理员罗伊廷伯曼（Roy Timberman）报告说他每个月通过堪萨斯城门户传送数据就要花费2500美元。这笔钱就个人爱好来说是个不小的数目，但对于运营一个全球数据网而言确实不算什么。

表3.1 "回声邮件"会议节选（1987—1991年）

会议名称	会议内容
ABLED	残障用户信息交换社区

续表

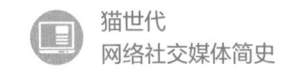

会议名称	会议内容
ASIAN-AMERICAN	亚裔美籍社区
BIBLE	基督徒社区
C_ECHO	C语言程序员社区
DOGGIES	惠多网的克隆机和兼容机社区
FEMINISM	讨论女性主义和性别议题的社区
FIRENET	火情、救援、快递信息交换社区
FOR-SALE	全国跳蚤市场
GENEALOGY	家族社区
HAM_TECH	业余电台技术社区
HEALTH	健康社区（有一些医学博士）
IFNA	国际惠多网协会成员社区
IPR	人际关系（InterPersonal Relationships）社区
JOBSHOP	全国求职社区
JUDAICA	犹太话题社区
LIFESTYLE	很可能是一个老年嬉皮士社区
MEADOW	系统操作员创建的社区
PARK	美国国家公园服务专用社区
RECORDS	唱片收藏与音乐社区
RECOVERY	匿名戒酒互助社成员社区
SF	科幻与幻想文学社区
SYSOP	系统管理员专用社区
TECH	计算机社区

续表

会议名称	会议内容
WILDLIFE	讨论自然、户外、狩猎、钓鱼的社区

惠多网成为名副其实的国际网络 BBS 系统

到 1988 年，惠多网社区已经顽强地创建了自己的网络世界，独立于北美各地如雨后春笋般涌现的企业或学术网络。大众 BBS 网络不需要任何机构的支持，却能提供一套可与新兴互联网相媲美的服务，比如电子邮件、文件传输和讨论论坛。1984 年，詹宁斯和马迪尔利用聪明的黑客技术交换代码，如今这种黑客技术已成为世界范围内合作的 BBS 网络，其携带的信息包罗万象，从极客笑话到重要的医疗信息，无所不有。网关模糊了惠多网与连接大企业和大学的机构网络之间的界限。[24] 随着调制解调器世界之外的人们对惠多网越来越了解，许多人开始把它视为一个"训练场"，而非一个自身合法的信息系统。从这种对惠多网的轻视中，我们也不难看出当时人们对微型计算机普遍存有偏见，而且他们也没有意识到国际业余网络已经克服了针对它们的社会、技术和经济挑战。"回声邮件"不是网络新闻组的替代品，就像调频也不是调幅收音机的替代品一样。正如一区的协调员乔治·皮斯（George Peace）在 1993 年的 BBS 会议上提醒渴望上网的观众那样，惠多网是一个不同的技术，可以满足不同人群的不同需求。

惠多网仍是一个独立的计算机网络。惠多网与商业平台或机构网络不同，它没有任何中央权威机构对用户及其管理员的技术行为或社会行为进行管理。反对等级制度被融进了其网络最初设计的核心，詹宁斯借此明确表达其无政府主义的价值观。然而，没有权威造成了新的困难。随着惠多网吸引了成千上万个新用户，网站面临的主要挑战来自管理方面，而非技术方面。1986 年年底，几位知名管理员（包括最初圣路易斯的几位管理员）建议成立一个非营利会员组织，以监督节点列表并代表惠多网。这个组织就是国际惠多网协会，但这个提议一经提出，立刻有许多自称"笨蛋"的人强烈反对，他们反对这种法律化合并过程，认为这是个人自主权的丧失。[25] 1988 年 1 月 1 日，一个包含《惠多新闻》编辑亨德森在内的组织分裂出来，宣布创建 Alter 网——这是一个平行的 BBS 网络，使用的技术与惠多网相同，但管理政策和原则与惠多网不同。在接下来的一年里，Alter 网为惠多网分布式结构的持久性提供了经验性证据。管理员可以自由参与惠多网、Alter 网。截至 1989 年，其他几个小组的管理员也纷纷效仿 Alter 网，创建了"其他网"，与最初的惠多网一起运行。根据这个复制的过程，我们不难看出，惠多网是一个功能性的万网之网，能适应动态的政治条件和基础设施条件。

尽管当时北美 1 区发生了政治动荡，但惠多网覆盖的地理

第三章
为所有人构建的互联网

范围仍在不断扩大。1988 年至 1993 年，惠多网的节点规模几乎以每年翻一番的速度增长，其中大量增长并非来自北美一些富裕、讲英语的业余爱好者社区（图 3.7）。由于东欧地区和南美地区的新兴民主政府创建，因此一些公民能够更自由地参与国际电信。对这些地方的管理员而言，构建一个联网的 BBS 是令人愉快的技术挑战。网络/节点系统提供了另一种通信电源的安排。每个惠多网节点编号代表全球计算机爱好者网络中的一个可寻址位置。对被西方基础设施和机构切断的计算机爱好者来说，惠多网在网络空间为他们提供了一席之地。

1987 年，波兰成为首个拥有惠多网区域编号的东欧国家。在荷兰计算机爱好者俱乐部和美国惠多网管理员的帮助下，波兰加入欧洲第 2 区。尽管大多数惠多网节点位于个人爱好者家中，但惠多网上的波兰 BBS 是通过私人计算机公司和《魔幻电音》(Komputer) 杂志办公室运行的。1989 年，波兰管理员杰斯克·塞洛津斯基（Jacek Szelozynski）在阿让·伦茨（Arjen Lentz）经营的荷兰 BBS 上安装了"回声邮件"，为格但斯克、克拉科夫和华沙日益壮大的波兰"个人电脑狂热者"社区提供访问渠道。据塞洛津斯基所说，系统上出现了来自 Tron Curtain 网以外的信息，这在 C_ECHO 和 ZMODEM 等技术会议上引起轰动。随着革命在东欧蔓延，其他城市的计算机爱好者纷纷效仿波兰模式，尽管机构基础设施尚未建立，但依然

139

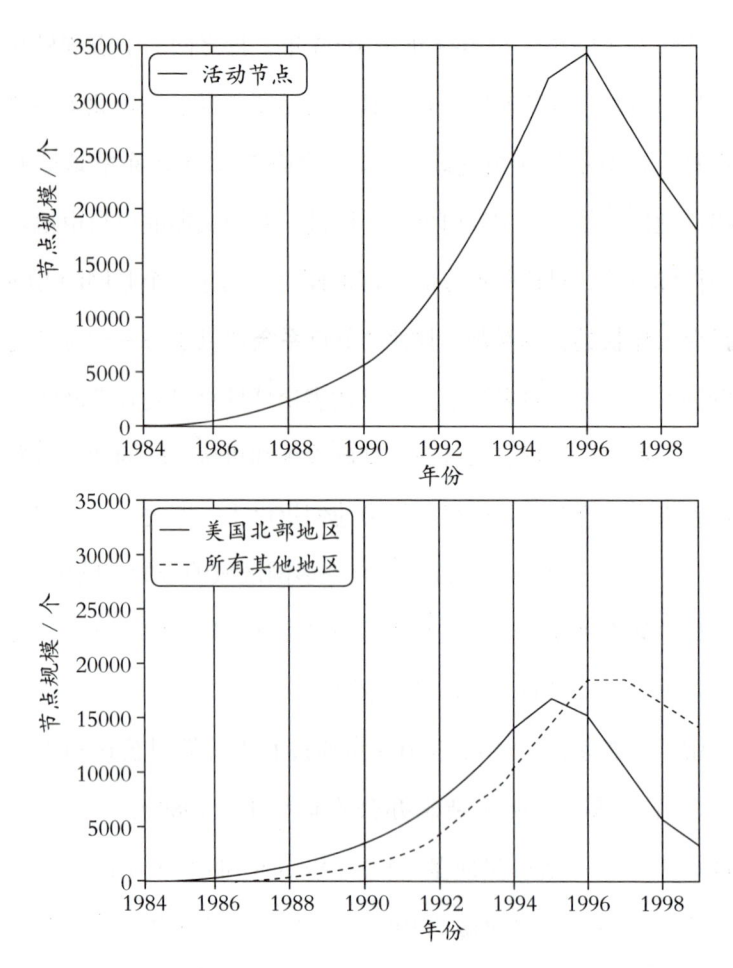

注：1996年，国际惠多网节点约34000个，达到峰值。不过，不同地区的增长速度有所不同。北美地区的节点数量比其他地区下降得更快也更早，从1995年1月的近17000个下降到1997年1月的约10000个。同时期，部分地区的惠多网的节点还在增长，从1995年1月的约15000个增长到1997年1月的近19000个，之后才开始下降。这种滞后反映了全球通信网络在文化、技术、监管和政治经济等方面的差异。

图3.7 1984年5月至1998年12月惠多网活跃节点增长情况

采用惠多网技术创建了跨区域通信网。[26]

同时，1987 年，约翰内斯堡的一个 BBS 成为非洲大陆上首个惠多网节点，通过欧洲门户收发邮件。欧洲和北美的管理员中有些人反对种族隔离政权的种族恐怖主义，他们就是否授予非洲大陆节点编号争论不休。[27] 这场预示了 20 世纪 90 年代发生的网络乌托邦的辩论，似乎已经开启一种信念——沟通本身可能有助于解放事业。国际惠多网协会主席唐·丹尼尔斯（Don Daniels）表示会致力"自由开放的信息交流"，并表示希望通过参与惠多网可以"在一定程度上"有助于反种族隔离运动。回过头看，他们的想法似乎太天真了，不过到了 1992 年，惠多网已经成为南非非政府组织和大学的关键通信基础设施。兰迪·布什等人创建的网关让非洲的活动家和学者能够与欧美的同事交换电子邮件和文件，即使他们的国内机构当时还未连接到分组交换的互联网。

在惠多网扩大到约翰内斯堡的同时，阿根廷的管理员巴勃罗·克兰曼（Pablo Kleinman）正在布宜诺斯艾利斯附近创建探戈网（TangoNET）。探戈网通过管理员特拉维斯·古德（Travis Good）在南加州运营的一个 BBS 与惠多网的其他成员交换邮件，而且还充当起拉丁美洲其他地区的门户。圣胡安的管理员胡安·达维拉（Juan Davila）从美国东南部一个区域网络中分离出来，在波多黎各创建了独立网络。达维拉、古德和克兰曼等人开始一起在"回声邮件"上宣传一场名为"LATINO"的西班牙语大会，翻译惠多网文档，并在《惠多新闻》上发表首批非英语文章。[28] 终于，拉丁美洲和南非地区的管理员从欧美分离出来，分别形成第 4 区和第 5 区。截至 1991 年，第 6 区已经扩展到了东南亚地区和中国。

  1995 年后，随着商业互联网接入的日益普及，惠多网在北美的吸引力有所下降，但并没有停止运营。实际上，直至今天，仍有成千上万个节点在交换邮件和文件，但由于基于电话网络的成本及其他限制等原因，大多数用户和社区最终不得不离开 BBS，进入互联网邮件列表和网络论坛。诚然，这种基础设施的变革也有社会成本。互联网让人们不用过多地考虑地理位置，惠多网则是不断提醒用户他们生活所在的区域。独特的网络/节点编号模式将网络空间视为当地社区组成的网络，让人产生一种跨地区的网络空间想象，而非地球村或虚拟现实。网络拥护者把网络当作逃离现实世界的一种空间，而惠多网提供了一种在其中穿梭的方式。

第三章
为所有人构建的互联网

注释

1. 首次连接成功的确切日期尚存在分歧,不过似乎是发生在 1984 年五六月。FidoNet on the Internet, "FOTIs FidoNet Timeline Page,"访问于 October 12, 2019, http://www.textfiles.com/fidonet-on-the-internet/tl.htm; "The International FidoNet--15,649 Bulletin Boards Worldwide with a Connection," *Boardwatch*, October 1992.

2. 1945 年,编号计划的详细信息首次在除美国电话电报公司之外的一系列备忘录中分发给美国独立电话协会(USITA)。这些备忘录随后发表在该协会贸易杂志《电话学》上,将接下来要发生的变化通知给各独立电话公司。编号计划的总体目标是为独立公司提供代码,新的美国电话电报公司交换机则是为了能够与在众多独立交换局使用的旧"手动"配电盘共同操作。与独立人士合作对贝尔系统向北美电话用户传达一种普适性至关重要。"Nationwide Operator Toll Dialing (Part 1 of 5)," *Telephony* 130 (January 12, 1946): 13–26; "Nationwide Operator Toll Dialing (Part 2 of 5)," *Telephony* 130 (January 19, 1946): 28–30, 46; "Nationwide Operator Toll Dialing (Part 3 of 5)," *Telephony* 130 (January 26, 1946): 16–18, 35; "Nationwide Operator Toll Dialing (Part 4 of 5)," *Telephony* 130 (February 2, 1946): 18–19; "Nationwide Operator Toll Dialing (Part 5 of 5)," *Telephony* 130 (February 2, 1946): 20–26.

3. 一个相当乏味的发现方法是编写一个程序,由该程序按部就班地拨打给定区域内的每个电话号码,并记录调制解调器是否在另一端接

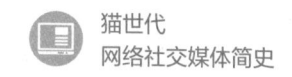

通了。在1983年电影《战争游戏》中被戏剧化以后,这种做法俗称"战争拨号"。

4. 值得一提的是,惠多网工作人员并不是第一个设想构建计算机中继网络的BBS爱好者。1993年,詹宁斯向历史学家玛吉·罗宾斯转述了一个故事——关于一个比惠多网还早的系统:"在马萨诸塞州的安多弗市曾有一个名叫韦恩什么的人经营的一个系统。Andover CNODE(安多弗关联节点)是一台CP/M-80(Zilog Z80)机器,有一堆硬盘和大量可下载的程序。而且,还有大约八个逻辑驱动器,例如从A:到H:等。他有一个迷你型电脑化公告牌系统BBS(即电脑化公告牌系统的精简版……最小的),他把这个系统作为独立程序在运行。该系统的一些用户萌生过这样的想法:如果我们的公告牌系统通过本地呼叫到本地呼叫再到本地呼叫,最终可以在全国范围内传递信息,会怎么样?尽管这是个很有趣的想法,但如果你停下来思考一下,就会觉得这个想法不可思议和荒谬。但是它却得到一些通信量,当然我们也像往常一样,把类似的想法抛之脑后了,但是它在我脑海中却挥之不去了。"见Jennings, "History of FidoNet."

5. 惠多网节点不仅达到了其上限250个,肯的妻子莎莉还刚刚生了个儿子。《惠多新闻》诚挚地称他为"第一个惠多宝贝",并开玩笑说肯还没给"宝贝"节点编号。1986年,年轻的卡普兰第一个生日也被添加到《惠多新闻》日历中,1990年,卡普兰注意到他儿子和多网络的惠多网同龄。见Baker, "New Look for FidoNet"; "The First FidoBaby," *FidoNews*, June 10, 1985; "The Interrupt Stack," *FidoNews*, April 28, 1986; Ken Kaplan, "Editorial: Happy Birthday FidoNet," *FidoNews*, June 11, 1990.

6. 本段中的节点列表数据基于对1986年10月3日星期五发布的节点列表的独立分析。1986年3月,本·贝克宣布节点列表已经增加过多而无法每周分发。他们打算做一个"NODEDIFF"文件供大家传阅,文件上仅有自上次重大更新之后的变更记录。需要一个专

第三章
为所有人构建的互联网

门的实用程序来更新本地节点列表。见 Ben Baker, "New NODELIST Distribution Method," *FidoNews*, March 3, 1986; Ben Baker, Ken Kaplan 和 Henk Wevers, eds., "The International FidoNet Nodelist, Day Number 276," International FidoNet Association, October 3, 1986, http://www.textfiles.com/fidonet-on-the-internet/n1986/nodelist.276.

7　惠多网的早期文档中"分组"和"分组交换"的含义与赛立科技或阿帕网等公司的"分组交换"含义不同。分组交换通常是指实时"数据报"协议，例如传输控制 / 网际协议，而惠多网的"分组"是通过存储转发网络传输的压缩邮件包。"由于历史原因，惠多网使用'分组'一词来表示一组信息，而不是更常见的通信单元。通信单元在惠多网中被称为模块。"见 Randy Bush, "A Basic FidoNet(tm) Technical Standard, Draft FSC001-9," FidoNet Technical Standards Committee, December 27, 1987, http://ftsc.org/docs/fsc-0001.000.

8　在制作《BBS：纪录片》期间，杰森·斯科特开始收集 BBS 程序，尤其是 1995 年之前编写的软件。截至 2020 年，他收集了运营在 37 个平台的 857 个 BBS 程序。详见 Scott, BBS Software Directory, 访问于 August 4, 2020, http://software.bbsdocumentary.com/.

9　2014 年，永利·瓦格纳更名为斯文·安德烈亚斯·沃林（Sven Andréas Wallin），继续使用"永利·瓦格纳"作笔名。为保持一致性，我在提及过去的事件和引用他的作品时，仍使用他的旧名。见 Sven Andréas Wallin, "Naming Convention," *SAW* (blog), February 1, 2014. http://web.archive.org/web/20160903205902/http://www.svenandreaswallin.com/tag/wynn-wagner/.

10　关于 IBM 个人电脑平台 BBS 图形的详细资料，见 Michael A. Hargadon, "Like City Lights, Receding: ANSi Artwork and the Digital Underground, 1985–2000" (MA thesis, Concordia University, 2011), http://mhargadon.ca/media/mhargadon-thesis.pdf.

11　自 1986 年欧普斯首次发布起，与艾滋病相关的慈善机构的联系方式便被硬编码到欧普斯可执行文件中。最初，永利·瓦格纳将资

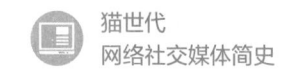

金直接用于旧金山香提项目（Shanti Project），后来要求捐款送到洛杉矶的艾滋病研究基金会（AmFAR）。为符合捐赠要求，欧洲欧普斯用户找到了当地的艾滋病相关慈善机构。尽管确切的捐款金额未知，但据估计，捐款金额在 100 万美元以内。永利·瓦格纳表示，"欧普斯管理员"与大型企业捐助者一起，被列在香提项目的简报中。见 Wagner, "History of Opus-CBCS"; John R. Selig, "Sit Down, Shut-Up and Row: Wynn Wagner Helps Build the HIV/AIDS Information Superhighway," John Selig's website, March 2001, http://www.johnselig.com/commentary/row/.

12　惠多网技术标准委员会自 1987 年以来制作的文件档案可通过公共网络获得，见 FidoNet Technical Standards Committee, "FTSC Documents," 访问于 August 5, 2020, http://ftsc.org/docs/.

13　要更深入地了解嵌入在互联网社区"征求意见"系统中的决策实践，见 Sandra Braman, "Internet RFCs as Social Policy: Network Design from a Regulatory Perspective," *Proceedings of the American Society for Information Science and Technology* 46, no. 1 (January 1, 2009): 1–29, https://doi.org/10.1002/meet.2009.1450460254; Braman, "The Interpenetration of Technical and Legal Decision-Making for the Internet," *Information, Communication & Society* 13, no. 3 (April 1, 2010): 309–24, https://doi.org/10.1080/13691180903473814; Braman, "The Framing Years: Policy Fundamentals in the Internet Design Process, 1969–1979," *Information Society* 27, no. 5 (October 1, 2011): 295–310, https://doi.org/10.1080/01972243.2011.607027.

14　布什非常有分享精神，后来他将他的专业知识带到互联网工程任务组。

15　值得注意的是，惠多网 1987 年使用的消息存储格式只为年份分配了两个字符，与千禧年标准不兼容。关于该设计和类似设计选择的影响，详见 Dylan Mulvin, "Distributing Liability: The Legal and Political Battles of Y$_2$K," *IEEE Annals of the History of Computing* 42, no. 2 (July

2020): 26–37, doi:10.1109/MAHC.2020.2973630.

16　从海豹这个程序可以看出亨德森的观点，即惠多 BBS 应该分解为可共同操作的组件。详见 Thom Henderson, "Public Domain Fido," *FidoNews*, April 14, 1985.

17　1987 年，节点列表中有几个代码是介绍每个节点的技术特征的。代码"#CM"就表示"全天候接收邮件"。当年 10 月 16 日公布的节点列表中有 1880 个不寻常的电话号码，其中 1015 个含有"#CM"代码，详见 FidoNet on the Internet, "FidoNet Nodelist," October 16, 1987, http://www.textfiles.com/fidonet-on-the-internet/n1987/nodelist.289. 1992 年 12 月公布的节点列表中有 18238 个不寻常的电话号码，其中 15469 个含有"CM"代码，详见 FidoNet on the Internet, "FidoNet Nodelist," December 25, 1992, http://www.textfiles.com/fidonet-on-the-internet/n1992/nodediff.360.

18　"前门"一开始只是惠多网的一个附加实用程序，后来演变成像海豹这样的完整电子邮件系统。"前门"最初由居住在瑞典的少年程序员华金·霍姆里格豪森（Joaquim Homrighausen）创建，并且这条程序的商业利益让华金·霍姆里格豪森能够在不同的国家旅行和工作。他的老板和捐助人有时候对此不满。霍姆里格豪森偶尔为《惠多新闻》撰稿，"前门"多年来摇摇晃晃的发展也成为人们八卦的话题。有一种观点详见 Peter Adenauer, "fdhist.txt," FidoNet on the Internet, December 1993, http://www.textfiles.com/fidonet-on-the-internet/history/fdhis.txt.

19　惠多网寻址方案将单个用户节点称为"点"，并且"点"不被包含在节点列表中。相反，所有发往某个"点"的邮件都被路由到同意为该"点"保存邮件的"老板节点"。惠多网"点"地址可以通过"."来识别。例如，1987 年，汤姆·亨德森的惠多网地址是 1:107/6.1，他所有邮件都通过 107 网节点 6 来发送。

20　20 世纪 80 年代，惠多网和网络新闻组之间的比较十分常见，但"回声邮件"提供了网络新闻组没有的几个功能，例如在消息中

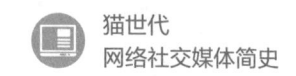

附加文件的选项。关于二者在技术上的比较，详见 Jack Decker, "USENET vs. FidoNet—A Quick Comparison," *FidoNews*, February 24, 1992.

21 迈克尔·G. 福克斯自 1988 年开始发布"回声邮件"列表。我所找到的最早副本是 1991 年的版本。参见 Fuchs, "Echomail Conference List Report," FidoNet on the Internet, July 1, 1991, http://www.textfiles.com/fidonet–on–the–internet/e1991/elist107.txt.

22 肯·卡普兰报道说，美国机器人公司负责人在 1985 年便告诉他，"现在也不是没有人能与惠多网旗鼓相当。"参见 McLellan, "Out of the Doghouse"；另见 Bob Hartman, "What Is the Story on 9600 Baud Modems," *FidoNews*, March 9, 1987.

23 有关通过卫星提供惠多网的卫星和行星连接，更多详细信息请参阅 Jason Scott, "Concepts: Services: Satellites," BBS Documentary Library, 访问于 February 4, 2021, http://www.bbsdocumentary.com/library/CONCEPTS/SERVICES/SATELLITES/.

24 惠多网和网络新闻组之间的网关最早创建于 1985 年。在 20 世纪 90 年代初期，有几次"回声邮件"会议在网络新闻组上做备份。网络新闻组上的"K12"层次结构最初是惠多回声。更多关于网关的信息，请参考 Hartman, "Rover, Rovermsg, Renum, and the UN*X Gateway"；Tim Požar, "Late Night Software Is Proud to Announce UFGATE," *FidoNews*, January 30, 1989; Tom Jennings 和 Tim Požar, "Editorial," *FidoNews*, June 3, 1991.

25 有关国际惠多网协会创建与解散的历史值得我们更密切的关注。简言之，国际惠多网协会作为一个联盟组织，其目的是代表 BBS 管理员利益、管理节点列表和为将来的标准化工作提供支持。显然，该协会受到了业余无线电中继联盟（一个支持业余无线电操作员的志愿加入会员组织）的启发。

26 惠多网在俄罗斯互联网用户的长期记忆中扮演的角色也许比其在欧美扮演的角色更重要。1991 年之前，惠多网运营遍及苏联各大城市，

> **第三章**
> **为所有人构建的互联网**

而且在苏联解体后几年内仍继续发展。例如"Фидонет"一词在推特上的流行以及对俄罗斯维基百科相关词条的对比分析等轶事证据都突出显示了历史上惠多网与俄罗斯互联网或称为"Runet"之间的重要技术联系和文化联系。关于俄罗斯当地互联网历史的更详细信息,请参考波丽娜·科洛萨里迪(Polina Kolozaridi)以及互联网与社会爱好者俱乐部的最新作品,例如 Gregory Asmolov 和 Polina Kolozaridi, "The Imaginaries of RuNet," *Russian Politics* 2, no. 1 (March 9, 2017): 54–79, https://doi.org/10.1163/2451–8921–00201004; Polina Kolozaridi 和 Dmitry Muravyov, "The Narratives We Inherit: The Local and Global in Tomsk's Internet History," *Internet Histories* 4, no. 1 (January 2, 2020): 49–65, https://doi.org/10.1080/24701475.2020.1723980.

27 辩论是在国际惠多网协会成员的一次"回声邮件"会议上进行的。目前,我尚未找到关于本次会议的记录,因此我对这场辩论的介绍基于发表在《惠多新闻》上的一份报告。

28 约翰·达维拉、保罗·克莱曼和特拉维斯·古德三人合作,致力于在拉丁美洲创建惠多网链接,包括实惠的路由路径、西班牙语版本的"回声邮件"会议、区域及区块协调等。详见 Good, "Building the LATINO Net"; Juan Davila, "Como Obtener un Número de Nodo en FidoNet 367 (RED de Puerto Rico)," *FidoNews*, February 1, 1988; Kleinman, "FidoNet en Sudamerica."

第四章
与陌生人共享文件

1982年夏天，里奇·辛内尔（Rich Schinnell）的电话一直响个不停。从早到晚，全国各地的电脑用户都在打同一个电话，试图接通辛内尔的新公告板。截至1982年11月前，他估计自己在马里兰州罗克维尔的家中收到6000多通电话。当时，辛内尔的BBS是调制解调器世界的一个新鲜事物，有人称之为专业软件交流区，也有人称为软件图书馆，名称不一。打电话的人不是来分享信息或技术技巧的，而是来寻找真实、可运行、供下载的程序的。辛内尔的BBS使用由Capital个人电脑用户小组成员编写的主机软件，就像一个机器人店主，自动接受上传和排队下载。[1] 四个软盘驱动器不停地旋转，为新的IBM个人电脑提供游戏、实用程序及其他应用程序下载。以300字节/秒的速率传输，传输速率很慢，而且不稳定。辛内尔开玩笑说，早期的数据传输程序只是"把比特从通信端口扔过去"，虽然文件很少，但是用户坚持传输。《信息世界》杂

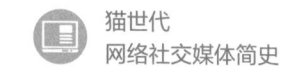

志称辛内尔的 BBS 是"一场简单的革命"。

对于许多早期个人电脑用户而言，免费文件具有难以抵挡的诱惑。辛内尔创建了软件图书馆（Software Exchange）一年后，《信息世界》杂志发表过一篇关于在线文件交易现象的封面文章。一张加州 280 号州际公路的照片持续曝光，显示旧金山和圣何塞之间出现了一条新的驶出匝道。高速公路上悬挂着绿色标志牌，上面用亮白色字体写着"免费软件"。[2] 广告宣传着："这不是骗局。你可以免费（或几乎免费）从全国各地的用户小组和 BBS 下载软件。"这篇专题报道称软件图书馆这样的 BBS 为"软件备份堆放场"，并称赞说网上可获得"新颖""首创"和"罕见的"程序。硅谷微微网 BBS（PicoNet）管理员拜伦·麦凯（Byron McKay）报告称每个月都可以收到八兆字节的新软件，他说："其中 60% 是垃圾，10% 是一般的，10% 是千载难逢的，10% 是绝对的瑰宝。"就像爱好改装车的人喜欢在废旧的汽车堆积场搜寻汽车零部件一样，淘瑰宝软件也有其本身的乐趣。《信息世界》编辑约翰·马尔科夫（Johe Markoff）开玩笑说："将仅需一个月电话费就能得到的免费软件打包，是我最喜欢的运动之一。"（当然，他坦承如果老板在月底为电话费付账，所有"调制"就更容易了。）

让数据在计算机之间传输，是个人电脑早期面临的一个基础挑战。在调制解调器和 BBS 普及之前，微型计算机用户

第四章
与陌生人共享文件

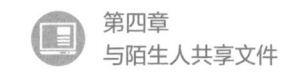

只能使用两种方法传输文件。一种方法是，他们可以将数据传输到磁带或软盘，然后再搬到另一台计算机上，也就是俗话说的"实体携行电子数据"。另一种方法是，他们可以写下源代码，然后手动输入另一台计算机。两种解决方法都不太理想，都容易出错。但是软盘价格昂贵，手动输入又烦琐乏味。

调制解调器的出现，是数据在微型计算机之间进行传输的第三种方式。调制解调器的双方直接通过电话线连接，可以实时传输文件，利用贝尔母公司的铜线进行数据传输。因为有了 BBS 主机软件，用户之间不再需要协调。共享文件的陌生人形成新兴网络，而 BBS 则成为该网络的中心节点，不仅方便，还顺便充当丰富的数据仓库，在 20 世纪 80 年代渴求文件的计算机文化中发挥着临时图书馆的作用。

从"实体携行电子数据"转变为拨号式 BBS，互相传输文件的人们变得越来越疏远。文件有了自己的生命。与其给朋友或电脑俱乐部成员软盘，他们更愿意通过匿名上传和下载进行文件交易，不期待建立任何关系。以文件为本的 BBS 不仅成为数据仓库，还成为人们的聚集地。也许早在它们的主机系统出现之前，下载目录中的文件便已被复制过无数次。文件从 BBS 网络转移到网络新闻组，从商业在线服务转向光盘驱动器。长途拨号用户跨越电话区号的无形边界传播文件，让数据可以通过地区 BBS 分散式网络进行半自主式传播。受欢迎的文件比其作者更能传播，甚至可以传输到遥远的用直接拨号会产生令人望而却步的高额费用的 BBS 上。但在今天，20 世纪 80 年代本地 BBS 上发布的文件堆积在尘封已久的网络角落里的，在被忽视多年后，竟再次出现在搜索结果中。

BBS 用户到处"搬运"文件的热情使计算机软件的法律地位面临难题，也让计算机所有者面临分享（或不分享）手中数据的"道德义务"难题。软件是一种非物质形式的"知识产权"，这种观念在整个微型计算机工业起步阶段不断变化，而且几乎没有道德规范约束小规模文件交换。20 世纪 70 年代，电影和音乐产业的代表会争辩说，"家庭录像"这样的媒体共享做法正在让电影院和唱片店老板利益受损，但当时并没有类似的消费软件零售基础设施。实际上，当时的计算机巨头，如 IBM，根本没有把软件作为产品线的一部分。正如历史学家保罗·塞鲁齐（Paul Ceruzzi）所言，当时的软件是"公司为了让人们购买其硬件而提供的东西"。计算机业余爱好者文化的规范和价值观也能反映出这一观点。许多业余爱好者，尤其是俱乐部成员和用户群体，习惯了和朋友自由交易软件。1975 年，比尔·盖茨发表了一封《致业余爱好者的公开信》，对未经授权复制微软首款产品牵牛星 BASIC 的行为提出批评。这在当时是挑战了自由交易软件的社会规范，令人诟病。盖茨的信引发了一场关于软件价值和软件行业未来的全国性辩论，但还是

第四章
与陌生人共享文件

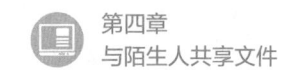

没有从根本上改变自由交易软件的社会规范。

关于"软件侵权"的争论已经扭曲了文件共享的历史。过度关注侵权掩盖了其他文件共享文化和共享惯例。虽然未经授权的复制促进了互联网普及，给传统媒体行业带来了一系列挑战，但它并不是早期网络中唯一的点对点文件共享形式。20世纪80年代中期，随着文件共享在网络上越来越普遍，越来越多的人与其他电脑用户交换程序，这种做法催生了新的美学形式和经济实践。从被称为"文本文件"的电子刊物到免费试用的"共享软件"应用程序，使用调制解调器的人瞥见了一个与之前媒体行业完全不同的未来。即使在"软件侵权"的历史中，一种"破解"的竞争文化引发了世界范围内的"破解软件"亚文化，有其自身约定俗成的惯例、价值观、艺术、语言和知识。

文件共享的文化历史是与调制解调器通信的科技史交叠在一起的。文件共享的实践和在特定时间、地点流通的文件类型反映了调制解调器的速率和价格、复杂的串行通信和纠错协议以及数据压缩算法的效率。例如，1980年用调制解调器下载一款软件得花好几个小时，而到了1990年下载同一款软件只需要几分钟。1978年至1998年间，调制解调器之间的数据传输速率从300位/秒（bps）上升到56千位/（kbps），这是标准双绞线铜线理论上的最大传输速率。20世纪80年

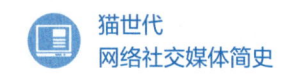

代，BBS 用户的典型升级路径从 300 位 / 秒到 240 位 / 秒再到 9600 位 / 秒，其中每一步都反映出数据传输速率的巨大增长（图 4.1）。

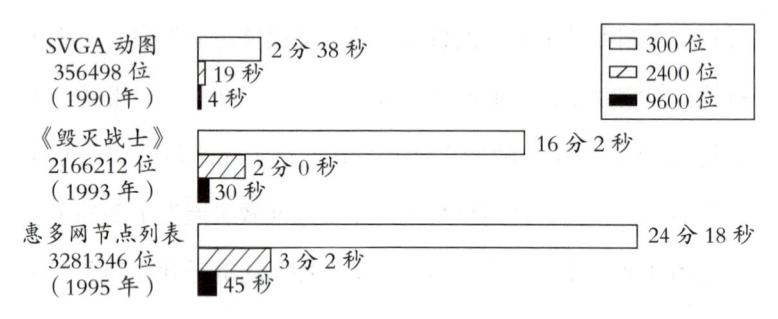

```
SVGA 动图        2 分 38 秒           □ 300 位
356498 位        19 秒                ▨ 2400 位
（1990 年）      4 秒                 ■ 9600 位

《毁灭战士》                  16 分 2 秒
2166212 位       2 分 0 秒
（1993 年）      30 秒

惠多网节点列表                         24 分 18 秒
3281346 位       3 分 2 秒
（1995 年）      45 秒
```

图 4.1　基于不同调制解调器速度的下载时间（以小时和分钟为单位）

对于 20 世纪八九十年代的电脑用户而言，买个新的调制解调器可以为他们打开一个全新的网络活动领域，而这在以前是无法实现的。那些之前只能通过电子邮件和聊天软件交流的朋友，突然可以交换照片了。对回合制游戏和文本模式界面满意的游戏玩家可以进入《毁灭战士》(*Doom*)之类的实时图像世界了。通过快速的调制解调器将作品传播给新的受众，如演景编程和基于样本的"追踪器"音乐之类的计算机艺术实践开始蓬勃发展。在这个快速创新的时代，早已适应了宽带的互联网用户很难理解升级调制解调器的现象学体验。这就好比购买了一套新轮胎，却把你的汽车变成飞机了。

第四章
与陌生人共享文件

除了提高单个文件传输效率,更快的数据速率还改变了调制解调器时代的集体收益。用户使用的调制解调器速率不同,下载文件的方式也不同。快速调制解调器的用户可能出于好奇尝试新程序和下载文件,而无须担心连续几小时占用电话线。反过来,因其更快的连接速率,BBS每条电话线能够允许更多人呼入,从而允许更多用户以更低的成本和更短的时间下载更多文件。截至20世纪80年代末,成百上千的软件作者开始编写程序并通过BBS网络进行交换,完全绕过了零售商和邮购市场。BBS文件的生产者和消费者共同创建了一个数据生态系统,该系统与其线下同行的运行时间尺度和商业逻辑完全不同。

文件和信息是BBS的两个基础。历史上几乎每个BBS都提供二者的结合。然而,正如辛内尔的软件交换BBS所说,新用户被免费文件的承诺吸引。而且的确,他们也并没有失望。网上充满了大量文件,既有独特的应用程序,也有盗版游戏。然而,那些奔着文件而来的人同时也接触了BBS网络的沟通功能和社区功能。许多文件搜索者积极参与当地公告板的信息传递。有些人认为,在线论坛让他们有机会讨论自己的文件收集爱好和寻求技术支持,也有些人认为,虚拟社区的神秘感和乐趣远远超过了免费下载文件的价值。文件只是一个引擎,吸引着成千上万的电脑用户首次尝试上网。遇见陌生人,成为社区的一分子，这些经历才是让他们再次上网的原因。

300 位/秒

早期调制解调器的脉冲稳定在 300 位/秒。二进制数字流以 7 位和 8 位的字块或"字节"流经电话网络，每个字节对应一个文本字符。典型的家用电脑连接上一个模糊控制的阴极射线管显示器，一次只能显示大约 1000 个字符，分成 40 列和 25 行。以 300 位/秒或 300 波特/秒的速率进行传输，填满整个屏幕大约需要 30 秒。文本显示用时比实时打字要短，但也不是即时的。

20 世纪 70 年代末，数据通过拨号网络传输，其速率符合贝尔母公司大约在 20 年前发布的规范。美国电话电报公司数据电话系统创建于 20 世纪 60 年代初，当时采用了一种可靠的技术，通过消费级电话线进行双向机对机通信。虽然数据通信器最初为了促进各办公室与单个数据处理中心之间的交流而被出售给几家大公司，但它还是迅速成为商业分时服务、在线数据库和业余电信项目的事实标准。1976 年，人民电脑公司（People's Computer Company）的李·费尔森斯坦（Lee Felsenstein）设计出一款 DIY 成套调制解调器，售价不到 100 美元，用于兼容美国电话电报公司系统。诸如亚特兰大的海斯微机产品（Hayes Microcomputer Products）和芝加哥的美国

第四章
与陌生人共享文件

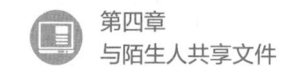

机器人等新技术公司开始瞄准家用电脑市场，在销售调制解调器时，他们向消费者确保调制解调器与"贝尔103"标准兼容。这些公司没有在速率方面竞争，而是向爱好者用户推销自动应答、自动拨号、可编程远程控制模式等"智能"功能。1980年，美国机器人电话链接声学调制解调器的一则广告强调它保修、具有诊断功能和高端美学功能——"光滑、静谧、可靠"。

早期制造商为了生存只能不断出售更多的个人电脑调制解调器。他们必须向所有人出售上网的价值。如今，网络已然成为个人电脑体验的核心。你能想象没有无线网络的笔记本电脑吗？但实际上，即使在20世纪70年代末，计算机用户也还并不将他们的机器视为通信设备。与传统观点相反，当时新兴的调制解调器制造商给他们产品的定位是一种与计算机技术方式完全不同的网关。像家用电脑一样，调制解调器也被当作具有革命性技术、可能改变人类生活的消费类电子产品来出售。最初把调制解调器称为"猫"的是先行者公司（Novation），该公司承诺其标志性的黑色"猫"将会"连接你和世界"。不久，海斯公司也说过类似的话，将二代微型调制解调器描述为一项打破边界的技术，称"它会把你的二代苹果与外部世界连接"。"猫"的营销让人对不久的将来产生令人满意的想象，尤其是为计算机爱好者打造了一个理想的未来。"猫"的用户

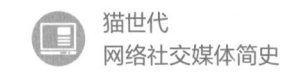

不再开车或坐火车去办公园区，而是成为第一批真正自主的信息工作者。他们通过远程办公参加会议，拨号进入远程数据库，与世界各国的其他"计算机人士"交换文件。先行者公司称，像"猫"这样的调制解调器拥有"无穷无尽的"潜在用途。

实际上，300位/秒的速率似乎并不慢。而且事实上，1980年，当时电脑用户人数稀少，所以他们能享受的在线服务范围相当惊人。一个与贝尔系统兼容的调制解调器，如哨笛牌（Pennywhistle）或先行者牌"猫"（图4.2），就可以让他们访问诸如戴乐格（Dialog）和道琼斯（Dow Jones）之类的可检索数据库，还可以让他们享受如计算机在线和有源之类的通信服务。大众先入为主地认为电脑无所不能，拥有超人一般的"世界大脑"，因此，尽管大肆宣传，但单个微型计算机对他们而言似乎令人失望。[3] 然而，正如《字节》的一位撰稿人所说的那样，使用在线"信息检索"服务的体验就像在与电子先知对话。先知接受人们关于几乎任何话题的问询，从食蚁兽到酿酒学，而且几乎瞬间便能完成回答。"你的时间值多少钱？"这位撰稿人认为在线数据库的广泛性和速率堪比"藏书丰富的公共图书馆"。此外，探索电子数据库也很有趣。戴乐格公司的一位代表将搜索其系统比作一次"冒险"，并开玩笑说比同名的电脑游戏轻松多了。实际上，许多早期使用调制解调器的

第四章
与陌生人共享文件

注:展示了其与标准西部电子(Western Electric)500型号电话听筒的声音耦合器接口。

图 4.2 先行者牌"猫"的广告

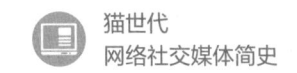

人开始相信,在线信息检索会成为将电脑推向主流社会的杀手级应用软件。[4]

然而,最终推动电话调制解调器被电脑用户广泛采用的,并非它能够连接其他机器,而是它能够连接其他人。电子邮件让阿帕网研究人员拥有社区的感觉,分时技术让明尼苏达州数千名师生能够合作,同理,拨号调制解调器催生了电脑爱好者不断增长的网络。分时技术网络的用户往往通过一个不智能的终端设备访问中央计算机,而微型计算机网络的用户则往往自己在微型计算机上打字。换句话说,在微型计算机网络用户和主机之间存在一种对称。一台微型计算机和一个调制解调器,用于拨号式 BBS 的相同装置必须可以重置为存储网站。微型计算机比简易终端设备昂贵,但比部署在当时分时环境中的迷你计算机便宜得多。

就像许多爱好者和狂热者一样,计算机爱好者也渴望找到同类,分享他们对实际操作技术的热情。有关电话网络的新闻和信息通过当时的区域计算机俱乐部、展会、时事通讯和杂志传播。1979 年伊始,调制解调器的第一批用户通过芝加哥的 CBBS 和圣迭戈的 ABBS 等公告板系统开会,一起讨论他们的爱好。ABBS 的创始人克雷格·沃恩(Craig Vaughan)在 1981 年为《信息世界》撰写了一篇文章,他在文中将其早年经历描述为一种觉醒。他说:"突然之间,所有人都在谈论调

第四章
与陌生人共享文件

制解调器,都在说他们在这个或那个公告板上看到的内容,都在讨论谁将替代贝尔母公司,成为最可靠的远程数据通信。"截至 1982 年,数百个 BBS 在北美地区运营着,上面讨论的范围已经远超出计算机爱好这一话题。沃恩将论坛的参与式文化与业余电台进行比较之后认为,调制解调器让计算机从商业工具转变成为个人表达媒介。缓慢的连接速度并没有阻止调制解调器世界的传播。

电脑化公告板顾名思义,所有早期 BBS 均具备两大核心功能,即查看旧消息和发布新消息。在这个千变万化的时代,"文件"和"消息"之间的区别也许特别模糊。1983 年,拉里·迈尔斯(Lary Myers)针对 BBS 开发人员出版了一本指南手册,其中介绍了用户可访问的三种文件类型:消息、公告和下载中心。虽然这三种类型的文件都以 ASCII 字符序列进行存储和传输,但在迈尔斯看来,"消息"才是区分 BBS 的关键特征。"消息"全天候可用,为呼入者社区提供了一个"电子软木公告板",所有人都可以在公告板上发布公告、查询或评论。迈尔斯用 BASIC 语言编写的示例程序用独有编号标识每条消息,并将系统中的所有消息存储在一个随机访问的文件中。对迈尔斯代码的一条评论指出,对运行在 TRS-80 上的系统而言,存储 80 条消息是合理的最大值。呼入这种系统的人通过在键盘上输入数字来请求消息,然后系统从消息文件中检索相应的字符序列。新消息追加到"消息文件"末尾,当消息数量达到最大值时,系统便覆盖之前的旧消息。BBS 上的消息就像软木板上的传单,不会永远停留在 BBS 上。

除了消息,一般情况下,人们还可以通过 BBS 访问至少其他两种类型的文件,主要根据内容和用途分类。在迈尔斯的分类中,"公告"表示一种特殊类型的消息,可以在线查看,但不存储在滚动的"消息文件"中。"公告"可能包括关于 BBS 的一般信息、俱乐部最近会议记录、技术参考资料、产品推荐或广告等。迈尔斯鼓励道:"什么都有可能,发挥你的想象力,只要磁盘空间够用就行。"

与"公告"不同,"下载中心"包括不能在线浏览的软件程序和数据文件。如辛内尔的软件交换 BBS 系统文件就属于此类。迈尔斯表示可下载的程序是在商业领域之外流通的:"成千上万个程序从来没有被市场看到过,而且也许永远也不会被市场看到。"通常来说,自制微型计算机软件采用 BASIC 语言编写,以人类可读的 ASCII 格式存储,与"消息"文件和"公告"文件无异。因此,迈尔斯推荐大家使用与发布公告完全相同的程序进行下载。是否捕获传入的数据流并将其保存在磁带或软盘上,这取决于呼入者。

在早期 BBS 上,"文件"和"消息"之间界定模糊,因此产生了一种新的电子文学形式,即"文本文件"。"文本文件"

第四章
与陌生人共享文件

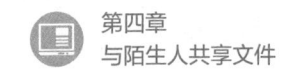

基于反主流文化价值观、爱好者杂志和地下漫画美学,打破了"公告"和"下载"之间的界限。"文本文件"非常适合装有300位/秒调制解调器和软盘的家用电脑。创建"文本文件"不需要特殊软件或其他技术,而且"文本文件"可以在其他不兼容的平台之间来回移动。"文本文件"作为一种独特的电子出版形式,于20世纪80年代初开始成形,并在整个20世纪90年代一直是BBS文化的支柱。

"文本文件"这个术语最初被用来区分可读文档和可执行程序,不过很快便成为一种更特殊的电子文学形式。"文本文件"是写给BBS同行的,几乎没有什么风格惯例或文体约束,其语气从愚蠢到严肃,各种各样。内容有讽刺小短文、高中生的咆哮、政治宣言、阴谋论、技术报告、露骨的小黄文等,还有很多青少年诗歌。"文本文件"中有些是一个作者独自编写的,有些是多个作者合作编写的,绝大多数作者使用假名。有的"文本文件"使用了艺术字等精心设计,也有些勉强能看清,甚至难以辨认字迹。有些"文本文件"只不过是一些论坛或新闻组的剪报,也有些就像印刷期刊那样被分成"议题"和"卷"。"文本文件"反映了调制解调器世界的一个侧面,是信息高速公路上昙花一现的街头文学。

许多BBS的主机程序默认配置"文本文件",由此可以看出"文本文件"在当时的普遍性和审美形式。例如,1986年版本的 WWIV 自动创建了"一般文本文件"子目录。呼入者可以通过按主菜单上的"G"键访问"文本文件"区域，因此"文本文件"也用"g-files"指代。1991年版本的《遗忘星球2》（*Oblivion 2*）不仅默认创建了一个"文本文件"子目录，还默认了一组管理员可以在 BBS 中调用实用程序，以进行"文本文件"的编辑。这段时期，BBS 最常见的升级是增加一个在线"文本文件"查看器，让用户可以先预览文件，再决定是否下载。随着"文本文件"在视觉上越来越复杂，用于浏览它们的专用软件也变得越来越复杂。"展示"作为针对个人电脑电子公告板的补丁，只是向呼入者终端写入一个文本流；"ANSI 画廊"（ANSI Gallery）作为针对《遗忘星球2》的补丁，是将一组"文本文件"转换成一个在线"艺术库"。

与编程和图形艺术不同，"文本文件"这种在计算机网络上传播新思想和信息的媒介技术含量不高。浏览、编辑或创建"文本文件"也不需要特殊软件。正如一位爱好者所说："每个人都可以第一次尝试就成功运行'文本文件'。"虽然有些"文本文件"是从现有的印刷版材料（如书籍或杂志）转录过来的，但大多数还是富有创造性自我表达的原创作品。[5]"文本文件"比程序或图像占内存小，因此一张软盘可以容纳多个"文本文件"。一个只读光盘驱动器或硬盘驱动器可以存储成千上万个"文本文件"。此外，纯文本可以在不同的计算机之

第四章
与陌生人共享文件

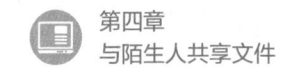

间传输,因此"文本文件"能够以其读者和作者不具备的方式移动。[6] 一个 BBS 上发布的"文本文件"可能会经过其他几个 BBS,辗转出现在网络新闻组、国际学术网讨论列表和计算机在线论坛。成千上万个"文本文件"最终被保存在万维网上。

"文本文件"定位于桌面出版和拨号网络的交叉点,在 20 世纪 70 年代充当了地下出版商(如 Loompanics Unlimited)和互联网时代网络杂志的历史桥梁。20 世纪 80 年代,许多电子杂志制作者直接参与 BBS 文化,众多"文本文件"作者活跃在地下报刊中。惠多网创始人詹宁斯在 1988—1991 年出版了七期名为 *HOMOCORE* 的杂志。麦克·冈德洛伊(Mike Gunderloy)作为颇具影响力的《五人简报》(*Factsheel Five*)创刊编辑,1988—1994 年在位于纽约东格林布什的家中经营着一家五人简报 BBS。在《波音波音》(*Boing Boing*)于 1995 年转为以网络方式出版前,其编辑卡拉·辛克莱(Carla Sinclair)和马克·弗劳恩费尔德(Mark Frauenfelder)自称"快乐变种人",出版了 15 期网络文化爱好者杂志。[7] 无论是印刷出版还是在线出版,松散的作家网络有着共同的愿景:通过设计、出版和发行工具的大众化来维护另一类媒体系统。

"文本文件"十分常见,但几乎没有 BBS 是专门研究电子文献的。1986 年 3 月,纽约查巴克的少年斯科特在自己的儿童房里利用一台 IBM 个人电脑、一个 10 兆字节的硬盘驱动器和一个海斯牌调制解调器创建了"The Works BBS"（图 4.3）。区号 914，IBM 公司总部并非在此地，但该区域已成为活跃的调制解调器运行主机。一方面受《五人简报》等类似印刷杂志的启发，另一方面受早期调制解调器亚文化的影响，斯科特指定他的系统"仅限文本文件"，借此与其他系统区分开。斯科特的幽默和对"文本文件"的热情遍及整个 The Works BBS。他在一份向新呼入者推销该系统时指出，他的"宝贝白鼬"（pet ferret）可以充当"共同管理员"，鼓励读者们打印在系统中发现的文件，并"在学校或工作期间，甚至在海滩游玩之余"阅读这些文件。该系统运行三个月后，产生了几十个呼叫者和 900 多个文本文件，斯科特称这个系统是"914 文本

［资料来源：1986 年，这则广告发布在当地程序员小组"散列字符"（Octothorpe Productions）制作的第二批代码文件的结尾。（斯科特提供）］

图 4.3　The Works BBS 的广告

第四章
与陌生人共享文件

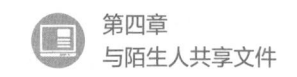

文件 BBS"。正如一位前用户回忆的那样,"The Works BBS"是"文本文件的天堂"。

对于北美地区的 BBS 用户而言,使用缩写"文本文件"而不是"电子期刊"也表示他们更喜欢某种特定的亚文化。"文本文件"在喜欢消息应用的调制解调器用户中大受欢迎,对他们来说,呼入者小伙伴的幽默风趣和俏皮话取代了调制解调器世界的所有其他特征。与激进分子或福音派用户不同,许多支持"文本文件"的人自称"黑客"或"飞客",他们编写"文本文件"是为了与志同道合的人建立同行社区。1986 年,几个经常访问"The Works BBS"的人成立了一个"编写小组",开始以"散列字符"(Octothorpe)这个集体名字不定期发布一系列原始文件。1986—1988 年,该"编写小组"共创建 52 份"文本文件",主题范围很广,有令人联想到"叙情民歌"音乐的拙劣流行歌词,有从《花花公子》(*Playboy*)杂志上抄下来的文章,还有详细介绍本地电话网络内部工作原理的晦涩文件,总之从中可以窥见主流青少年黑客群体的兴趣和幽默。许多文件用圈内笑话讽刺调制解调器亚文化本身和"The Works BBS"的某些用户。例如,"The Works BBS"真实用户指南中就有一大堆俏皮话,如"'The Works BBS'真实用户靠薯片、百事可乐和拨号音活着"。"The Works BBS"上的帖子多半已经丢失,但上传的"文本文件"却因斯科特的保护而得以保存下来，人们从中可以瞥见用户之间的友谊和BBS的日常。[8]

大约从1990年开始，各种网络的界限不再那么清晰，一种新的"文本文件"形式应运而生。电子通信、杂志和电子杂志开始模仿传统印刷期刊，它们也根据持续进度表出版，每个文件都有"卷号"和"刊号"。黑客亚文化日益壮大，参与者们主要通过电子杂志进行交流。例如，*Phrack*和《计算机地下文摘》（*Computer Underground Digest*）等长期发行的电子杂志就类似于以前的纸质杂志*2600*。像"死牛迷局"（Cult of the Dead Cow，简称CDC）这样的编写小组发布过几十个"文本文件"，成为"地下计算机"有影响力的发声代表。创办电子期刊很容易，维持下去却很难。创建和发行的电子杂志成百上千，但真正能持续创办多期的却没几个。[9]

1985年，"死牛迷局"编写的第一批"文本文件"发布在得克萨斯州卢伯克市的BBS上。十几岁的电脑爱好者凯文·惠勒（Kevin Wheeler）以"沼泽鼠"（Swamp Rat））为笔名，发表了一篇名为《沙鼠饲料炸弹》（*Gerbil Feed Bomb*）的文章，讽刺《无政府主义食谱》（*The Anarchist Cookbook*）中的暴力食谱，文后附了关于苹果二代电脑流行游戏的详细文件。惠勒的首批文本文件既有讽刺幽默，又有技术奥秘，于是成为该编写小组的典型文风。后来，话题范围渐广，从"扰乱学校集会

第四章
与陌生人共享文件

的二十种方法"到"糟糕的社会以及该如何面对",再到"北美编号计划区域代码列表"和"远程黑入分组交换网络指南",等等。"死牛迷局"小组的"文本文件"都按照顺序编号,并贴有牛头骨的 ASCII 艺术渲染图,这些文件成为数字藏品。新读者在 BBS 上搜寻往期期刊,粉丝们对其最爱杂志进行排名和辩论。20 世纪 90 年代初,随着他们的"文本文件"不断曝光,"死牛迷局"小组成员成为蓬勃发展的黑客文化中心人物。也许其他人编写了更多代码,但"死牛迷局"小组代表了黑客运动的风格和传说,为黑客运动提供了一个集体身份和讲述自身的故事。

此外,20 世纪 80 年代的黑客恐慌还促使《计算机地下文摘》成立。1990 年年初,芝加哥和亚特兰大的联邦大陪审团起诉黑客组织"末日军团"(Legion of Doom,简称 LoD)的四名成员,指控他们扰乱当地 911 紧急服务电话系统。人们就"末日军团"案件的讨论可能让原本刻板的电信邮件列表版主感到不知所措,社会学家戈登·迈耶(Gorden Meyer)和吉姆·托马斯(Jim Thomas)将《计算机地下文摘》剥离,使之成为一个专门为"盗版、黑客和海盗社会"而生的新出版物。不过,与 Phrack 之类自由奔放的电子杂志不同,迈耶和托马斯将《计算机地下文摘》打造成了一个可以辩论分歧的公开论坛。"虽然我们鼓励发声",他们写道,"但我们建议大家提意见要有充分的理由，以事实、引证和其他证据材料证实。"尽管肩负这样的使命，但《计算机地下文摘》还是保持了其幽默感。托马斯和迈耶表示，他们的编辑理想是把 *Phrack* 的"世界新闻"栏目和由喜剧演员埃莫·菲利普斯（Emo Phillips）主持的长期播出的电视辩论节目《穿越火线》（*Crossfire*）结合起来。

出版电子杂志首先需要上传到一个位置，然后才能分散传播。新一期 *Phrack* 最开始是出现在"金属车间公告板"（Metal Shop BBS）上，而新一期《计算机地下文摘》则是在国际学术网邮件列表上传播。这两种杂志的读者都是自愿传播者，在不同社区之间手动传输通信副本。因此，在调制解调器的世界里，读者不受地理位置、计算机平台和商业网络的限制，都可以阅读像 *Phrack* 和《计算机地下文摘》之类的电子杂志。

BBS 的准入门槛低，容忍越界内容，年轻白人男性占多数，这些都让 BBS 成为吸引右翼极端分子的环境。

20 世纪 80 年代，并非所有标新立异的出版团体都出现在了猫世代的电子文学中。20 世纪八九十年代，年轻女性是印刷版杂志最高产、最专注和最具创新精神的写作者，然而在现存的当时的"文本文件"中却几乎看不到她们的影子。她们没有出现在 BBS 文化档案里，但网上其他地方却出现了大量女

第四章
与陌生人共享文件

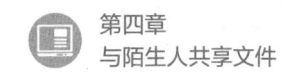

权主义活动。女权论坛、聊天室、邮件列表和电子杂志蔓延在各种商业和非商业计算机网络上，比如美国在线、Prodigy、网络新闻组和万维网等。诸如"全球电子链接上的女同胞"（The Women on The WELL，简称 WOW）之类的女性专用 BBS 会议时不时地发行一些出版集，但没有明确的女权主义"文本文件"撰写组，在类似 The Works 这样的拨号式 BBS 上也没有任何《暴动女孩》（Riot Girl）粉丝杂志的影印版。

"文本文件"产生于最早的微型计算机网络，是一种通用的电子出版形式，由软盘存储量和 300 位/秒调制解调器的处理能力决定。这种不同寻常的出版形式吸引了大量计算机爱好者，在他们眼中，"文本文件"给媒体提供了一个更具参与性的未来。由于没有"看门人"和与印刷出版相关的材料成本，一群年轻作家为了创造性自我表达开辟了新空间。他们的作品通过非正式的文件共享网络收获了成千上万个读者。许多人通过交流 ASCII 字符与陌生人建立亲密关系，通过电子书信网络建立终身联系。"文本文件"现象的缺点，尤其是种族主义阴谋论的传播和女性声音的缺失，反映了美国网络文化的根本问题——这些问题将在未来几十年以更大的规模重新出现。我们应该注意，应对这些规范的唯一方式是积极主动、切合实际的节制。

调制解调器世界里的基础设施不断变化，而"文本文件"幸存了下来，并适应了新微型计算机技术的可见性功能。"猫"的速率更快了，存储成本更低了，但"文本文件"并没有随之消失，而是继续增长和传播。有些作者使用华丽的ASCII 和 ANSI 艺术字装饰他们的文件，也有些作者与图形艺术家、程序员和音乐家合作，制作出大量创意材料。"文本文件"是第一种在猫世代传播的本地文件，不过随着技术不断变化，参与者人数逐渐增多，第二种形式的电子出版——共享软件出现了。

然而，在更快的数据速率尚未被微型计算机群体看见之前，爱好者发现了一些绝对没什么技术含量的文件共享方法。当传输速率为 300 位/秒时，有些文件太大而不能在线传输，但爱好者可以通过在拨号式 BBS 成立的社区交易这些文件。正如回忆录作者罗伯·奥哈拉（Rob O'hara）回忆的那样，文件交易商的关键算法是将在线交易速率与高速公路上行驶的汽车速率相比较。如果通过嘈杂的电话线传输一张软盘需要几个小时，那在这几个小时里，他完全可以"开车到某人家里，复制整盒游戏，然后开车回家"。奥哈拉从十几岁就开始定期拜访网友，他认为这些不同寻常的会面使他在陌生的社会环境中穿梭。复制软盘毕竟既单调又没什么技术含量，还要与陌生人困在一个房间。奥哈拉回忆道，第一次到其他业余爱好者家中拜访通常要"想方设法避免尴尬的沉默"。不过，对奥哈拉和

第四章
与陌生人共享文件

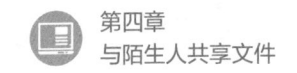

其他人来说,这些尴尬的邂逅偶尔也会变成长期友情,模糊了文件共享和社交网络的界限。

低速和离线文件交易日益盛行,BBS 软件也随之兴起,此类软件完全不需要发信息,而是支持最小的上传和下载界面。1982 年,比尔·布鲁(Bill Blue)和马克·罗宾斯(Mark Robbins)写了 ASCII 码快速通信第 2 版《专业人士》(*The Professional*)。[10] 在众多功能中,电子相册有一个"无人接听自动应答"模式,允许用户远程浏览本地软盘,查看或下载存在那里的文件。运行电子相册的系统俗称"AE 线路",是一种简朴的基础设施,几乎不会用到用户之间的通信功能。与 CBBS 等为社区提供发展空间的 BBS 不同,AE 线路只不过是挂在公话网络上的匿名缓存软件。

电子相册的界面高效冷淡,就是一个文件名列表和一个命令提示符。在广告和 BBS 列表中,AE 线路通常会在电话号码旁边标着"AE"两个字母,如此一来,读者便明白此处应该没有深度讨论或在线游戏。不过,AE 线路还有个文件共享平台,使用起来特别方便,吸引了一些技术娴熟的用户。截至 20 世纪 80 年代中期,一些苹果 BBS 推销两个电话号码,一个用于主系统,另一个用于 AE 线路。还有些被修改,让呼入者可以跳转到电子相册进行文件共享,然后跳回主系统发信息。尽管电子相册软件有局限,其用户还是找到了给文件命名时考虑受众这种沟通方式。像"自述文件""问候文件"或"欢迎文件"等，作为公共信息的一种临时传递形式，就好比迈尔斯的 BBS"公告"。通过 AE 线路交换文件看似公事公办，但其实也显示出一种共同的交流愿望。

2400 位 / 秒

标准 300 波特率的调制解调器足够人们交易信息、文本文件和简短的 BASIC 程序，但对于更大的文件，如应用程序、游戏或数字图像等，这个速度显然太慢了。1978 年 CBBS 上线时，几乎所有电话"猫"的运行速率都是 300 位 / 秒。然而，不到十年，典型数据传输速率跃升至 2400 位 / 秒，增长了七倍多。吞吐量增加，支持更多实时通信功能以及更快响应的用户界面，更重要的是下载速率也更快了。拨号式 BBS 网络在以 2400 位 / 秒的速率运行时，为商业软件分销提供了一种可行的替代基础设施。在大多数行业还在实体零售中挣扎时，试验性"共享软件"运动已经利用 BBS 网络不断提高的能力在世界各地传递文件。

速率从 300 位 / 秒转变到 2400 位 / 秒并非一蹴而就的。早在 1981 年，就有少数 BBS 提供 1200 位 / 秒的网络连接，但更高的速率总是伴随代价的。300 位 / 秒的"猫"普遍支持贝尔 130 标准，但更快的传输速率缺乏事实上的标准协议。"高速"

第四章
与陌生人共享文件

调制解调器价格不菲，但性能却不连贯，不同制造商生产的调制解调器常常互不兼容。于 1981 年推出的先行者苹果二代"猫"采用了 1200 位/秒的半双工模式，备受电脑游戏商青睐。它使用的是一种相对不常见的协议——贝尔 202 协议，而且两端都需要一台先行者牌调制解调器。与此同时，Racal-Vadic 调制解调器除了支持自己的专有协议，还支持多种贝尔标准，但其设备瞄准的是企业客户，而非个人。即使普罗米修斯公司（Prometheus Products）的 Pro-Modem 1200 特别注重节省成本，其售价也比睿客的 300 位/秒调制解调器均价高出 1 倍以上。对大部分家庭电脑用户而言，考虑到调制解调器的成本和兼容性，300 位/秒运行速率一直持续了中期阶段的这十年。

妨碍调制解调器以更快速率连接的原因既有物理方面的原因，也有政治和经济方面的原因。1984 年，欧洲标准组织国际电报电话咨询委员会发布了针对标准电话线 2400 位/秒通信的 V.22bis 标准，解决了调制解调器市场的一些撕裂性问题，同时也为欧美提供了一种通用协议。同年年底，Racal-Vadic 公司的创始人金·马克斯韦尔（Kim Maxwell）在《字节》上发表专题文章，详细介绍了针对家用电脑用户的"高速"调制解调器所面临的技术挑战。马克斯韦尔认为，制约数据吞吐量的关键因素在于将住宅电话与更大网络相连接的"双绞线"铜线。贝尔 103 标准从可听频谱中划出两个"通

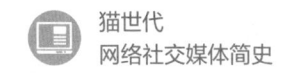

道"，以实现双向通信（或称全双工传输），每个调制解调器占一个"通道"。为使同样的铜介质实现更大的吞吐量，"高速"调制解调器采用更复杂的调制方案，在越来越窄的通道上同时传输多个字节。尽管这些调制方案在理论上可行，但字节编码与解码需要大量的信号处理，所连计算机通常没有足够的计算能力。马克斯韦尔指出，实际上，国际电信联盟针对速率为 9600 位 / 秒的第 32 版标准（V.32）要求计算机实现每秒 240 万次乘法，这是比 IBM 个人电脑处理能力高出一个数量级的运算要求。

20 世纪 80 年代后半期，价格合理的 2400 位 / 秒调制解调器才进入市场。1984 年至 1986 年间，半导体公司开始推出高速数据通信专用的信号处理硬件。直到 1986 年，市面上至少有 12 种 2400 位 / 秒的调制解调器供消费者选购，包括海斯和美国机器人等头部公司的产品。V.22bis 协议标准再次掀起特殊功能、设计和价格方面的竞争浪潮。在计算机杂志封底上，一些不太知名的品牌（如 Compu Com Corporation）宣传其生产的实惠型调制解调器价格低至 109 美元，符合 300 位 / 秒和 2400 位 / 秒标准。最终，睿客在其年度产品目录中添加 2400 位 / 秒的调制解调器，明确标志着猫世代转向"高速"（图 4.4）。

在商业化背景下，实现文件迁移的实际困难被放大了。

第四章
与陌生人共享文件

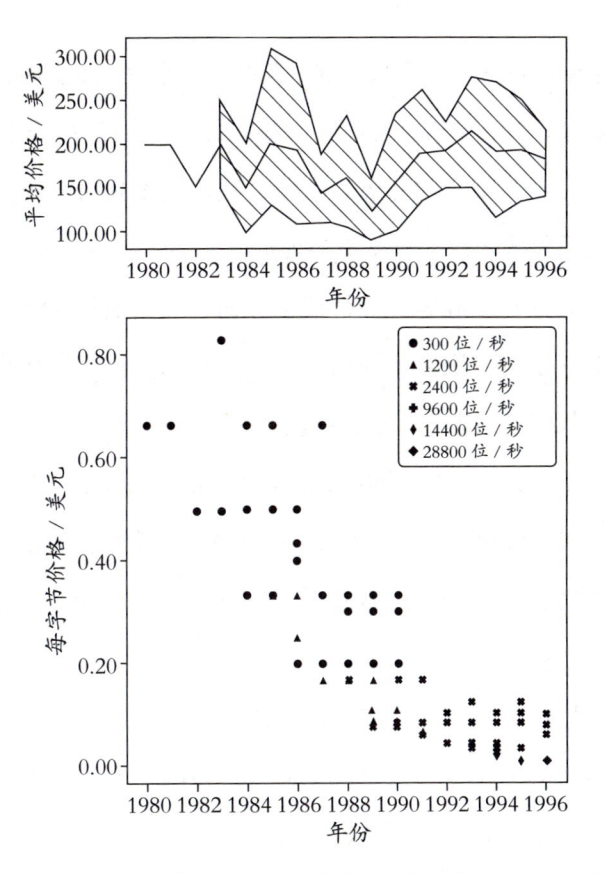

注：睿客产品线的趋势图显示出不同时间段一般消费者可使用的技术的大致指数。此期间内，睿客销售出43种不同的调制解调器，包括声音耦合器、直连外围设备、内部扩展卡和便携式设备。其中大约四分之三以300位/秒或2400位/秒的速率运行。2400位/秒的调制解调器于1988年首次出现，并且在1993年推出"令人惊叹的"9600位/秒调制解调器之前，一直是最高速率。尽管睿客的电信线路很广，但任何一年其调制解调器的平均成本都稳定地徘徊在150美元~200美元。然而，随着人们对更快数据传输速率的需求压低了老型号的成本，功能依然强大的老型号调制解调器更是物超所值。

图 4.4 1980年至1996年间睿客年度产品目录中的调制解调器价格

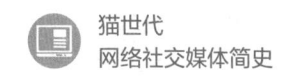

个人电脑软件开发人员缺乏推广其产品的平台。电脑商店、书店、业余爱好者商店、玩具店、百货商店等均有微型计算机软件出售，但货架空间却极其有限，物流成本高昂。按商品目录零售虽然为客户提供了更多种类的商品，但需要邮寄商品，同时在处理付款和客户支持请求方面还有其他复杂情况。与此同时，杂志出版商还提供另一种分销网。程序一开始作为原始源代码在杂志上传播，供读者手动抄写。[11] 后来,《软盘》(*Softdisk*) 等软件杂志开始在软盘上发布月刊选集。在某些地方，公共电台和电视台用无线电广播软件。未经授权复制是一个额外负担，因此许多软件公司更愿意专门从事企业对企业的销售，干脆放弃了个人消费者市场。

　　根据计算机界的民间传说，消费者软件市场的开启离不开"VisiCalc"的发布。"VisiCalc"是1979年针对苹果二代个人电脑设计的一款电子制表程序，非常讨喜。[12] 它是第一个引起了业余爱好者圈子之外的人们浓厚兴趣的应用程序。不仅苹果二代个人电脑（Apple Ⅱ）的现用户愿意花250美元购买"VisiCalc"，没有电脑背景的商务人士也愿意花费数千美元购买它的整套系统（包括一台全新的苹果电脑和一台打印机）。正如行业分析师本·罗森（Ben Rosen）所言："如果把个人电脑比喻成一条狗的话，那么它（VisiCalc）可能就是摇晃着的软件尾巴。"

第四章
与陌生人共享文件

但是大多数个人电脑软件不像"VisiCalc"。虽然一个好的电子制表程序对于广大计算机用户而言非常有用,但大多数软件还是只对特定的潜在用户群体有用。从健康到教育,从业余爱好到娱乐,微型计算机爱好者想象出来的应用程序似乎是无限的,但是开发人员却几乎没有渠道将其软件产品推广、销售或分销到这些利基市场。[13] 由于没有零售货架空间,小规模的开发人员只能自己动手,在业余爱好者杂志上发广告,将软件用密封袋包装并附上复制手册,再通过邮局完成订单。由于利润微薄,又没有正式的商业结构,所以即使成功的企业面对大量客户服务请求、退货包裹和空头支票等事情时也会应接不暇。所以,当时的微型计算机软件市场存在缺陷和漏洞。

面对早期软件市场的种种问题,用户甚至比开发人员更加沮丧。通常情况下,商业软件交易要求计算机拥有者承担一些不合理的风险。消费者先预付费用才能正式测试电脑程序,在这之前他们仅能从杂志评论、广告或店员建议那里得到一点点指导。批评家称这种风险为"拆封问题",并指责说正因为如此才导致整个行业销售低迷。与此同时,广受欢迎的电脑杂志上充满了客户对未修复漏洞和未公开不兼容性的抱怨,这些都表明用户对当时软件市场的失望。

软件市场不完善,其不确定性似乎将用户绑在了一起。口碑便可以决定一款新软件产品的成败,而 BBS 为计算机用户提供了一个宝贵的平台，他们可以在平台上见面和交流各种游戏和应用程序的使用体验。电脑用户偶然发现一款高质量软件时，他们渴望与他人分享自己的发现。为朋友和熟人提供副本似乎是同行推荐系统的自然延伸，而且 BBS 的文件共享功能也为这种交换提供了一种机制。商业软件开发商谴责这种未经授权的交易是"盗版"，他们认为每次下载都是他们的潜在损失。然而，除了关于"盗版"的指控，文件交易活动也是反映经济信息的重要指标。一个程序在流通中的未经授权副本数量与其为用户提供的价值呈正相关，这一原则既适用于1976 年的微软 BASIC，也适用于 1982 年的微软的"多元计划"（Multiplan）。这也让许多小型软件开发商十分困惑。这个动态交易网络能用于商业目的吗？共享文件的冲动能否带来另一种消费者软件经济？

　　一边是颓废的市场，另一边是繁荣的文件交易文化，"共享软件"作为一种新颖的业务方式出现在二者的交叉处。"共享软件"充分利用了数字媒体的无限可复制性以及越来越多"猫"用户对文件的渴望。在 20 世纪 80 年代通过 BBS 网络层叠传播的所有新型文件中，"共享软件"是猫世代最独特的一款家用软件。"共享软件"作者并不试图限制访问（无论是通过拷贝保护还是拆封问题），而是将控制权交给用户，依靠道德和博爱精神维持业务。倡导者认为"共享软件"是一种营销方案、一种意识

第四章
与陌生人共享文件

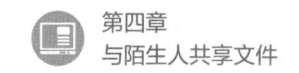

形态、一种商业模式、一个实践社区、一个流派和圣痕。

小规模软件开发商为应对微型计算机市场接连不断的失败，提出"共享软件"的概念，为之提供空间。"共享软件"以新兴的"猫"技术为基础，代表着未来消费者软件的另一种愿景。"共享软件"的作者不是与文件交换爱好者斗争，而是鼓励用户复制和传播他们的程序。他们认为，让用户"先试用再购买"，高质量的"共享软件"就能销售出去。更何况，通过授权用户可以让其朋友拷贝，他们可以不花一分广告钱就接触到潜在客户。用一个软件出版商的话来说，"共享软件"模式提供了一种新的营销方式："磁盘营销"。

一般情况下，"共享软件"许可让用户在短时间内免费试用程序。试用期结束后，用户须向作者邮寄一小笔"注册费"。注册费一般不超过 25 美元，包含一份印刷手册、备份磁盘或未来升级承诺。当前账户通常将共享软件协议视为一种"荣誉"。拉斯·沃尔特（Russ Walter）在其 1995 年出版的《计算机秘密指南》（*Secret Guide to Computers*）一书中鼓励读者尝试现有的"共享软件"，同时提醒他们别忘了"荣誉协议"——他们有责任为对其有用的软件支付拟定的费用。雷伊·巴里（Rey Barry）在同年出版的《免费共享软件指南》（*Guide to Free Sharedware*）中也提出类似观点。他认为，"共享软件"经济是一种"荣誉制度"，只要用户继续注册他们的软件，"共

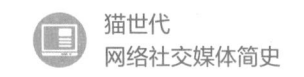

享软件"作者就会继续编写价格实惠的高质量程序,"和你在零售店能找到的程序一样好"。

在近15年中,"共享软件"一直是猫世代的主要商业模式,从小企业主到硬核游戏玩家,迎合了一系列利基市场。如今,"共享软件"仍然以应用内部购买、付费升级和免费软件的"专业"版本等形式发挥影响。但这些形式都脱离了共享软件核心的道德信念——人们愿意为一款产品付费,只因支付他人的劳动报酬是应该做的事。

人们普遍认为"共享软件"的故事源于1982年。那一年,批评家一致认为安德鲁·弗吕格尔曼(Andrew Fluegelman)的"个人电脑对话"(PC-Talk)是在IBM个人电脑上可用的最佳电信程序。更棒的是,弗吕格尔曼还免费提供程序和源代码。他要求对该程序满意的用户寄一张支票到他在加利福尼亚州蒂伯龙的家里,以示感激。无独有偶,华盛顿贝尔维尤的业余程序员吉姆·克诺夫(Jim Knopf)开始免费赠送名为"简易文件处理"(Easy File)的数据库程序,也提出了非常相似的支持请求。几个月后,一位同时使用这两个程序的用户让这两个作者联系上了。克诺夫和弗吕格尔曼同意开始一项"营销实验"。"简易文件处理"改名为"个人电脑文件处理"(PC-File),两个程序均定价25美元,两个程序员都在自己的程序包中添加了对方程序的说明。克诺夫的妻子说他是个"愚蠢的老头",

第四章
与陌生人共享文件

竟然以为会有人自愿给他寄钱。然而，没过多久，他们的家庭邮箱就开始收到支票了。

克诺夫和弗吕格尔曼的实验开始成形时，又一个程序员独立采用"先试后买"模式。1983年，华盛顿州西雅图市的鲍勃·华莱士（Bob Wallace）发布了IBM个人电脑上的文字处理器——"个人电脑写作"（PC-Write）。华莱士认为，用户需要先试用一下程序看是否适合自己。他认为，"共享软件"模式"让软件自己解释自己"。华莱士不仅允许用户拷贝他的程序，还为文件交换者提供经济激励。注册用户如果把其他人转化为用户，就可以得到25美元佣金。这种安排可能会给那些卓越的业余爱好者带来丰厚的报酬。共享软件倡导者迈克尔·卡拉汉（Michael Callahan）就是这样一位频繁的文件交易者，他后来回忆说，自己最开始的注册费是75美元，结果换来了大约500美元的佣金。

三款软件（PC-Talk、PC-File和PC-Write）出人意料地成功了，成为"共享软件"起源故事的叙事骨架。[14]"共享软件"一开始作为一种业余爱好诞生，但它其实从未脱离传统计算机技术行业。克诺夫、弗吕格尔曼和华莱士作为"共享软件"创始神话的核心人物，经常被认为是"业余爱好者"，但其实他们三人以前都从事计算机行业。弗吕格尔曼是主流计算机杂志及《全球评论》（*Whole Earth Review*）的编辑[15]，克诺夫

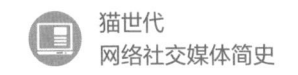

自 1967 年开始便受雇于 IBM，而华莱士则是微软的第一批员工之一。不过，共享软件是一种用户驱动的创新，这些传记细节不应该破坏这一事实。相反，专业程序员从公司员工转向自主创业，恰恰说明微型计算机技术打乱了软件行业的组织结构。业余爱好者和专业人士一样，都看到了一个抛弃传统就业的机会，转而从事为计算机社区服务的工作。[16] 支持者常说"共享软件"作者是通过做自己喜欢的工作"谋生"。[17]

到 1984 年，许多程序员都尝试在网上免费发布程序，不过不同程序之间几乎没有什么共同标准可言。弗吕格尔曼已经注册了"免费软件"（freeware）商标，克诺夫首选"用户支持的软件"（user-supported software），华莱士在围绕"共享软件"的概念开展业务。[18] 更令人困惑的是，这些术语经常与"公用领域"或"无版权"互换使用。科技记者强调业余软件成本低、来源广、质量参差不齐。一位专栏作家苦笑着承认人们对版权的漠视："信不信由你，不用盗版也能获得免费软件。"电脑新用户会认为他们从用户组下载或拷贝的所有程序都是免费的，鉴于术语之间的混乱，他们这样想也无可厚非。

为消除这种混乱，公用软件库的维护人员纳尔逊·福特（Nelson Ford）在他的《IBM 个人电脑软程序》（*Softalk for the IBM Personal Computer*）杂志专栏上举办了一场命名比赛。几周后，比赛结果出来了，读者更喜欢"共享软件"。1987 年，

第四章
与陌生人共享文件

福特在得克萨斯州的休斯敦组织了一次会议，与会人员有"共享软件"程序员、供应商和 BBS 管理员。这次会议成立了共享软件专业人员协会（Association of Shareware Professionals，简称 ASP），该协会力求让"共享软件"模式进一步标准化。"共享软件"专业人员协会提供一名申诉专员来调解纠纷，帮助"共享软件"作者使用信用卡支付服务，并阐述了一套价值观，包括"尊重用户""承诺最低限度的支持"和"退款保证"等。会员宣传共享软件专业人员协会，在软件文档中标明自己的会员身份，这是让潜在客户放心的一个权威标志。

20 世纪 80 年代末，"共享软件"经济迅速发展。"IBM 兼容"的低成本克隆软件为"共享软件"作者提供了开发平台，而调制解调器则为其分销提供了网络。北美几个最大的 BBS 专门从事文件共享，为希望传播程序并跟用户直接沟通的"共享软件"作者提供更便利的枢纽。共享软件专业人员协会夸嘴说其会员每年创收几千万美元，这似乎是对古典经济理论的蔑视。

拥有调制解调器的人尤其喜欢共享软件。弗吕格尔曼的"个人电脑对话"和史密斯的 Procomm 等电信设备一直都特别畅销。尽管大部分电脑用户并没有调制解调器，但与通信相关的程序总会出现在"首选""推荐"或"必备"共享软件列表中。调制解调器开发的应用程序在商业上取得成功，凸显了

"共享软件"模型对猫世代文件共享实践的适应性。调制解调器的制造者约翰·弗里尔（John Friel）认为，"共享软件"模式特别适合电信行业，因为每个拥有调制解调器的人都需要高质量的通信软件，以享受在线服务和下载文件。因此，像"个人电脑对话"这样被广泛安装的程序，可以让硬件公司直接受益。调制解调器制造商在发货时会同时发出"共享软件"程序的副本，这种做法一直持续到20世纪90年代。

"共享软件"广为流行，在商业上获得成功，北美地区的BBS网络也随之日益壮大并朝着去中心化、层次化结构发展。遍布整个北美大陆的几个大型系统充当分销中心。20世纪90年代早期，共享软件专业人员协会向一批"已认证"的BBS寄出磁盘，这些BBS保证拥有ASP会员发布的最新程序。独立的共享软件作者也把新程序上传到这些中心节点，几十个地区的管理员下载新文件，并在他们的本地公告板系统上分销。商业在线服务（如计算机在线）作为BBS管理员和共享软件作者的会议场所发挥了补充作用。长途拨号费用高昂，因此大多数人通过本地BBS下载共享软件。尽管如此，但BBS拥有分散的"支线"网络，在全国范围内提供服务，因此文件可以快速地从作者的家用电脑转移到整个北美大陆的数千个区域系统。

共享软件代表了一个由中小规模软件开发公司组成的庞大产业，其中许多公司的邮政信箱是由业余时间工作的个人程

第四章
与陌生人共享文件

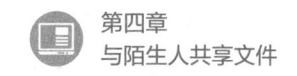

序员在经营。共享软件采取"先试用后付费再传给别人"的商业模式。在这种模式下，BBS 成为新软件分销、口碑营销和去中心化售后网络的基础设施。专门用于文件共享的大型公告板系统部署了光驱和硬盘驱动器，保有大量在线共享软件。例如弗吉尼亚州亚历山大市的"无限数据源"（Infinite Data Source），恰如其名，1996 年时它在 60 张光盘上存储了 50GB 多的文件，几乎占满了。无独有偶，位于威斯康星州埃尔姆格罗夫的"Exec-PC"自诩"全球最大的 BBS"，宣称有"45 万个程序和文件"供免费下载。共享软件倡导者巴里在 1995 年明确指出，如果没有 BBS，共享软件行业就无法运作。

最初，"共享软件"的成功在计算机行业有些争议。斯图尔特·布兰德（Stewart Brand）在 1987 年写过一篇关于媒体经济学未来的专栏文章，他在文中指出共享软件模式将微型计算机软件定位为"订阅服务"而非"购买产品"，是"营销大创新"。布兰德将共享软件与早期大众创新进行了比较，例如业余无线电运营商开发的短驳通信和无线分组通信。他说："（共享软件作者）赚了很多钱，而一般软件发行商还没领会此中道理。"在布兰德看来，共享软件企业家在追随而不是在对抗信息经济转型。他说："信息太容易被复制、发送和转换了，以至于价格标签瞠乎其后。"

然而，并非所有电脑爱好者都像布兰德一样喜欢共享软

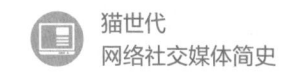

件。一位读者向编辑写信表示，与更多传统软件相比，共享软件是一种失败。对此他说："如果莲花表格（Lotus 1-2-3）或完美文书（Wordperfect）免费发布，它们还能成功吗？当然不能。"另一方面，共享软件作者往往持一种更微妙的怀疑态度。调制解调器的制造者弗里尔认为自己的成功是"天时地利"。据他介绍，到1990年时，大多数主要利基市场已经被满足，比如文本编辑器、电子表格和终端仿真器等，个人电脑兼容的共享软件市场已经"陷入僵局"。除非底层平台发生重大改变，否则一小撮头部"赢家"将继续主导各自的利基市场，很难改变。

若非20世纪90年代调制解调器带来的游戏繁荣，共享软件可能早已停滞不前。马萨诸塞州克林顿市的软件创作（Software Creations）成为顶点软件有限公司（Apogee Software）等共享软件游戏开发商的聚集地。软件创作可同时接入至少134条线路，似乎更像一个全国性商业信息系统，而不是一个本地业余爱好者"单行程序"。软件创作以其全面的共享软件档案而闻名，是1993年至1996年间《关注公告板》读者选择奖得票最多的BBS。软件创作在登录界面上自称"作者之家"，许多人评论说其特色是"每天有一百多项新上传的内容"。许多共享软件公司将软件创作视为主要分销平台，其中最知名的是它托管顶点软件有限公司和id Software等发行商和开发商的

第四章
与陌生人共享文件

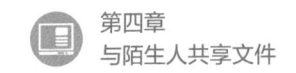

高质量共享软件游戏。

共享软件模式离不开作者和发行商愿意而且鼓励其软件产品自动传播。他们愿意放任别人复制其产品，而 BBS 用户和管理员也能从分享新软件中获益，因此三者建立了互惠互利的关系。尽管像软件创作这样的大型 BBS 被 id Software 和 Epic Megagames 等公司标明为"官方"分销平台，但除了马萨诸塞州 508 个区号，很少有玩家能够负担得起直接从它上面下载游戏，因为那需要足够长时间的长途电话。像"毁灭战士"（Doom）这样的共享软件游戏是通过用户和管理员在 BBS 世界中转发流传的，他们从一个 BBS 上下载，然后上传到另一个 BBS 上。这种自愿劳动有几方面的原因。迈克·尼科尔斯（Mike Nichols）是新墨西哥州霍布斯市灯夫公告板（Lamplighter BBS）的系统管理员，他会记得定期登录达拉斯市、沃思堡市和阿尔伯克基市的 BBS，下载最新的共享软件文件。尼科尔斯认为，这些偶尔的长途电话是给居住在霍布斯市、担负不起长途话费的 BBS 伙伴的一种社区服务。

共享软件游戏的成功离不开 id Software 公司引导的电子游戏叙事结构上的创新。1990 年，id Software 与顶点软件有限公司签订合同，制作了一款 2D 平台游戏"指挥官基因"（Commander keen）。这款游戏中，玩家引导着一个少年老成的男孩开启一场幽默的冒险之旅，与愚蠢的绿色外星人作战。

顶点软件有限公司并没有发行整款游戏，而是将前几个关卡打包成一个"回合"，小到可以安装在一张软盘上，或可以通过2400位/秒的速率进行下载。第一"回合"结束时设置悬念，提示玩家拨打顶点软件有限公司销售热线订购接下来的游戏。第一"回合"发布没几天，"指挥官基恩"文件夹（KEEN1.ZIP）就在整个北美的BBS网络上广为流传，玩家们因为好奇基恩接下来的故事，所以纷纷打来电话。

"指挥官基恩"的成功证明了共享软件模式确实可行，新的共享软件游戏此后如雨后春笋般出现。突然出现的免费游戏也成为人们加入调制解调器世界的新动力。学会在拨号式BBS中遨游，让玩家能够接触到几个月后才会出现在零售店的游戏。此外，BBS的社区功能让玩家们可以讨论和辩论怎么打最新游戏。在这个积极的反馈循环中，猫世代个人电脑玩家越来越多，促使更多游戏发行商尝试数字发行和共享软件模式。

"毁灭战士"是id Software公司发行的一款第一人称射击游戏，其实它最初的发行和广受欢迎标志着共享软件、游戏和调制解调器世界相互依赖。1993年12月，"毁灭战士"游戏的第一回合以单一压缩文件格式出现在威斯康星大学的匿名文件服务器上。短短几个小时，如饥似渴的文件交易者便在几千个BBS上复制了这款共享软件。如今，粉丝认为当时"毁灭

第四章
与陌生人共享文件

战士"一炮而红,但实际上这款游戏直到几个月后才出现实体版本。批评家丹尼·阿特金(Denny Atkin)在《计算机!》(*Computer!*)杂志1994年4月刊的一篇评论文章中兴奋地说:"这款游戏有前所未有的图像和声音。"阿特金的评论文章已经出版,但读者却仍然无法在购物中心买到"毁灭战士"。玩家想要体验阿特金文中描述的图像和声音,就得自己登录BBS下载或找朋友帮忙下载。玩家越来越期待这款游戏,于是id Software公司继续开发、调整并根据玩家的输入优化游戏。这是一种完全透明的参与式游戏测试形式,不过只有那些拥有调制解调器而且有钱登录本地BBS的玩家才能充分参与。甚至当游戏正式发布的时候,也只有共享版本在零售店出售。[19] 其他回合则通过邮购直接出售给玩家,采用的是与"指挥官基恩"相同的销售模式。

成立id Software公司之前,"毁灭战士"的开发人员都沉浸在业余计算机技术文化中。[20]"毁灭战士"是第一款完全基于猫世代的规范和价值观而设计的游戏。除了其回合结构和在线发行模式,"毁灭战士"还有多人游戏模式,让玩家通过调制解调器可以相互联系。共享软件游戏吸引玩家加入BBS,"毁灭战士"的多人游戏模式将调制解调器重塑成一种消遣娱乐工具。众多玩家在线谈论这个游戏,"毁灭战士"随之成为大量用户驱动创新的一个站点。发烧友开始对它进行改装,修

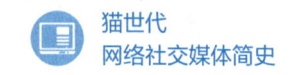

改它的视觉效果和音效，改变游戏机制，或专门为多人探索设计新地图。发布了"毁灭战士"共享软件版本的 BBS 也成了游戏改装和设计新地图的存储库。很快，其他游戏文化也采纳了这些做法。到 1995 年，飞行模拟迷开始制作新风景、机械模型和美国地形地图。诸如软件创作等以游戏为导向的 BBS 不仅仅是一个分销点，还是一个社区空间，更具参与性的个人电脑游戏文化便在这里萌芽了。

20 世纪 90 年代初共享软件游戏的繁荣与调制解调器速率的又一次提升同时发生。2400 位/秒为主的速率远不及 300 位/秒历时长久。1988 年至 1990 年，更快的调制解调器上市，睿客公司随后将 2400 位/秒调制解调器的价格下调一半。在 1994 年"毁灭战士"引起众多个人电脑游戏玩家注意时，9600 位/秒甚至更快的调制解调器已经是司空见惯。调制解调器速率更快了，共享软件、游戏改装和多人游戏模式随之持续增长，同时 BBS 的视觉文化也在发生根本转变。当调制解调器的速率为 9600 位/秒时，BBS 网络开始快速传播数字图像。

9600 位/秒

从猫世代到现在，人们对带宽的需求从未停止。1983 年被称为"高速"的调制解调器到 1988 年已经司空见惯，市场强烈要求调制解调器的速率能够达到 9600 位/秒甚至更高。

第四章
与陌生人共享文件

1988年夏天,《字节》杂志刊登了一篇关于新型"超高速"设备的封面文章,分析了十几个"在不到一小时的时间内能够在全国范围内准确发送3Mb数据"的调制解调器。为了在同样嘈杂的铜线上增加四倍的吞吐量,调制解调器工程师利用调制、压缩、纠错和信号处理等新技术,专门为商业租赁线路设计了微芯片。这个装置包在模压塑料盒里,饰有开关和闪烁的信号灯,看起来、摸起来和听起来都很高科技。何况,它的平均售价为1350美元,无疑是针对专业受众的高端产品。调制解调器生产商迫不及待地将第一批9600位/秒产品推向市场,这暗示着20世纪90年代一场关于调制解调器的竞赛正在兴起,这场竞赛将通过协议、标准、品牌知名度和市场份额来进行。

1988—1994年,所有类型的调制解调器成本都下降了,整个拨号式BBS和在线服务的元网络都开始加快速度。最初,BBS的管理员创造了短暂的带宽盈余,引导着大家采用更快的调制解调器。《关注公告板》在1992年初进行的一项读者调查表明,38%的BBS支持9600位/秒的网络连接,66%的呼入者仍保持2400位/秒的速率。如Courier和海斯等领先的调制解调器制造商都在通过"管理员折扣"等有针对性的促销活动努力争取BBS。对于惠多网管理员和共享软件交易商而言,多次节省的长途话费很快就抵消了购买高速调制解调器的固定成本。美国机器人公司的报告称,截至1990年已有5000多个

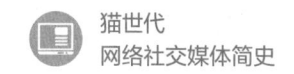

BBS 采用了他们的 Courier 高速调制解调器。

要让除管理员之外的群体也采用 9600 位 / 秒的调制解调器，需要人们从根本上革新技术，并大幅降低价格。这在 1992 年 1 月 Supra 公司发布新设备时实现了。Supra 公司因其价格实惠的 Supra 调制解调器而闻名，当时它发布的新设备硬件新颖，价格堪称"撒手锏"。Supra FAXModem 14400 外包装是约"两副扑克牌"大小的铝制外壳，看起来就像缩小版的海斯牌智能调制解调器。不过在闪烁的外壳里面，Supra FAXModem 采用了罗克韦尔公司（Rockwell）独家制造的微芯片，支持多种通信协议，而且传输速率惊人，能达到 14400 位 / 秒，所有这些只需 399 美元。其他知名的调制解调器价格比它贵一倍，但性能却不如它，因此这款新型的调制解调器一上市便很快席卷整个市场。随之而来的价格战使高速调制解调器的成本持续走低。到 1993 年年初，一台不错的 9600 位 / 秒调制解调器只需 250 美元。在以文件为导向的 BBS 上，千字节的文件到处都是。

随着高速调制解调器日益普及，标准的 2400 位 / 秒调制解调器成为必需品，对任何拥有家庭电脑的人来说都是一台廉价的附加设备。这消除了人们进入不断扩张的调制解调器世界的主要障碍之一。1991 年，商业在线服务公司 Prodigy 推出了零售"启动工具包"，其中包括一个自有品牌的 2400 位

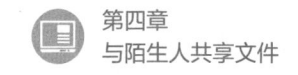

/秒调制解调器,其"价值148.95美元,只卖49.95美元"。Prodigy的启动工具包偶尔还会打折,价格低至30美元,这是当时人们获得基本够用的调制解调器的最便宜的价格之一。没有什么能阻止买家使用Prodigy调制解调器拨入本地公告板系统、游戏系统或其他商业网络。同时,在竞争的作用下,一套新款IBM兼容系统的价格跌至2000美元以下。像康柏公司(Compaq)和捷威公司(Gateway)这样的个人电脑公司,为了使自己的米色盒子有别于竞争对手的米色盒子,纷纷内置调制解调器(以及声卡、扬声器、光驱、打印机等外围设备)。在当时疯狂的商业环境中,刚拥有电脑的人发现自己莫名其妙获得了一台调制解调器,这并不是什么稀罕事儿。拥有调制解调器的人越来越多,高端设备的成本越来越低,促成传输速率整体加速。到1994年,美国所有主流在线服务都宣称支持9600位/秒的网络连接,睿客也开始销售自己的9600位/秒调制解调器,正好赶上"毁灭战士"玩家升级。

调制解调器的速率越来越快,不过这并没有立刻改变BBS的即时使用体验。CBBS创建十多年后,键盘命令和文本菜单仍然是调制解调器世界的标准接口。[21] 高速调制解调器带来的直接效果是降低了传输大文件的成本,让用户可以探索文件,随意下载以前肯定会略过的文件。新出现的这种探索性下载刺激了新类型文件的生成,这类文件可能充分利用了随个人电脑不断升级而不断增加的多媒体功能。随着 20 世纪 90 年代慢慢过去，越来越多 BBS 在下载区提供交换数码照片、光线追踪图形、程序生成动画和短视频剪辑的空间（图 4.5）。

简言之，20 世纪 80 年代的个人电脑用户没料想到电脑能播放数码照片和视频。"图像"这个术语当时通常指电子表格软件制作的图表或电子游戏的像素艺术。1990 年，通过电脑屏幕看到全彩照片是一件很了不起的事，查看高分辨率的图像需要特殊软件、硬件及操作技术。尽管家庭视频编辑、主机游戏开发人员等创意专业人士那时已经拥有像苹果麦金塔、雅达利 ST 和康懋达阿米加（Amiga）这样的多媒体电脑，但消费者科技行业还是将这些彩色机器抛给了专门的利基市场。[22] 主流的家庭计算机行业集中在米色盒装的个人电脑克隆产品上，其中许多都默认配备单色显示器。[23] 正如一位科技作者在 1990 年所言，对普通电脑用户来说，"图形技术与其说是基础配置，不如说是一种福利"。

然而，图形应用程序相关的技术难题没有让计算机爱好者知难而退，反而吸引他们迎难而上。编程或电信能带来技术上的乐趣，但彩色图像和动画与之不同，它们带来的乐趣是即时的、发自肺腑的，非专家也能感受到的。还有什么比华丽的图像显示能更好地向亲朋好友炫耀自己的新电脑呢？从程序生成的分形到三维光纤追踪场景，BBS 上的图形程序和文件经常

第四章
与陌生人共享文件

注：20 世纪 80 年代后期，数字化照片有多种用途。有些电脑用户认为，只要电脑能显示图像就已经令他们兴奋了；也有些人认为，是 BBS 提供了各种图像的访问途径，否则人们很难看到这些图片。BBS 管理员清楚高质量的图像会在收藏家之间传播，因此他们把这些图片当作宣传媒介，在图片上加盖他们的公告板电话号码和访问信息。

图 4.5　Aquila 和 EXEC-PC 论坛上关于航天飞行的数字化图像

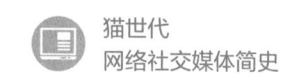

被当作视觉奇迹，而不是实际应用或信息资源。在零售领域，"演示"一词还指除带给观众愉悦和惊喜外的那些毫无用处的图形化程序。美工和程序员相互交流写代码的技巧，挑战观众的期望，突破家用电脑图形显示的极限。[24]

BBS上的图形文件不仅让他人印象深刻，也许还会让电脑用户自己感到震惊，因为这些图形文件反映了电脑中许多未知的技术特性。多媒体计算机有图形处理能力，但典型的个人电脑克隆必须要安装特殊的实用程序才能访问更高分辨率的视频模式和将其解码转换为以新文件格式（如计算机在线的图形交换格式，简称GIF格式）存储的图像。20世纪90年代初，许多共享软件作者致力于解锁基于磁盘操作系统的个人电脑图形功能。精明的管理员把CompuShow等流行的共享图像查看程序与其图形文件集归在同一个下载文件夹。[25]BBS提供了访问"指挥官基恩"和"毁灭战士"等游戏的高级入口，在同样的意义上，它也让我们能够一窥全新的计算机视觉文化。

数字化照片制作起来困难，传输起来费钱，查看起来也麻烦，但用户就是看不够。网络上对图形文件的需求似乎永无止境，于是人们创造了有史以来最受欢迎、最赚钱的BBS。从1983年开始至少到1996年间，俄勒冈州莱克奥斯韦戈的管理员吉姆·马克西（Jim Maxey）利用BBS用户对数字图像似乎永无止境的需求赚钱。1983年，失业的马克西独自带着

第四章
与陌生人共享文件

六岁的女儿生活,他创建了"事件视界 BBS"(Event Horizons BBS),并打算创建一个与天文学相关的图像在线档案。与同时代的其他业余爱好者不同,他若想继续参与 BBS 就必须找到赚钱的方法。虽然马克西的天空照片很精美,但"事件视界 BBS"的业务在他开始扫描杂志的插页之后才开始有所起色。1987 年至 1993 年,登录"事件视界 BBS"的小时收费迅速从 1 美元涨到 3 美元,再涨到 10 美元。截至 1992 年,"事件视界 BBS"已经成为一家盈利的小企业,有自己的办公空间,还有十名员工,为调制解调器世界制作源源不断的新文件。新闻报道称,这个"全球最贵的 BBS"每天收入约 8000 美元,年收入约 300 万美元。

马克西及其团队成员都是高产的数字化工作者。"事件视界 BBS"上的数码照片库里有许多内部扫描的图像。当时,扫描高分辨率的图像以备下载是很辛苦的,不过这项工作也为它的高价奠定了基础。计算机在线公司制作的 GIF 格式图像(以下简称 GIF 图像)符合调制解调器世界的互操作性标准,成为诸如"事件视界 BBS"等系统上约定俗成的标准光栅图像格式。除了计算机在线公司,各种免费软件和共享软件程序也可以创建和显示 GIF 图像。正如一位共享软件作者写的那样,GIF "被精心设计成互换格式,这种格式的图形可以在不同类型的计算机之间移动"。"事件视界 BBS"的早期图像并非使用平板扫描仪获得的（20世纪80年代中期，平板扫描仪的价格极其昂贵），而是使用专门的硬件从复合视频流中捕捉静态图像。要把生成的图像转换成GIF格式的图像，还需要一款软件裁剪图像，降低分辨率，将所有颜色转换为16种颜色中的一种，然后再运行GIF图像压缩算法。最后，要想给GIF图像添加说明、标题或其他文本，则还需要另外一个程序。总而言之，生成一个图像需要花费大量人力、计算时间和硬盘内存，不过对习惯了电子表格和文本模式终端的用户来说，它取得的成果也是十分了不起的。

截至1992年，已有成百上千个BBS提供可下载图片，但"事件视界BBS"似乎基于某些特定因素一炮而红。首先，"事件视界BBS"上有几千张从其他系统无法获得的特色照片；其次，马克西以培养个人电脑用户使用其系统潜在图形处理功能为己任。流行计算机杂志上的印刷广告向读者保证，"查看计算机图像比你想象的要容易得多"，同时还确保能带来视觉刺激，鼓励读者"去体验计算机最大的图形处理能力吧！"1988年，马克西发布了一款名为"宇宙"（Universe）的免费软件，精确地表达了他对太空感兴趣的业余爱好者的鼓励。"宇宙"是一个教育类幻灯播放程序，包括11张数字天文照片。为确保其最佳兼容性，这些照片被修改为640×350像素，并以4位色深编码——这个设置无论在新版还是旧版图形硬件上都可

第四章
与陌生人共享文件

以正确显示。最后，每张图片顶部都附有简短的说明文字，包括标题、简要说明和带有"事件视界 BBS"电话号码的标语（图 4.6）。整个程序即使不压缩也可以轻轻松松地存在一张软盘上，而且马克西明确表示用户可以与朋友和他们的本地公告板分享副本。

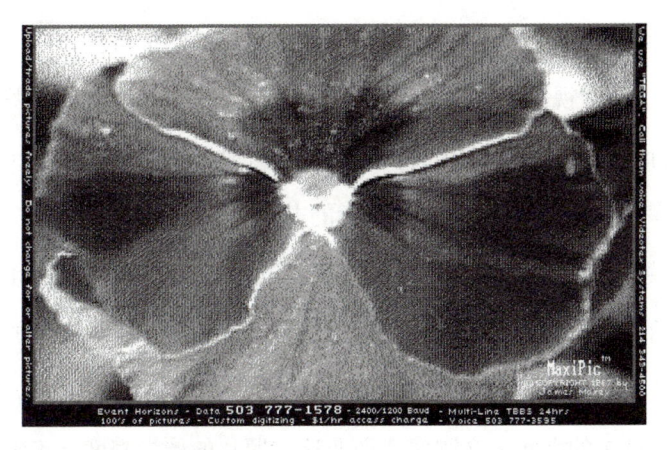

注：此图可能由"事件视界 BBS"的马克西在 1987 年至 1988 年创建。该图像为三色堇的微距摄影，图片来源未知。照片四周的白色文字介绍创建该图像时所使用的软件，邀请浏览者呼叫"事件视界 BBS"，并鼓励他们免费复制和交易图像。

图 4.6 "马克西图片"（MaxiPic）

"事件视界 BBS"理所当然地赢得了"mighty fine.GIFs"创客之名，而且开始在俄勒冈州西北部以外的地区传播开来。"事件视界 BBS"创建的每一张"马克西图片"都添加了特征说明，使用色彩斑斓的标题，显示在"宇宙"程序的图像顶部。[26] 这些说明文字不仅描述图片内容，还包括其 BBS 的电话号码。同共享软件情况类似，这些说明文字确保图片可以在全国各地的软盘和 BBS 之间传播，浏览者可以找到它们的来源。也许 BBS 是分散型的网络，但马克西的标题给出了连通"事件视界 BBS"的直达路线。然而，这个不断壮大的 GIF 图像交易群体却暗藏一个问题，即这些数字复制品归谁所有。

"事件视界 BBS"的一小部分工作人员花了几小时对图像进行数字化处理，但图像不是他们到现场拍摄的。最终 GIF 图像是摄影师和数字化工作者的共同劳动和智慧的结晶。当《俄勒冈人报》（Oregonian）的一名记者感叹"事件视界 BBS"上的资料摄人心魄时，她显然指的是图片内容——半空中的滑雪运动员、山脉或棕榈树风景以及来自美国国家航空航天局（NASA）的真实天文图像，而非这些照片的像素密度、正确的颜色和高分辨率。1990 年前后，当时没有法律先例作为指导，"事件视界 BBS"颁布了一项关于其图像转发的政策，令人困惑。尽管这些图像上清楚地写着"可自由转发"，但新政策规定，其他 BBS 的管理员收集的"马克西图片"不能超过 20 个文件大小。这项政策实际上从未被执行过（执行起来不切实际），但管理员对他们竟然被要求遵循"事件视界 BBS"制定的政策非常恼火。路易斯安那州洛斯顿市的热线 BBS 管理员埃迪·罗（Eddie Rowe）就抱怨道："我们的公告板系统规模不

第四章
与陌生人共享文件

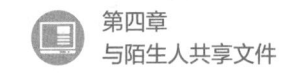

大,但它作为一家获得免费广告的公司居然还能提出这样的'规定',这真的让我很生气。"罗接着呼吁抵制"事件视界BBS"。他无法忍受一个靠数字媒体自由传播获得知名度(及财富)的公司竟然试图限制该媒体接下来的使用,这本身就是自相矛盾的。

1992年3月28日,花花公子公司(Playboy Enterprises)宣布正在起诉"事件视界BBS"侵犯版权和商标,自此,"马克西图片"所有权问题正式提上日程。版权声明称"事件视界BBS"向下载电子版照片的用户收费,实际上是在非法出售花花公子的财产,因为那9张照片最初是刊登在《花花公子》杂志上的。法律专栏作家兰斯·罗斯(Lance Rose)刊登在《关注公告板》上的一篇文章这样评论:GIF图像未经授权早已是BBS用户"众所周知的事实",观察者也早就在想"谁会被版权所有者盯上,什么时候会出现这种事"。然而,商标索赔卡在劳动和所有权之间的矛盾上。花花公子公司称,这些文件存储在"事件视界BBS"上,"事件视界BBS"又将自己的企业名和电话号码叠放在照片上,因此浏览照片的人可能误以为这些照片是"事件视界BBS"工作人员原创拍摄的,而不是从《花花公子》杂志上扫描下来的。[27] 马克西没有直接回应这一指控,而是指出发布在"事件视界BBS"上的文件库中包含许多用户上传的图像,对于这些用户,马克西几乎没有任何控制权。具体来说，他认为侵权照片是一个未知用户上传的，"事件视界 BBS"工作人员在例行审核有无侵权文件时遗漏了这些照片。[28] 鉴于"事件视界 BBS"每天有成千上万个呼入电话，雇员还不到十几个，如此辩护似乎有道理，但要说马克西无法控制自己电脑上的文件，这种说法除了少数使用调制解调器的人，恐怕没人可以理解。"事件视界 BBS"最终选择庭外和解，据报道赔偿了花花公子公司 50 万美元。

马克西真正感兴趣的是天文学，但从财务现实看，他的核心业务却是出售进入色情网站的渠道，这种内在矛盾一直贯穿在"事件视界 BBS"短暂而充满激情的历史中。截至 1992 年，"事件视界 BBS"已经以收集限制级图片而闻名。《关注公告板》杂志的 BBS 指南目录上明写着"64 行数字化图形图像库——成人 .GIF 文件"。有机会在家看色情片，不必冒险去成人书店或音像出租店，这对美国电脑用户而言是一场变革，此外也吸引了不计其数的新用户进入调制解调器的世界。尽管这些增长显而易见，但马克西之类的 BBS 管理员却含糊其词。

推广共享软件的人必须与盗版软件这个现实做斗争，同样，维护大型 GIF 图库的人也不得不面对网上泛滥成灾的色情图片。1990 年，"事件视界 BBS"在《字节》和《个人电脑》（*PC Magazine*）等纸质杂志上刊登了一系列广告，似乎透露了该公司对其作为色情作品来源的名声越来越大感到不安，同时

第四章
与陌生人共享文件

他们也承认了这类作品的诱惑力。广告上方有一张年轻的白人女性照片,她高举双臂,肩膀裸露,双手放在脑后。这张照片肩膀下面的部分被裁剪,看得出来她的上身裸露。照片上方,信用卡(维萨和万事达)商标旁边写着"计算机图像"。在广告底部还有一张同样大小的照片,这张照片清晰地展示了土星和它的几个卫星。在这些对比鲜明的图片中间穿插着广告文案,承诺可以看到以"天文""自然""风景"等为主题的图片以及"成人的庞然大物",或直接标明"女人"。然而,随着公司的利润越来越高,"事件视界 BBS"的广告也不再隐晦。1994年,《关注公告板》刊登了一则整版广告,照片中的年轻白人女性身穿比基尼,并打出"天体在线"[①]的标语。天文已被简化得只剩一道模糊的背景。与花花公子公司和解后,马克西告诉记者,"事件视界 BBS"正在将其资源由图像转变为"儿童游戏和程序"。当然了,那个时候,BBS 在美国的业务已经在走下坡路。越来越多拥有调制解调器的人开始转战万维网寻找"天堂"GIF 图像。

诚然,成人 GIF 图像泛滥也并非没有先例。数字图像只是融合了计算机和人类性行为的最近创新而已。《阁楼》

---

① 原文"Heavenly Bodies Online"为双关,Heavenly Bodies 既可以指天体,又可以指天堂般的身体。——译者注

（Penthouse）杂志中的黄色故事早就在文本文件集和网络新闻组之类的信息网中流传了。以特殊兴趣为导向的 BBS 为一群拥有调制解调器的性伴侣交换者、酷儿以及自称"另类生活方式"践行者的人提供了虚拟的聚会场所。此外，法国 Minitel 网站上的成人聊天室留言玫瑰（messageries roses）也是出了名的受欢迎。"事件视界 BBS"与这些早期系统的区别在于其财务状况，就文件而言没有区别。正如一位匿名管理员说的那样，"成人文件支付租金"。

且不说马克西出售色情内容是否心安理得，反正别的几个管理员乐得效仿。图像采集设备成本高昂，20 世纪 80 年代后期流通的大多数 GIF 图像都来源于那十几个 BBS。和"事件视界 BBS"一样，诸如数据小屋 BBS（Data Shack）、农民的女儿 BBS（Farmer's Daughter）、夜间日志 BBS（Nitelog）、罗马帝国 BBS（Roman Empire）等 BBS 也把它们的名称和号码放在图片角落。不过"事件视界 BBS"的制作活动仅限于将照片数字化，但有些面向成人的 BBS 则开始自己拍摄图像。也许最出名的 BBS 原创色情作品生产者当属圣地亚哥的通用论坛 BBS（General），它拍摄了一系列全裸或半裸的照片，照片中的主角是被称为吉菲女孩（Giffy Girls）的当地业余模特。标语"在圣迭戈现场拍摄"强调每张 GIF 图像都是原创。无独有偶，俄亥俄州托莱多市的乌木棚屋 BBS（Ebony Shack）自诩

第四章
与陌生人共享文件

收藏了最多"少数族裔图片",既有数字化图像,也有原创照片。在近五万张的图片库中,布莱克拥有和运营的 BBS 拍摄了一系列原创照片,照片中的主角大多是有色人种业余模特,文件名以"ES"开头。不过,除了这几个例子,昂贵的数字化设备令大多数 BBS 经营者望而却步,普通电脑用户也很少会制作图片上传到 BBS。接下来的几年中,真正的业余制作圈仍是录像带和宝丽来相机的地盘。

超字节 / 秒

调制解调器的文化史与其基础设施的技术史交织在一起。从 1978 年到 1994 年,BBS 与其用户之间的数据传输速率从 300 位 / 秒提高到 9600 位 / 秒。360kB 的文件在 1983 年需要 3 个小时才能传输完成,而同样大小的文件在 1993 年只需不到 5 分钟便能够传输完成。这中间,速率激增 31 倍。我们不难看出,调制解调器的设计逐步创新,家用电脑外围设备面临竞争性市场。在这个过程中,计算机爱好者都在调制解调器的世界里开启新的创造性实践,迅速下载一大堆新文件占满他们剩余的带宽,比如电子杂志、共享软件应用程序、数字图像和游戏插件等。高速的调制解调器改变了通信信道容量,从而重新定义了人类的通信网络能做什么。

随着 Supra FAX 这样廉价且功能强大的设备越来越普遍,

倡导 BBS 的人们甚至可以想到调制解调器传输速率更快的未来。但 20 世纪 80 年代的情况不会重演。拨号调制解调器正朝着克劳德·香农（Claude Shannon）的通信的数学原理飞驰而去。根据香农对信道容量的定义，三千赫兹模拟电话线的最大吞吐量约为 3.34 千位/秒。[29]1992 年，14.4 千位/秒的调制解调器越来越多，《关注公告板》的编辑杰克·理查德（Jack Richard）提醒人们"这场狂欢渐近尾声"。热衷调制解调器的人们意识到美国电话电报公司的铜线电缆的局限，于是把赌注押在电话网络的数字化升级上，并猜测可能的物理基础设施，如无线分组和光纤等。1988 年，现有电话基础设施的扩展功能系统出现了最可能的发展状况，如综合业务数字网（ISDN）。不过一直到 1993 年，消费者综合业务数字网都还不成规模。尽管技术有局限，但至少在未来十年内，网络空间仍离不开拨号调制解调器。

无论数据传输速率快慢，因为免费文件的存在，数百万电脑用户想要购买调制解调器并学习如何使用。对这些"文件追逐者"来说，发现可下载的新文件所带来的纯粹快乐已经超越了拨号 BBS 的潜在社区功能，甚至使后者黯然失色。因此，20 世纪八九十年代的 BBS 很多都主要起文件库的作用，充当隐藏在信息高速公路一旁的数据缓存，在论坛上几乎没有任何作用。然而，对文件的持续追求和网络的可视性造就了一系列

第四章
与陌生人共享文件

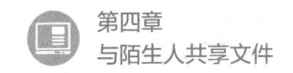

新的技术文化和软件实践,让交易文件的人能够彼此直接交流。这一时期流通的文本文件、共享软件和图像等还带有其制作者和收集地的痕迹,如圈内笑话、ASCII 图像、电话号码和公开赞赏等。文件成了原本短暂的社区记忆的物质标记,那些自述文件和带水印的 GIF 图像是流传下来的遗产。

> 猫世代
> 网络社交媒体简史

注释

1 首府个人电脑用户组（CPUGG）SIG 通信团体成员为 20 世纪 80 年代早期的 BBS 基础设施做出了不少重要贡献。里奇·辛内尔 BBS 使用的第一个程序"HostComm"是由唐·威思罗（Don Withrow）在一次挑战中编写出来的。辛内尔打赌他编写不出来，赌注是一顿"牛排晚餐"。在威思罗不断出售"HostComm"副本期间，SIG 的几位成员已开始使用由拉斯·莱恩编写的"RBBS-PC"程序。不久，CPUGG 接管了"RBBS"的开发，添加了许多功能，修复了许多错误。"RBBS"作为可访问、可扩展的主机程序而名声大噪，并为在 IBM 兼容的个人电脑硬件上运行的成千上万个系统提供驱动。关于"HostComm"和"RBBS"两个程序的早期开发文档很丰富，不过也很分散。见 D. Thomas Mack 和 Jon Martin, "Remote Bulletin Board System for the IBM Personal Computer Version CPC12.1," BBS Software Directory, January 29, 1984, http://software.bbsdocumentary.com/IBM/DOS/RBBS/rbbs121.txt; D. Thomas Mack, Ken Goosens 和 Doug Azzarito, "Remote Bulletin Board System for the Personal Computer Version 17.4: Technical Reference Guide," BBS Software Directory, June 21, 1992, http://software.bbsdocumentary.com/IBM/DOS/RBBS/; Markoff, "In Focus"; Jason Scott, "A Story of RBBS (and PC-Talk, and Andrew Fluegelman)," ASCII by Jason Scott (blog), September 2, 2008, http://ascii.textfiles.com/archives/1440.

2 对 1982 年的个人电脑用户而言，严格来讲，"免费软件"就指价

第四章
与陌生人共享文件

格，比如"像啤酒一样免费"。GNU 项目及免费软件基金会相关的免费开源软件运动尚未开始，这场运动直到 20 世纪 90 年代初才从 UNIX 系统过渡到个人计算机技术。

3   全球超级计算机的幻想源于科幻作家 H. G. 威尔斯于 1938 年出版的一系列预测性文章。尽管威尔斯曾设想过世界大脑是全球和谐的先驱，但在 20 世纪 60 年代前，无所不知的超级计算机已成为反人类的技术统治论的代表。见 H. G. Wells, World Brain (Garden City, NY: Doubleday, Doran, 1938); Kevin Driscoll, "From Punched Cards to 'Big Data': A Social History of Database Populism," *Communication +1 1*, no. 1 (August 29, 2012), http://scholarworks.umass.edu/cpo/vol1/iss1/4.

4   除美国外，法国的 Minitel 和加拿大的 Telidon 等公共可视图文系统项目皆旨在让大众有机会访问数据库资料。在 1983 年之前，美国的计算机爱好者也许通过各种途径（包括《字节》特刊）听到过可视图文系统。见 "Videotex," *Byte*, July 1983; Julien Mailland 和 Kevin Driscoll, *Minitel: Welcome to the Internet* (Cambridge, MA: MIT Press, 2017); Valérie Schafer 和 Benjamin G. Thierry, *Le Minitel: L'enfance numérique de la France* (Paris: Nuvis, 2012).

5   未经授权的文本文件转录似乎也并没有引起出版商的法律审查。造成这种情况的其中一个原因可能是：许多重要文本事实上已经进入公共领域，因此数字拷贝不仅是合法的，而且还具有社会价值。此外，个人电脑在当时尚未被视为阅读长文本的设备，而且打印长文本的成本较高，因此，出版商可能认为数字盗版大多无害。

6   "纯文本"是俗语，不是技术术语。实践中，"文本"有多种格式，其中大部分格式至少在一定程度上是可互操作的。见 Pargman 和 Palme, "ASCII Imperialism."

7   Mark Frauenfelder, "BOING BOING Advertisement in Factsheet Five #33 (1989)," *Boing Boing,* August 7, 2009, http://boingboing.net/2009/08/19/boing-boing-advertis.html. 2013 年,《波音波音》将其网站格式从博客与评论格式调整为博客与 BBS 格式。编辑罗伯·贝希扎（Rob

Beschizza）开玩笑说，新格式会是"一个公告板系统，只能通过拨号调制解调器访问"，这让一些读者追忆起他们最喜欢的公告板系统。有位读者写道："如果你真的通过拨号公告板系统去征求意见，那就太令人振奋啦。""我们登录账号时，你能播放拨号调制解题的声音吗？"另一位读者问道。见 Beschizza, "Can We Talk?," *Boing Boing*, June 27, 2013, http://web.archive.org/web/0/ https://boingboing.net/2013/06/27/can-we-talk.html.

8　The Works BBS 在当代系统中保存得非常好。斯科特于 1988 年搬到波士顿艾默生学院求学，他的一位用户接任该 BBS 的主要管理员。这种新管理员在位于马萨诸塞州列克星敦的家中继续工作了五年。20 世纪 90 年代后期，斯科特开始在 textfiles.com 上收集和整理个人计算机网络的数字历史，并由此最终制作了《BBS 纪录片》——一部关于拨号系统公告板的系列纪录片，于 2005 年通过 DVD 发行。斯科特在该领域的保存工作是无与伦比的。见 Jason Scott, "Does the BBS Guy Run a BBS?," ASCII by Jason Scott (blog), October 21, 2003, http://ascii.textfiles.com/archives/753.

9　杰森·斯科特收藏的电子杂志包括 20 世纪八九十年代创建的 400 多个独立标题。详见 Scott, "Electronic Magazines," textfiles.com, 访问于 April 30, 2014, http://textfiles.com/magazines/.

10　布鲁是一位经验丰富的苹果二代 BBS 软件开发人员，还与克雷格·沃恩（Craig Vaughn）一起共同开发了苹果公告板系统（ABBS）和人民信息系统（PMS）。见 Mack, Goosens 和 Azzarito, "Remote Bulletin Board System," 27–1.

11　奇怪的是，以印刷为基础的分销机制竟引发了家庭手工业。像阿米打字（Amtype Corporation）这样的服务公司专门负责转录程序，再利用电子邮件将程序复制到软盘上，并为此收取少量费用。感谢雅达利公司的历史学家凯文·萨维茨（Kevin Savetz）发现阿米打字公司的广告并将其发布到推特上：@KaySavetz, "1/Saw this ad...," Twitter, November 16,2017, https://twitter.com/KevinSavetz/

第四章
与陌生人共享文件

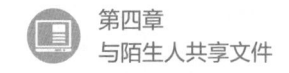

status/931045389247037440.

12 根据历史学家马丁·坎贝尔-凯利（Martin Campbell-Kelly）的描述，在计算机技术领域，可视计算称得上"杀手级应用"。尽管他的分析表明，任何数量的"生产力"程序或许都能与可视计算类似，开启早期的个人电脑软件行业，但可视计算在接下来的五年里仍是最畅销的个人电脑产品。1983年，可视计算一直保持着"生产力"软件市场佼佼者的地位，其许可副本的销量是最接近的竞争对手的两倍之多。见 Campbell-Kelly, From Airline Reservations to Sonic the Hedgehog: A History of the Software Industry (Cambridge, MA: MIT Press, 2003), 215.

13 在可视计算的盛极时期，四分之一的个人电脑软件销售是通过邮购完成的，其中一半来自派克维尔电脑园等零售连锁店。见 Richard P. Rumelt and Julia Watt, "VisiCorp 1978–1984 (Revised)" (Los Angeles, CA: Anderson School at UCLA, 1985, rev. 2003), 存档于 http://web.archive.org/web/20031101141127/ http://www.anderson.ucla.edu/faculty/dick.rumelt/Docs/Cases/Visicorp.pdf.

14 共享软件专业人员协会将弗鲁吉尔曼、克诺夫和华莱士三人同时发明的共享软件升格为"共享软件的历史"。详见 Nelson Ford, "The History of Shareware & PsL," Association of Software Professionals, 2000, http://web.archive.org/web/20100522020415/ http://www.asp-software.org/users/history-of-shareware.asp.

15 弗鲁吉尔曼的作家背景塑造了他向软件的转变。他后来声称，他之所以编写"个人电脑对话"第一版，是为了方便与合著者交换手稿草稿。Dennis Erokan 和 Mary Eisenhart, "Andrew Fluegelman: PC-Talk and Beyond," *Micro Times*, May 1985, 22.

16 鲍勃·华莱士带着15000美元银行存款离开了微软，他的目标是开发"为人们赋能且能够推动社会进步"的软件。详见 Mike Callahan 和 Nick Anis, *Dr. File Finder's Guide to Shareware* (Berkeley, CA: Osborne McGraw Hill, 1990), 33.

215

17　类似情绪有很多。例如，迈克尔·卡拉汉（Michael Callahan）评论"极速"（Qedit）的作者萨米·米切尔（Sammy Mitchell）。1985 年，米切尔辞去了一份"轻松、稳定、高薪的工作"，全职编写共享软件。共享软件也让"极速"的作者们得以"通过写软件养活自己"，"这是我们喜欢做的事"。Callahan and Anis, 55.

18　华莱士记得曾在一本计算机杂志上读到过"共享软件"这个词汇。他可能是在杰伊·卢卡斯（Jay Lucas）为《信息世界》写的一篇文章中读到过。我没有找到原文出处，不过《信息世界》后续几期有许多参考资料，包括 1983 年 6 月 27 日给编辑的一封信。鲍勃·梅特卡夫在 1993 年的回忆中将卢卡斯的文章确定在 1983 年 5 月 30 日。详见 Metcalfe, "Shareware Should Not Be Shunned at All," *InfoWorld*, March 15, 1993. 另见 John C. Dvorak, Chris Pirillo 和 Wendy Taylor, "The History of Shareware," in *Online! The Book* (Upper Saddle River, NJ: Prentice Hall Professional, 2004), 226–28.

19　1994 年，我在马萨诸塞州一家商场的电子游戏商店里看到《毁灭战士》与其他"冲动消费"一起放在收银台附近出售。

20　"毁灭战士"的设计师约翰·罗梅洛（John Romero）在 20 世纪 80 年代初开始了他的职业生涯，他向《苹果汁》（InCider）等杂志销售游戏，由杂志以印刷形式出版游戏源代码列表。见 Retro Gamer, "John Romero," January 17, 2014, http://www.retrogamer.net/profiles/developer/john-romero/; MobyGames, "Scout Search for Apple II (1984)," 访问于 April 25, 2014, http://www.mobygames.com/game/scout-search.

21　虽然"多媒体"个人电脑制造商标榜其电脑能够显示高分辨率的图像，但其实只有少数游戏或只读光盘驱动器应用程序有这些能力。即使在苹果麦金塔电脑这样的点选式环境中，BBS 终端软件在用户界面设计方面也往往更支持互操作性，而非创新。有些 BBS 软件包支持图形界面，包括 Prodigy 使用的 NAPLPS 标准和 TeleGrafix 通信公司的专用 RIPscrip，不过它们并未被广泛采用。见 "Online Graphics—The Next Frontier," *Boardwatch*, October 1992; "NAPLPS

第四章
与陌生人共享文件

Graphics Gains Legs," *Boardwatch*, December 1992; John Kwasnik, "RIP Graphics," John Kwasnik's website, July 2015, http://www.kwasstuff.altervista.org/RIP/index.html.

22 雅达利 ST 和康懋达阿米加系列个人电脑的评论者喜欢强调它们的大型调色板和高分辨率显示器,但一般而言,他们重点介绍这些系统可以用来创造新的计算机艺术和特殊效果,而非处理数字化照片。实际上,众所周知,安迪·沃霍尔(Andy Warhol)在 1985 年受康懋达国际委任,使用新型阿米加 1000 电脑创作了一系列原始图纸。沃霍尔没有将阿米加融入其著名的摄影丝印工艺,而是使用阿米加鼠标在屏幕上涂鸦。详见 Rich McCormick, "Andy Warhol's Amiga Computer Art Found 30 Years Later," *The Verge*, April 24, 2014, http://www.theverge.com/2014/4/24/5646554/andy-warhols-lost-amiga-computer-art-photo-essay; Jimmy Maher, *The Future Was Here: The Commodore Amiga* (Cambridge, MA: MIT Press, 2012), 43–44; Emily Meyer, "Press Release: The Andy Warhol Museum Announces Newly Discovered Amiga Experiments," Andy Warhol Museum, April 24, 2014, http://www.warhol.org/uploadedFiles/Warhol_Site/Warhol_Content/The_Museum/Press_room/documents/The_Warhol_Amiga_Project_Release_4-24-14.pdf.

23 几乎所有在《个人电脑》杂志 1990 年 5 月份期刊上登广告的个人电脑经销商都对彩色屏幕和高分辨率显示器收取 200 至 600 美元额外费用。所有基础型号的个人电脑依然是黑白的。

24 有些系统更注重新一代计算机艺术,而非现有照片的数字化副本。位于加利福尼亚州托伦斯市的"里奥图像"(Leo's Graphics)提供了四张与计算机图形编程相关的光盘驱动器文件,包括用 C 语言、C++、Pascal 和 BASIC 写成的源代码。见 Markus W. Pope, Que's BBS Directory (Indianapolis, IN: Que, 1994), 123. 关于个人计算机和光线追踪的更多信息,请参见 Kliewer, "VGA to the Max"; Steve Upstill, "Graphics Go 3-D," *Byte*, December 1990.

217

25 视频电子标准协会推出超级视频图形阵列标准一年内,《字节》杂志报道"有几个共享软件程序"已经支持新标准了。详见 Kliewer, "VGA to the Max." Rey Barry's Guide to Free Software lists more than twenty different freeware image viewers (22).

26 "马克西图片"是马克西创造的几个与图形图像有关的术语之一,包括(据称)后来发展成行业标准的术语"超级视频图形阵列"。见 Kliewer, "VGA to the Max."

27 2005 年,图文博客开始为其网站上的图像添加水印。因此,在数字图像制作过程中,作者身份和劳动付出之间的公共冲突让水印再次成为矛盾的中心。关于此类冲突的示例,请参阅 Jason Scott, "The Passion of the Scanner," ASCII by Jason Scott (blog), March 11, 2006, http://ascii.textfiles.com/archives/950. 要分析这种新形式水印出现的大背景,详见 Ryan M. Milner, *The World Made Meme: Public Conversations and Participatory Media* (Cambridge, MA: MIT Press, 2016).

28 马克西在面对《关注公告板》的采访时说,花花公子曾指派一个"五大三粗的男人"到"事件视界"办公室恐吓他的员工。而且,他声称这个"两三百斤"重的男人把前台接待员砸到门上,导致前台女员工臀部受伤,休息了一个月才恢复上班。Rose, "Playboy's New Playmate."

29 拨号网络的实际情况是,通过标准模拟电话线,网速很少能达到 56 千字节/秒。20 世纪 90 年代,乐观主义者思考能够动态检测和消除非随机噪声源的"反香农"设备,但这些设备只有一些微不足道的改进。容量的显著增长取决于超越 20 世纪贝尔系统基础设施。

第五章
培育社区

1992年年初，随着人们对"信息高速公路"的兴趣日益浓厚，《关注公告板》杂志进行了一项关于"北美最佳论坛"的民意调查（表5.1）。"读者选择奖"的优胜者将刊登在杂志特刊上，而且论坛所有者还可以免费参加首届大型论坛贸易展。该项调查除了要选出最佳论坛，还设计了一个开放式问题，让读者详细介绍他们的选择。这是人们首次试图从整体捕捉现代世界的偏好。该项调查有望解答人们长期以来对于用户选择某一论坛而非其他论坛的原因的困惑。论坛爱好者围绕精心策划的文件、热闹的讨论组和在线互动游戏三者的相对价值争论了多年。《关注公告板》杂志的编辑理查德鼓励论坛所有者积极推广该项调查，提供电子投票渠道让用户下载、打印并通过邮件提交。在理查德看来，这不仅是一场人气竞赛，更是一项调查，是一个可以收集论坛去中心化运动数据的机会。总体来说，送到他办公室的选票代表了参与度较高的论坛爱好者的非随机样本。从人口统计细节到定性意见，这次读者回应首次揭示了最初那一批使用调制解调器接入互联网的人是如何理解新兴网络世界的。[1]

表 5.1 1992 年《关注公告板》"读者选择奖"民意调查论坛排行榜

排名	论坛名称	区号	位置	得票
1	加拿大远程系统（Canada Remote Systems）	416	加拿大安大略省米西索加	462
2	欢乐宫（Pleasure Dome）	804	美国弗吉尼亚州东部	416
3	Odyssey	818	美国加利福尼亚州蒙罗维亚	360
4	PC-OHIO	216	美国俄亥俄州克利夫兰	320
5	Albuquerque ROS	505	美国新墨西哥州阿尔伯克基	260
6	Micro Message Service	919	美国北卡罗来纳州罗利	217
7	San Diego Connection	619	美国加利福尼亚州斯普林瓦利	207
8	Gay/Lesbian Information Bureau（GLIB）	703	美国弗吉尼亚州阿灵顿	164
9	Standard Palo Alto Computer Exchange（SPACE）	415	美国加利福尼亚州门洛帕克	149
10	After Hours	512	美国得克萨斯州奥斯汀	147

注：有关比赛规则、结果和调查的其他信息，详请参阅 1992 年 2 月《关注公告板》宣布"关注公告板读者选择 TOP100 BBS 竞赛"和 1992 年 5 月大卫·哈卡拉的"关注公告板读者选择 TOP100 BBS 最新报道"以及 1992 年 11 月的 BBS 展。

第五章
培育社区

　　《关注公告板》五月刊付印时，编辑们认为肯定会有一组鲜明的优胜者。他们一共统计了 4017 个回复，结果排行榜前十名 BBS 就占了 1234 票。出乎编辑们意料的是，排行榜前十名的 BBS 中有七个是以社交属性为主的。《关注公告板》作家戴维·哈卡拉（David Hakala）也因此报道称"选民青睐在线社区"。诚然，"社交"类别广泛，除了以文件下载、在线游戏或商业服务为中心组织起来的公告板，任何围绕讨论和聊天组织起来的公告板都属于社交范畴。在民意调查中名列前茅的社交论坛，其内容和主题五花八门，从老少皆宜的普通讨论区到露骨的风流俱乐部，应有尽有。尽管如此，但不可否认，社交的确切含义即人与人之间的交流在民意调查结果中占主导地位。哈卡拉兴奋地说，"BBSland 不是一个信息公用设施，而是关于人与人之间的交流。"

　　回顾过去，BBS 的社区功能和交流功能似乎显而易见。如果不是为了社区功能，怎么会有人建立网上公共信息数据库呢？电子公告板的前身是纸质公告板，所以它似乎自然而然地继承了其前身的社区功能。况且，为早期 BBS 注入活力的爱好者已经形成了清晰的兴趣社区，例如计算机俱乐部、教会团体、童子军等。1992 年民意调查中人们对"社交版块"的压倒性偏好出人意料，也并非因为社区功能的发展之迅速，而是因为它早已被长期用户视为理所当然。

《关注公告板》的绝大多数读者偏爱社交论坛，这从一开始就要求我们关注调制解调器世界的日常文化。不过，这个要求如何达到却面临着非常棘手的挑战。与文本文件或 BBS 软件不同，给 BBS 注入活力的日常信息几乎不会被保存。也许有时候，一个帖子会因为特别幽默、充满恶意或信息量大而被复制到软盘上或者打印出来，或者在某些情况下存储为文本文件，但在大多数情况下，作者和读者认为 BBS 上的信息是短暂的。每篇文章最终都会滚动到屏幕顶端，再也不会被读到。

在 20 世纪八九十年代的北美，小型公告板是以计算机为中介的"虚拟"社区存在的主要基础设施。虽然像加拿大远程系统（Canada Remote Systems）这样的"全国性"社交论坛在《关注公告板》排行榜上高居榜首，但实际上同时盛行的还有成千上万个规模较小的地区性 BBS，而这些系统是当地 BBS 爱好者的重要聚集地。事实上,《关注公告板》的民意调查也显示出了人们对本地 BBS 的偏好。78% 的读者投票支持他们本地区的 BBS。在一些较小的城镇，通用 BBS 为当地用户提供了一个友好的聚会场所，供大家聊天、调侃和辩论。这些 BBS 都是非常独特、有个性的，其架构和美学也反映了经营者的个性。BBS 的氛围堪比当地的甜甜圈店、休闲酒吧或民用波段广播频道。从微观上说，也许这些通用本地 BBS 日常呼入者不足百人。但是从整个大陆层面上说，这样的系统却有成千

第五章
培育社区

上万个。总体来说，遍布北美地区的虚拟地址在当时代表着一个动态的、分散的、以计算机为中介的社区网。

对于社区导向的 BBS，地理位置只是其组织原则之一。到 20 世纪 80 年代后期，许多虚拟社区围绕兴趣或身份发展起来，而非位置。有些话题无法从单个区号吸引足够多的用户，面向兴趣或身份的社区就为这类话题提供了讨论空间。例如，粉丝在一些流行文化 BBS 上（如密苏里州哥伦比亚市的 Batboard）东拉西扯，讨论自己最喜欢的文本细节。这些 BBS 上的文件区堆满了粉丝手绘、剧集指南以及来自相关会议的照片。幻想体育联盟也创建了自己的 BBS，在西弗吉尼亚、阿肯色、密苏里和明尼苏达等地均设置了专门针对体育迷的 BBS。其他以兴趣为导向的系统吸引了众多信仰宗教或具有意识形态背景的用户。华盛顿肯特市的"WinPlus 电子公告板"管理员说他们常举办比萨派对和垒球比赛等适合家庭的聚会。再看西海岸位于加利福尼亚州圣何塞的"燃烧旗帜电子公告板"（Burn This Flag BBS），其成员以探索言论自由的极限为荣。还有些 BBS 专门针对某一职业或协会成员开放，如佛罗里达州的基拉戈市的"烈火雄心电子公告板"（Backdraft BBS），其用户都是消防员和紧急医疗服务专业人员，再比如纽约奥尔巴尼的"疏解网络"（Dissociation Network）致力于社会工作和心理健康。

1992 年，即使细致入微的观察者也很难概括出北美 BBS

周围涌现的社区和活动的类型。调制解调器用户普遍认为，一些新颖且重要的事情正在发生，但他们对这些草根系统的未来有着截然不同的想象。《关注公告板》的编辑吹捧个体经济，即"成千上万的人将永远摆脱美国公司而加入"的一种"新型家庭式工业"。来自纽约市自称"自由爱好者"的基思·韦德（Keith Wade）等激进分子看到了社会将进行彻底变革的前景，并称BBS是"500美元的无政府机器"。"罗斯·佩罗竞选总统公告板"（Ross Perot for President BBS）的管理员戴夫·休斯（Dave Hughes）上校在全国各地努力奔走，为一位设想通过互动电视直播设立国家市政厅的候选人助选。此外，《爱字节》（Love Bytes）的作者戴维·福克斯（David Fox）认为BBS是友好的聚会场所，是"信息高速公路旁的酒吧"，满足"任何兴趣和爱好"，挤满了"各色人等"，其中有一些人也许以后会成为朋友或恋人。

尽管这些网络社区的社会意义和目的愿景有所不同，但从根本上讲，它们都是因用户每晚拨号进入同一系统的习惯而形成的。在断断续续拨打BBS的瞬间，人际关系在数周、数月和数年的异步书面交流中逐渐形成。当一个BBS上线时，社区并非随之迅速形成，而是在用户和管理员的持续关注下才逐步形成。社区版主常被比喻为园丁。社区"长大"需要用户和管理员"照料"，闹事者需要被"清理"。但他们花费这么

第五章
培育社区

多时间和精力是为了什么?他们在着手培育虚拟社区时希望做什么?

拨号社区

社区是一个很难定义的概念。19世纪,社区主要指居住在附近的人,如街区或村子的居民。到了20世纪中叶,社区有了更抽象的含义,指基于共同利益或身份的关系,如黑人社区、医疗社区、犹太人社区、滑板社区等。与单一民族国家不同,属于一个社区是一个社会分层问题,而不是公民身份或税收问题。在有人称呼你为某个社区的成员之前,你甚至可能不认为自己属于那个社区。在许多西方文化中,人们普遍认为社区是一件好事。20世纪70年代,雷蒙德·威廉姆斯(Raymond Williams)注意到,"社区"在公共辩论中"非常有说服力",因为它与政府和国家的官方政治形成对比,它能唤起一种真实感。从那时起,这个词一般来说包含积极情绪。形形色色的政客都承诺会"加强"或"重建"选民所在的社区。通过志愿劳动和慈善捐赠为社区服务是值得钦佩和鼓励的。也许,在不同背景下,社区的具体含义不尽相同,但大家都认为社区是个好的存在。

社区的含义被扩大了,对此有一种解释是,电信媒体(从明信片到短信)使人们体验到一种与生活在遥远地方的人们进行交流和联系的感觉。[2]事实上，第一个大型计算机网络是威廉姆斯在撰写他对社区含义的反思时建立的。虽然早期的电子媒体可能带来了"距离的消失"，但计算机网络似乎产生了新的场所和近邻。分时计算机并不仅是群体交流的公共空间，那么什么是分时计算机？20世纪70年代，像明尼苏达计算机教育联合会这样的教育网络旨在为不同K12学校的学生和教师提供一个让他们见面、玩耍和学习的媒介。像电子信息交换系统这样的组织内"会议"系统旨在利用计算机系统来组织协作决策和集体情报活动。同理，业余爱好者网络最初是本地计算机俱乐部的延伸，后来演变成计算机爱好者的聚会场所，因为这些爱好者住得不够近，无法参加面对面的俱乐部会议。

20世纪80年代，社区在整个调制解调器世界蓬勃发展。免费文件等实用应用程序吸引了新用户，不过吸引他们不断使用程序的正是社区体验。从小镇BBS到国际惠多网，调制解调器用户花费数小时交换消息，并因此产生一种无须亲自见面就能共享身份的感觉。"调制解调器世界"的概念本身就反映出持有调制解调器的人有一种越来越强烈的感觉，即除了他们的线下关系，网络世界构成了一个独特的社区。但是，尽管有经验的用户可以发现这种新型社区的价值，但他们很难传达给非用户。在印刷刊物和电视上，美国在线和计算机在线等商

第五章
培育社区

业服务的广告强调数据库、市场报告和新闻摘要等信息检索功能，却没有关注聊天室和多人游戏等面向社区的功能。然而，随着美国计算机用户能够越来越方便地参与到调制解调器世界，而且通过口口相传增加了对调制解调器世界的了解，到20世纪90年代初，数以百万计的人专门上网寻找社区。

与此同时，社区已经成为新一代文化批评家和学术研究人员的重大关注。1993年，长期使用调制解调器的《全球评论》编辑霍华德·莱因戈德（Howard Rheingold）出版了《虚拟社区》（*The Virtual Community*）一书，对几个蓬勃发展的网络社区进行了一次研究。《虚拟社区》出版于克林顿担任总统的几个月后，让我们看到了信息高速公路的一个可能的未来。随着商业利益逐渐充满了公共空间，莱茵戈德推断计算机网络也许能为人们提供另一种聚会、辩论、学习和玩耍的场所。在莱茵戈德看来，虚拟社区可能会改变社会，促使一种更平等的公共文化出现。他认为，"网络的未来与社区、民主、教育、科学和精神生活的未来息息相关"。然而,《虚拟社区》中描述的网络世界本身就处于变革的边缘。因此，当这本书出现在图书馆书架上时，网络早已开始商业化。莱茵戈德书中记录的"虚拟社区"（全球电子链接、惠多网、网络新闻组、Minitel）要么消失了，要么被并入了包罗万象的万维网。莱茵戈德意识到读者可能永远无法亲身体验这些系统了，他警告称，国家监管、企业贪婪有可能轻而易举地打断虚拟社区的乌托邦式潜力。在《纽约时报》的一篇评论中，历史学家布鲁斯·马兹利什（Bruce Mazlish）将莱茵戈德著作的核心冲突概括为"专制与民主"之间的冲突。

与此同时，一群大部分还处于职业生涯早期的学者正在利用传播学、人类学和社会学方法来理解计算机网络的社交生活，从而确立网络研究领域。莱茵戈德口中可能出现的民主成为这个新兴领域的研究热点，研究人员开始调查网络上越来越多的虚拟社区。在对这一时期的回顾性描述中，社会学家洛丽·肯德尔（Lori Kendall）发现群体对话是以计算机为媒介的社区的基本特征之一。无论是在异步会议还是实时聊天中，一群人相互发送消息可能会产生一种共享身份和拥有共同目的的感觉。尽管3D游戏和图形让人兴奋不已，但任何信息传递系统都可以用于群体对话，实现集体智慧、相互支持、讨论和辩论、角色扮演等社区活动。虚拟社区的出现与其说依赖复杂的技术，不如说是因为用户愿意日复一日地回应和参与群组的持续对话。

尽管BBS对"虚拟社区"的概念化有影响，但在BBS社区的鼎盛时期，对其进行的系统研究却相对较少。20世纪90年代初，研究虚拟社区的研究人员重点研究网络新闻组和网上实时聊天，对可以接入互联网的大学师生而言，这两个系统很

第五章
培育社区

容易访问，但它不对公众开放。可见，围绕拨号式 BBS 发展起来的虚拟社区，其所在的社会、技术和经济条件与互联网虚拟社区是不同的。

拨号式 BBS 本质上是地方型网络。与 Minitel 等国家系统或网络新闻组等国际系统不同，北美地区的 BBS 社区是围绕着区域代码发展的，区域代码的地理范围根据人口密度而有所不同。这种对区域的关注，为用户之间的线下互动提供了更多机会，用户也因此并不在意从一个"网络空间"逃到另一个"网络空间"。BBS 的用户是在真实的地方真实存在的人。长途话费也限制了大多数 BBS 用户的选择。尽管网络社区相关的研究经常强调用户拥有无限选择和机会，可以创造高度个性化的利基市场，但其实大多数 BBS 用户也只能使用本地拨号区域内可用的系统。BBS 的这种区域性有一个副作用，那就是横跨多个 BBS 形成的虚拟社区更多是由共享区域代码定义的，而非任何一个公告板的边界所定义的。

拨号式 BBS 的结构决定了它们之间彼此不互相依赖，也不依赖大型机构，可以独立发展。从一开始，BBS 的主机软件就被设计成可修补或可修改的。一个系统的美学功能和交互特性能反映出系统所有者的个性及其与众不同的优先事项安排。从论坛结构到互动艺术再到多人游戏，可以说在一定程度上，BBS 是定制的，这在大多数其他以社区为导向的网络上是无法实现的。基础软件为各个 BBS 运营商提供的控制权也延伸到了他们的管理方式上。无论是好是坏，反正没有中央机构监督 BBS 运营商的做法。网络倡导者就美国国家科学基金会的合理使用规则展开讨论，消费者也谴责商业平台的审查，但各大 BBS 运营商在对其系统的管理上几乎享有完全自主的控制权。除了色情和盗版可能会引起政府当局的注意，大多数 BBS 都轻易地逃避了审查。

最后，每个 BBS 的本地文化都是由其系统运营商或"系统管理员"的行为塑造而成。从维护软件到解决用户之间的分歧，系统管理员代表了技术和社会责任的独特组合。管理员对其系统设计和监管几乎享有完全自主的控制权，因此他们能够不经用户事先批准便进行自由实验。管理员可以通过修改基础软件，将用户分成若干组，在 BBS 上创建专用区域，限制某些用户的行为，或者干脆拔掉插头让 BBS 立即下线。能够限制管理员权限的只有相对较低的退出系统成本，即如果管理员激怒了用户，用户也只需离开其 BBS，创建自己的系统即可。要了解社区是如何在 BBS 上发展而来的，我们必须从系统管理员这个角色开始。

系统管理员

系统管理员是 BBS 主机的所有者，几乎完全可以控制其

第五章 培育社区

系统。他们负责配置软件、维护硬件和支付账单。不过，正如许多新晋的系统管理员意外发现的那样，这项工作远不止这些实际问题。系统管理员是信息传递者和版主。他们的个性、兴趣和审美偏好影响着系统运营的方方面面；他们负责制订和执行所有社交政策；他们的行为是适当行为的标准。如遇用户违反规则，只有系统管理员可以将其踢出系统。社区内发生冲突时，系统管理员成为调解人和业余顾问。如果运营成本过高，系统管理员需要筹集资金或进行募捐。正如一位经验丰富的系统管理员注意到的那样："这是个昂贵而又常被误解的爱好，你无法用语言解释清楚它对物质和情感的要求。"

系统管理员的权限在于他们离电源开关的距离。沮丧时，他们总可以拔掉插头，一瞬间关闭整个系统。不过，一个系统管理员，其权限范围在于其 BBS 的边界。离开 BBS，系统管理员和用户之间依然是平等的。创建一个 BBS 没有什么门槛，因此几乎任何用户都可以创建自己的 BBS，成为系统管理员。长期使用调制解调器的人开玩笑说，每个呼叫 BBS 的人最终都会尝试运行自己的 BBS。BBS 的技术和专业知识浅显易懂，这对系统管理员权限而言是个重要检验。如果一个人或一组用户发现自己陷入了无法解决的冲突，那么他们可以随时退出，并根据自己的条件创建一个新的 BBS。这种退出自由在如今的社交媒体中并不常见，但这在 BBS 用户和系统管理员之间形

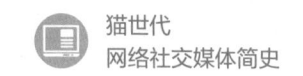

成了一种相互问责感和认同感。

那么，系统管理员有多少人呢？很难说系统管理员一共有多少人，因为任何 BBS 用户都可以轻而易举地成为管理员。不过，我们可以通过一些间接线索大致了解他们的人数。根据定义，每一个活跃的 BBS 都至少有一个系统管理员，因此北美地区至少有 10 万个系统管理员。从 1991 年到 1994 年，参加全国 BBS 运营商大会的人数从 1991 年的约 400 人增加到 1994 年的 4000 人。同年，专业杂志《关注公告板》报告称其当年约发行 80000 份，流行的 TBBS 软件制造商菲尔·贝克尔（Phil Becker）声称有 25 万个活跃的系统管理员。考虑到所需时间和资源，使用调制解调器的人创建自己的 BBS 的比例相对较高。根据 BBS 倡导者的意见，大约每 200 个至 250 个 BBS 用户中就有一个会成为系统管理员。当然，如何看待自己的角色以及与 BBS 的关系，每个系统管理员的看法不尽相同。有些人是业余爱好者，运营 BBS 纯粹因为个人爱好；有些人是创业者，希望可以创办可以赢利的企业；还有些人出于工具目的，运营 BBS 是为了满足现存组织或社区团体的需求。

从 BBS 访客到成为系统管理员的最初途径是相对简单的。运行一个 BBS 需要计算机、调制解调器、家庭电话和主机软件。到 20 世纪 80 年代中期，一个可行系统只需用几百美元的二手设备和公版软件便可创建出来。实际上，一个稳固的全天

第五章 培育社区

候 BBS 需要 1000 美元至 2000 美元的预算，以支付硬盘驱动器、高速调制解调器和专用电话线的费用。许多系统管理员喜欢调整和定制他们的 BBS 软件，但昂贵的初始配置可能会让人望而却步。曾有一个讽刺性"文本文件"提醒新手管理员不要对文档期望太高："有些 BBS 软件手册可能是作者 10 岁时候写的，而且是油印的，在邮寄过程中被弄湿弄脏了，所以至少 30% 的手册根本没有什么用，其余部分就程序而言也没什么用。"在向公众开放之前，一个新的系统管理员需要创建欢迎界面，为新用户编写用法说明、阐明用户角色和权限、规划文件区域的结构、选择会议主题、安排 BBS 网络的订阅源，以及安装任何第三方游戏、附加软件或其他外部实用程序。为了弄清楚这一切，系统管理员会互相寻求建议。弗吉尼亚州北部一个受欢迎的编程 BBS 的系统管理员杰里·希夫林（Jerry Shifrin）就敦促新手管理员与其他管理员联系："绝大多数系统管理员……都会很高兴，甚至渴望帮助到你。"

BBS 一旦被创建和运行，其管理员就要全权负责其日常运营。扫描病毒、备份数据库和读取系统日志等是专业系统管理员的日常任务，此外，系统管理员还负责培育用户社区。他们筛选新的用户应用程序，设置会议主题，追踪异常文件，安装新的在线游戏。在不断地维护过程中，系统管理员对其 BBS 产生了认同感。"管理系统"便成了一种生活方式。这是他们

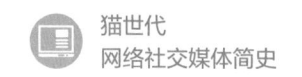

早上起来做的第一件事，也是晚上睡前做的最后一件事。

系统管理员喜欢拿他们吃力不讨好的工作开玩笑，说道："随便问一个系统管理员，他们都会告诉你'不值得，伙计！'"但拥有自己的 BBS 显然也有好处。从一开始，许多管理员创建 BBS 就是为了有机会多了解计算机技术和通信技术。20 世纪 70 年代末，创建 BBS 成为微型计算机俱乐部的热门合作项目。然而到了 20 世纪 80 年代中叶，大多数未来的系统管理员本身就是狂热的 BBS 访客，他们呼叫全国各地的 BBS，他们的长途话费也越来越高。对这些调制解调器的狂热者来说，他们的目标是彻底改变数据流。他们可以不再总是拨出，而是可以等待有趣的文件和人来找他们。在 BBS 的技术文化中，运行 BBS 也被赋予了一定的社会地位。1983 年一位年轻的系统管理员写道："你是大家关注的焦点，你是公告板的所有者和控制者。"最后，还有些系统管理员认为他们的工作是为调制解调器世界的社区服务。希夫林引用了"因果报应""黄金法则"和甲壳虫乐队等概念，对他来说运营 BBS 就是"你造的业"。

系统管理员是 BBS 的所有者，开创了社区调节的艰难实践。也许他们对其 BBS 的技术架构拥有至高无上的权限，但如果他们行事不端的话，那用户就不会再使用他们的 BBS。1992 年，《关注公告板》的读者将"友好的管理员"列为选择

第五章
培育社区

BBS最重要的标准之一。调节的形式多种多样，包括从筛选新用户到实施严格的时间限制。到了20世纪80年代末，"语音验证"已经成为许多BBS程序的标准功能，系统管理员也已经习惯了先跟新用户通电话再允许他们访问其系统。拥有大量用户或用户群体分散的BBS，其系统管理员通常还会指定一个或多个"合作管理员"，将权限和责任分配给社区中特别活跃的成员。大部分人际关系工作都是普通用户看不到的，因此有些系统管理员感到不受重视。系统管理员常常抱怨说缺乏用户反馈导致他们身心俱疲。约翰·奥尔森（John Olson）在《惠多新闻》上撰写的一篇文章中写道："哪怕仅有少数人对自己喜爱的BBS的经营者表达共情，那这个BBS也会运行久一点。"一般来说，系统管理员的任期似乎差别很大，不过好像也总有新手愿意轮流担任系统管理员。

BBS的系统管理员在网络史上是独一无二的。与其他网络社区（从网络新闻组到脸书）相比，BBS的系统管理员对其社区的日常生活享有无与伦比的控制权。[3]没有什么用户像BBS的系统管理员那样会立刻体验到线上生活的挑战。1995年，随着网络炒作蔓延到流行文化，成千上万家公司争先恐后地宣示主权，鲍勃·梅特卡夫（Bob Metcalfe）注意到，系统管理员在社区建设"艺术"方面是唯一的专家。确实，在技术设计和以计算机为媒介的社交空间管理方面，全世界只有这些系统管理员是具有实践经验的人。然而，似乎只有少数几个系统管理员清楚地说出了他们在这一新行业的独特地位。一位匿名管理员热情地说："下一波人类进步的脉搏就在你手中，你是促成这一切的人之一。"

两个区号的故事

现今，学者、评论家和以前的访客都认为全球电子链接是一个理想的"虚拟社区"实例。用户第一手资料中将全球电子链接介绍为一个不同寻常的社区空间，各行各业的参与者聚集在这里，分享他们生活中的故事，讨论时事话题。不过，全球电子链接与当时已经分布在北美各地的以社区为导向的业余爱好系统不同，它是一家以营利为目的的企业，用户必须依靠订阅费用才能保持系统在线。根据弗雷德·特纳（Fred Turner）的历史性分析，全球电子链接是社会和产业组织方法的最新迭代，该方法是布兰德在20世纪70年代出版《全球目录》时首次提出的。在布兰德的不断努力下，全球电子链接开创了一种新型平等主义社区的运行模式。然而，在对全球电子链接的理想化描述中常常有一个被忽视的重要细节，那就是记者和未来主义者珍视的学术讨论在多大程度上得到了感恩死忠粉的可靠订阅费资助。要充分了解全球电子链接在北美地区BBS历史大背景中的地位，我们就不能忘记使其社区得到无与

第五章
培育社区

伦比的蓬勃发展的政治经济现实。

1985年2月,全球电子链接在加利福尼亚州索萨利托的一个小办公室上线了。得益于《连线》(Wired)杂志的频繁提及,以及莱因戈德和科技记者哈夫纳的第一手报道,全球电子链接现在是20世纪80年代和90年代记录最充分的社区BBS。在《问道2000》(Mondo 2000)的百科全书式用户指南中,杂志编辑将"该网络"定义为"由BBS组成的国际网络",但全球电子链接只是被提及的两个系统之一。[4] 不过,尽管全球电子链接有这样的知名度,但相比其同时代的本土系统,它仍是一个相当不正常的系统。大多数BBS都在个人电脑上运行,只有一条专用线路,而全球电子链接却在一台功能更强大的VAX服务器上运行。VAX服务器上有一堆调制解调器和电话线。此外,大多数BBS是由业余爱好者自愿经营的,但全球电子链接是一家以营利为目的的企业,拥有9万美元的启动资金和两名带薪员工。全球电子链接的资金谈不上充裕,但它与其同时代业余爱好者处在不同的经济层次。最后,尽管全球电子链接起源于旧金山湾区,但它最终吸引了全球各地的用户,其中很多用户为访问该系统而支付了大量长途话费。虽然这种技术基础设施和政治经济的组织形式看起来像全国性商业系统,但是全球电子链接的湾区用户核心社区更类似于拨号式BBS上的那种区域社交。[5]

就像社交计算机技术的早期实验组织者一样，全球电子链接的创始人也致力于言论自由。不过，他们并没有因此追求完全开放的体系架构，而是实施少量约束，鼓励在参与者之间进行问责。首先，欢迎用户使用假名，但要求他们在注册时录入"真实姓名"。其次，用户之前的言论都可以在消息存档中找到。这种对过去行为的公开记录促成了一条在全球电子链接系统上的规则，即"你应为自己的话负责"。[6]最后，该系统的消息传递区被设计成大型"会议"层次结构，每一层"会议"再根据特殊主题进一步划分。如艺术与文学会议的主题包括艺术与图形、披头士、书籍、漫画、设计、爵士乐、MIDI 音乐、电影等。这些结构特征中的每一个都塑造了发生在全球电子链接上的交互类型。

20 世纪 80 年代末，在用户看来，全球电子链接代表了一个特定文化的理想社区，符合某个年龄段自由进步主义者的价值观。其创始人向旧金山湾区知名的"有趣的人"提供免费账户，授予他们"主人翁"身份，吸引具有类似习惯的用户。莱因戈德将全球电子链接的会议比作一场持续的"巴黎沙龙"，它"所讨论的内容比一般 BBS 上的内容更高级些"，他隐晦地提到了全球电子链接与当时业余爱好者系统相比在技术细节方面的优势。当然了，并不是每个人都喜欢沙龙的知识氛围。《关注公告板》的编辑理查德开玩笑说这个系统"在某个

第五章 培育社区

时刻,你简直要被正在发生的幻想搞得窒息了。"但是,对全球电子链接的忠实用户来说,这个系统就是以计算机为媒介的公共文化的理想形式。

就其知识核心而言,全球电子链接提供了无数主题(从育儿到网络技术的社会影响)的讨论平台,但其母公司的财务却依赖几乎完全不同的第二群体用户所创造的收益。"感恩而死"乐队的粉丝"迄今为止"仍是全球电子链接最大的收入来源。1992年,访问全球电子链接需要花费10美元/月外加2.5美元/时,这个费用与订阅其他大型BBS价格差不多。"感恩而死"的粉丝会议不仅为全球电子链接提供了源源不断的收入,而且还给它提供了一座桥梁,通往一个共享与合作规范齐全的现有社区。[7] 不过,莱因戈德也将20世纪80年代的乐队粉丝与上一代粉丝以及全球电子链接的反文化精英(通过联想)做了区分。他认为全球电子链接上的乐队粉丝特征是"远离了其反文化起源",而且大多数粉丝"单纯地不知道"在系统的其他版块还有格调更高的讨论话题。尽管全球电子链接对于其精英用户而言是一种理想的BBS形式,但它也有其自身内部局限和社会差异。

20世纪80年代和90年代的全球电子链接社区在许多方面都不负众望。《关注公告板》的编辑理查德长期使用全球电子链接,他在1995年说全球电子链接的论坛"在某种程度

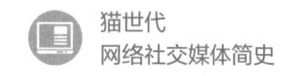

上略胜一筹",文化质量"极高"。关于这种文化,他曾写道:"没有哪个系统管理员确切地知道如何获得这种文化,但当你看到它时就能认出来。"全球电子链接社区的成功其实也并不像理查德描述得那么神秘。业余爱好者的系统管理员注重调整BBS的基础设施,而全球电子链接的创始人则是有意识地设计了一个以社区为导向的系统。因此,全球电子链接聚集了一群用户,这些用户所处的地理范围不大,拥有共同的背景、不同的专业知识和现有的社交网络。新兴"网络文化"知名人士获得了免费账户,并被鼓励在一系列预先确定的会议主题上发挥领导作用。此外,全球电子链接尝试的利基领域得到了为数不多但十分可靠的收入来源,这些支持来自"感恩而死"乐队大量精通技术的粉丝。全球电子链接也许被历史描述为一个兴趣导向的BBS,主要以"感恩而死"乐队的粉丝兴趣为驱动,偶尔举办由知名思想家主持的沙龙式会议,讨论社交计算机技术的变革潜力。但到了20世纪80年代,"感恩而死"乐队的粉丝不再是反文化先锋(他们可能曾经是),于是一个以他们为主的BBS也很难再成为头条新闻。[8]因此,全球电子链接开始在大众媒体崭露头角的同时,成百上千个拥有自己独特文化的网络社区也正在非营利BBS上发展起来。这些公告板在志愿者家中更简陋的硬件上运行着。

与全球电子链接类似,印第安纳州的塔迪斯BBS

第五章
培育社区

（TARDIS）也是一个支持本地用户深度参与的社区。然而，除了它们的氛围都比较友好，这两个系统在其他所有细节方面几乎都有所不同。全球电子链接是作为一家企业创立的（尽管它是一家有社会意识的企业），而塔迪斯最初是作为一个业余爱好项目创立的；全球电子链接是收费的，而塔迪斯对公众免费；全球电子链接在 1980 年的 VAX–11/750 小型计算机上可以同时支持 16 个以上的用户，而塔迪斯是在一个旧的二代苹果软盘驱动器上运行的"一行程序"。[9] 但纵观塔迪斯的历史，它绝不仅仅是对人们熟知的全球电子链接神话的缩小版补充。管理员出于爱好事必躬亲，他们的价值观、幽默感和对彼此的关心早已融入系统的社会技术架构中。因此，全球电子链接的拥护者万般重视的社交计算机技术在民主方面的潜力，实际上在塔迪斯上面得到了实现。用一位前系统管理员的话说："另外三位管理员都是我最好的朋友，从公告板上可以看到。"[10]

在长篇科幻小说《神秘博士》（*Doctor Who*）中，"塔迪斯"是一个伪装成普通电话亭的时间旅行工具。很多 BBS 在取名时会受到幻想和科幻小说的启发，但"塔迪斯"尤其受欢迎。在 1980 年至 1998 年的不同时期，北美地区有 30 多个不同的 BBS 以这艘古怪的飞船命名。[11] 它受欢迎的一个原因是博士的"塔迪斯 BBS"与拨号式 BBS 在用户的生活中扮演着类似的角色。在人们所熟知的台式计算机背后有一个电子公告板系统复杂的社交世界,同理,在"塔迪斯 BBS"的背后也拥有一个大得不可思议的内部结构,远比一个电话亭的面积大得多。此外,就像低功率 8 位计算机一直到 20 世纪 90 年代依然可以很好地存储 BBS 一样,博士的"塔迪斯 BBS"被许多时间领主同行认为已经退化和不可靠,就像康懋达和雅达利的忠实玩家一样,博士和飞船有深厚的情感,彼此相互依赖。[12] 根据《神秘博士》的故事,博士选择"塔迪斯 BBS"是因为看中它的"灵魂",而非它的技术特征。[13] "塔迪斯 BBS"和拨号式 BBS 需要人们的长期维护和照料,以应对被迫淘汰的命运和无情的技术进步。

以"塔迪斯"命名的最早的 BBS 之一是由托马斯·奥南（Thomas O'Nan）于 1982 年创建的。奥南是一名业余无线电操作员,住在印第安纳州的特雷豪特,距离印第安纳波利斯约 90 分钟车程。奥南最初通过无线电波而非电话网络运营自己的公告板系统,使用的是一个安装在苹果二代上的"无线电 BBS"程序,名叫"超级打字"（Super-Ratt）。无线电 BBS 与拨号式 BBS 类似,也包含信息传递和文件传输功能,偶尔它也被称为"电子邮箱"。不过,很快,奥南便发现了拨号式 BBS,并决定从无线电波转移到电话线。

20 世纪 80 年代,特雷豪特与印第安纳州南部的其他几个城市（包括几个大学校园）共享一个区号,但奥南在吸引用户

第五章 培育社区

访问他的无线电 BBS 时遇到了困难。据他回忆,当地的业余爱好者对微型计算机并不感兴趣,甚至"拒绝尝试"与无线电 BBS 相连接。然而,1985 年他搬到印第安纳波利斯后,奥南发现了苹果公司的新 BBS 软件,从中受到启发,因此将他的 BBS 重新上线。在设计其系统的第一次迭代时,奥南在系统架构中融入了大量笑话和戏谑,其中有些是对同名 BBS 的滑稽模仿,有些是他自己古灵精怪的幽默。在一个菜单上,他加入了一个按"C"键来"与系统管理员聊天"的选项,但其实按"C"键并不会接通管理员,而是调用了一个修订版的"伊莉莎"(ELIZA)——约瑟夫·韦岑鲍姆(Joseph Weizenbaum)发明的臭名昭著的自动语言聊天机器人。[14] 许多新用户直到发现自己的聊天一直在绕圈,才意识到原来被骗了。塔迪斯 BBS 的系统架构就像一个游乐场,其不是为了提高效率或变得简练,而是为了让到访者感到愉悦和惊喜。

奥南新 BBS 的目标之一是确保"使用任何设备的任何人"都可以访问他的系统。系统一共设置了四位管理员,其中一位是奥南相处了多年的女友,其女友是一位聋人。他们逐渐了解到,访问系统的许多用户也是聋人或盲人。[15] 视力受损的调制解调器用户通常使用"屏幕阅读器"将标准 ASCII 字符转换成声音或触摸字符,但随着 BBS 系统管理员开始在菜单中加入半图形字符,无意中造成有视力障碍的用户再也无法访问其系统。从 1985 年到 1992 年,"塔迪斯 BBS"在苹果二代上运行 Prime BBS 软件,几乎没有任何改动、升级或修改。这样做不但可以降低维护成本,坚持使用相对简单的平台还确保了残疾用户依然可以使用塔迪斯 BBS。尽管它的基础设施规模不大,或许正是因为如此,塔迪斯 BBS 吸引了 3500 名注册用户,奥南认为其中有 750 人会"频繁"访问系统,有 40 人会"每天"访问系统。在其鼎盛时期,塔迪斯 BBS 每天在其唯一的来电线路上记录有 500 多个电话,在其档案中存储了 1100 多万条信息。

这种情况是奥南在初建塔迪斯 BBS 时无法预料到的,Prime BBS 主机软件可靠、耐用,而且源代码还可访问,因此在喜欢苹果电脑的人中很受欢迎。1989 年,负责 Prime BBS 的三位程序员中的最后一位丹尼尔·海恩斯(Daniel Haynes)确定自己接下来没有时间维护该软件了。这时候,海恩斯没有把源代码交给其他人,而是把软件推向公共领域,并为其编写了详细的文档,鼓励其他 Prime BBS 系统管理员共享他们的升级、修改和定制。一直到 20 世纪 90 年代早期,Prime BBS 仍被吹捧为运行 10 至 200 名用户"小"系统的最佳主机软件(图 5.1)。实际上,Prime BBS 进入公共领域后价值急剧上升,因为自告奋勇的程序员开发并共享了 70 多个扩展系统核心功能的新附加程序。20 世纪 80 年代末,随着与 IBM 兼容的复制

第五章
培育社区

品的普及，低至 200 美元的二手苹果电脑唾手可得。1992 年，BBS 爱好者杰里·彭纳（Jerry Penner）在《精灵》（*GEnie*）杂志上发表的一篇文章在苹果电脑用户群中被广泛传阅，文中建议读者"从箱底找到那个闲置的苹果二代"，利用 Prime BBS 软件在旧硬件上创建一个新系统。从 Prime BBS 最初发行到复兴，塔迪斯 BBS 一直活跃着，不曾中断过。

塔迪斯 BBS 的电话号码通过 BBS 列表和当地时事通讯进行传播，不过新用户不能立即获得访问权限。首次访问的用户被要求填写一份简短的问卷，问卷中有一些人口统计问题，如姓名、地址、电话号码、年龄、性别等，还有些傻傻的问题，如起源星球、物种、血型、最喜欢的幻灵以及他们指甲的生长速率等。该系统有四位管理员，其中会有一位对问卷进行审核，然后决定是否授予用户访问权限。如果用户的回答看起来像"伪造的"，那么系统管理员会在电话簿中找到他们的名字，在某些情况下，通过语音验证新用户。系统管理员可以在 Prime BBS 上把用户分成九大类，而在塔迪斯 BBS 上，仅可以将用户按照年龄和性别进行分类。BBS 的某些区域只对"成人"或"女性"用户可见。如果新用户自称是女性，那么两名女性管理员中的一位会给她们打电话。通常来说，新用户第一次访问 BBS 时，四位管理员中的一位会在几个小时内对他们进行验证。

```
          PRIME
     Bulletin Board System
(C)opyright 1989      Daniel Haynes

     1) Install to Floppy Disks
     2) Install to 3.5" Disks
     3) Install to Hard Drive
     4) Install Modem Driver Only
     5) Run PRIME BBS

        SmokeSignal Software
          Canton, Michigan
```

注：1989年，海恩斯从最初的开发人员手中收购了Prime BBS软件，发布了其源代码，并将软件推向公共领域。该软件使用苹果软件BASIC语言编写，可用于修补、维护和定制。程序说明书承诺"一定会让你的想象力和创造力发挥到极致"。

图5.1 苹果二代个人主机上的Prime BBS软件安装菜单

塔迪斯BBS的一个独特之处是，它为女性提供了一个安全的聚会空间，远离BBS的其他版块。奥南回忆说，在20世纪80年代，尝试使用BBS的女性经常会受到她们在网上遇到的男性的骚扰。一位前成员介绍了女性在其他BBS上的"噩梦"经历，称赞塔迪斯的系统管理员能够积极干预，阻止了系统上的骚扰行为。除了系统管理员亲自主持公开论坛这种方法，塔迪斯系统上"女性专区"的所有事务均由社区中的女性监督。"我不掺和，"奥南后来回忆道，"女性朋友全权负责。"塔迪斯BBS的男性用户既看不到也无法访问"女性专区"，就

第五章
培育社区

连奥南本人也同样受限制。他说:"直到现在,我也不清楚那个空间里的事儿!"

塔迪斯 BBS 的核心功能是社区和对话,从系统的技术和社交架构不难看出它的优先级。任何用户都可以在塔迪斯 BBS 上引入新话题,而且对于发表言论几乎没有任何限制。奥南古怪的幽默感在整个 BBS 中随处可见,他含蓄地鼓励了一种友好、随意的氛围。奥南认为塔迪斯 BBS 的核心用户群"善于学习、不偏激、崇尚自由",因此,根据奥南的判断,唯一经常需要系统管理员干预的主题是"极右翼"的话题,因为这些话题会引发"激烈的争论"。尽管奥南是塔迪斯 BBS 的创始人,但他与女友以及另一对夫妇通过"共同管理"的方式将审核协调的职责分散给了整个社区。塔迪斯只管发展社区就好,没有其他特别的核心目的或任务。不过,就是这一宽泛的任务,让塔迪斯为那些在其他 BBS 上会寡不敌众、不受欢迎或受虐待的群体提供了一个宝贵的空间。

与"全球电子链接"类似,塔迪斯 BBS 也吸引了一批有奉献精神的核心用户,他们非常忠诚,而且亲自创建塔迪斯 BBS 的文化。奥南回忆起一个例子,当地一位技术作家在其每月的 BBS 专栏中对塔迪斯进行负面评论,说塔迪斯 BBS 上提供的可下载 IBM 个人电脑文件少得可怜。结果,塔迪斯 BBS 的用户觉得自己被冒犯,并愤怒地写信回应,称那位评论家搞错了塔迪斯 BBS 的目标。塔迪斯 BBS 是一个由公共信息论坛和私人信息论坛组成的社区，不是靠下载形成的社区。奥南本人却没有参与这场争论，他更愿意"让用户做他们自己的事"。与《关注公告板》在 1992 年做的民意调查结果一致，用户更看重 BBS 的日常文化，而不是其技术特征或媒体库。

不幸的是，到 1992 年，塔迪斯 BBS 的基础设施开始出现老化。Prime BBS 无法支持高于 2400 位 / 秒的连接速率。对现有用户群来说，这不是什么大问题，他们中的大多数人都乐意继续以他们已经习惯的速率使用塔迪斯 BBS。但不幸的是，如果一个新用户尝试以更快的调制解调器连接塔迪斯 BBS，那么它就有可能不稳定，甚至在某些情况下完全崩溃。奥南回忆说，一群"想搞破坏"的孩子发现了塔迪斯 BBS 这个弱点，然后故意把塔迪斯 BBS 搞瘫痪了。整整两个月，他们不断破坏塔迪斯 BBS，霸占电话线，老用户因而无法呼入系统。奥南恳求孩子们未果，于是转向电话公司求助。可是，电话公司非但没有帮助他，反而声称奥南滥用住宅电话线，并威胁要向他收取更高的费用。奥南想不顾一切地阻止他们对系统的攻击，于是他报告说这些孩子打"骚扰电话"。这些孩子随后被警方逮捕了，但孩子们的父母非常难过，他们也不清楚他们的孩子究竟做了什么。这场经历让奥南疲惫不堪，于是他决定永远关闭塔迪斯 BBS。他说："我已经没有勇气再运行一个系统了。"

第五章
培育社区

全球电子链接和塔迪斯都是拨号式 BBS，使用两个不同的区号。事实上，任何人只要拥有一台微型计算机、一个调制解调器和一根电话线就可以访问它们。不过，如果不想支付额外的长途话费，那么只有附近的人才可以访问系统。这种收费结构造成一个后果，即每个系统的核心用户群都主要由本地用户组成。[16] 因此，这两个 BBS 的历史不可避免地与其区号的历史密不可分。

全球电子链接在一台 VAX 小型计算机上运行，该小型计算机安放在加利福尼亚州索萨利托海滨小镇的一间小办公室里，就在旧金山的金门大桥对面。[17] 1985 年，索萨利托与湾区大部分地区共享 415 这个区号，包括微型计算机产业繁荣的新改造的"硅谷"。相比之下，奥南于 1985 年在印第安纳波利斯重启塔迪斯 BBS 时，它占据覆盖了印第安纳州中部大部分地区的 317 区号。一个合理的猜测表明，工程师流向湾区会支持大量本地 BBS。

毕竟，参与调制解调器的世界需要资金、技术和技能，而这些都掌握在年轻的工程师们手里。但是，根据现存的历史 BBS 列表来看，印第安纳州中部呼叫 BBS 的场景与同一时期的湾区 BBS 活动同样活跃（如果没有更活跃的话）。[18] 事实上，从 1982 年一直到 21 世纪初，每个地区的 BBS 用户数量与在职成年人的数量大致相同，但在以某种方式使用计算机的成年人中，印第安纳州中部的 BBS 数量几乎是湾区 BBS 的两倍，前者平均每 100 名科技工作者拥有 2.1 个 BBS，而后者平均每 100 名科技工作者拥有 1.12 个 BBS。[19] 换句话说，在 BBS 时代，塔迪斯不仅拥有自己的模范网络社区，它也反映出印第安纳波利斯大都市的本地 BBS 蓬勃发展的场景。

访问 BBS 在印第安纳波利斯比在硅谷更普遍，这似乎有悖常理。不过，这主要是因为一个社区内各大 BBS 之间的关系。全球电子链接 BBS 怀揣着火遍全球的雄心，试图超越它的本地区号。反观塔迪斯 BBS 却选择融入本地社区，它的用户也因此享受网络效应。317 区号中的每个 BBS 实际上都是印第安纳波利斯 BBS 互联网络上的一个节点。塔迪斯 BBS 以其体贴周到的社区服务而闻名，它没有必要再提供大型可下载的软件库。实际上，317 区号里已经有几个专门研究共享软件的 BBS 了，游戏玩家可能更喜欢一名当地高中生运营的"世界末日地牢" BBS（Doomsday Dungeon）。

硅谷的存在可能限制了湾区 BBS 互补网络的出现。与印第安纳州中部的调制解调器用户相比，湾区的调制解调器用户可以访问更多类型的网络，包括本地拨号访问分组交换网络。因此，湾区的用户能够以固定的月费访问十几个其他区号的 BBS。对比之下，印第安纳州波利斯的调制解调器用户却只能使用昂贵的全国性商业服务，或使用当地社区成员运营的

第五章
培育社区

BBS。因此，每个区号里的 BBS 用户有着不同的空间想象。

从基础设施到政治经济再到大批技术精湛的"感恩而死"乐队粉丝，"全球电子链接"几乎在所有方面都是非典型的。然而，在包含 BBS 的网络计算机技术历史中，它却通常是唯一一个被提及的 BBS。不幸的是，这个惯例让人们对 BBS 产生了一种相当扭曲的印象，把发生在硅谷以外的大量活动排除在外了。另外，"塔迪斯"反映了北美 BBS 活动更广泛的共享体验。尽管"塔迪斯"和"全球电子链接"都发展出了热心周到且受欢迎的社区，但显然前者更加根植于业余电信的悠久传统。"全球电子链接"的创始人致力于创建一个盈利的全球会议系统，而"塔迪斯"则是由四位互为好友的管理员按照用户意愿运营的。"塔迪斯"系统硬件简朴，专注本地社区，致力于其可访问性，这些都反映了它的一系列价值观，正是这些价值观让以计算机为媒介的通信得以在传统权力中心之外进行传播。

"全球电子链接"的故事是独一无二的。无论它在人们心中是伊甸园还是未来憧憬，总之它是一朵奇葩。但是，则不然，它是熟悉的人、地和技术的结合点。

很难想象除了湾区，"全球电子链接"还能存在于其他什么地方，也很难想象湾区如果没有出现像"全球电子链接"这样的 BBS 会怎样——当然，那些嬉皮士应该会建立一个奇怪的网络社群！另外，"塔迪斯"挑战了早期网络公认的地理环境。如果317区号里能诞生如此生机勃勃的网络社区，那为什么其他区号没有这样的社区呢？

兴趣社区

到了20世纪80年代末，BBS管理员创建了越来越多有特色界定的社区空间，这些空间不再基于共同的地理位置。一群被小众文化兴趣、边缘化的性别认同、新宗教运动和激进的政治承诺等吸引到一起的人无法走进广播、电视等主流媒体系统，从而转向了BBS。BBS就像地下报纸一样，其运营不受传统媒体机构的控制。对不能面对面安全聚会的群体来说，BBS的技术特性（比如匿名性）非常可取。对其他人来说，BBS是面对面会议和其他传统的社区组织形式的一种补充。从色情到政治行动主义，以社区为导向的BBS在20世纪80年代末和90年代初就预示了10年后万维网上多种多样的虚拟社区。但是，拨号式BBS拥有独特的空间、技术和经济特征，因此这些早期社区与后来出现的系统有所不同。对许多兴趣社区来说，社交BBS不是其他聚会形式的替代品，而是一种策略选择。

根据异性约会形成的社区就是一个很好的例子。1995年，福克斯出版了一本关于利用BBS约会的"手册"，书名为《爱的字节》(*Love Bytes*)。大卫在书中将成人专用BBS比喻为一

第五章 培育社区

个理想化的"电子酒吧",还说在线约会作为"现实世界"约会的一个替代方案同样吸引力十足。他最一开始说"电子酒吧"这个比喻时,引用了人们熟悉的"脱离肉身"这个说法。因为是文字聊天,所以人的肤色、性别、年龄和身体缺陷全都不见了。不过他的描述重点关注 BBS——深深扎根于本地的网络空间,而不是去地域化的互联网空间。他在书中写道:"就与真实的人接触、约会、恋爱和承诺来说,一个好的本地 BBS 真是相当有吸引力的。"在本地 BBS 上进行"在线约会"意味着聊天的另一端也是用本地区号拨入系统的。

即使在北美地区 BBS 的巅峰时期,网络会面也依然是不太常见的做法。不过随着人们对"信息高速公路"的兴趣越来越浓厚,通过计算机获得的性爱和浪漫的人性化故事也越来越多。这些报道往往认为在线互动与"传统"的约会形式完全不同,并侧重强调一些细节差别。例如,《经济学家》早期有一篇标题为"美国信息高速公路漫游指南"的文章,说 BBS 上的"色情"话题讨论其实就是"莺莺燕燕的文本版"。还有些人关注幻想性邂逅的可能性。在网络性爱的早期指南《两性关系》(*Erotic Connections*)中,匿名作家比利·怀尔德哈克(Billy Wildhack)将聊天室比作"心灵感应的化装舞会",在聊天室里,其他用户的电子话语刺激着想象力,并"让肾上腺素飙升"。福克斯在《爱的字节》中更务实。如果说在本地单

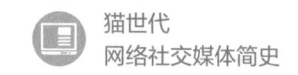

身酒吧邂逅某人会让人感觉肤浅、后悔或危险，本地单身BBS则提供了一个可以与不同人交往的有趣且低风险的机会，而且这些人都可以自如地书面表达自己。福克斯兴奋地说:"这儿不需要盛装打扮，不需要开车穿过城镇，不会经历迷路，不用点饮料，也不用争相结账。如果你邂逅的那个人是个怪人、混蛋、笨蛋、邋遢鬼、蹩脚的人或书呆子，那么你也很容易找个借口，按几个键退出系统就可以了。"当然了，前提是你不想找奇怪的邋遢鬼。

"一行程序"形成的具有异步传递信息功能，适合在线恋爱，但大多数面向成人的BBS采用多行程序，具有一系列专门为配对设计的特殊功能。到20世纪80年代末，大多数BBS的主机软件应用了模块化系统，以添加第三方开发人员的外部程序，这些外部程序被称为"门"。用来配对的"门"程序一般来说是可自定义的，比如"WoodyWare"开发的"来配对"BBS（Pro Match），但这些程序的默认配置揭示了作者希望它们在什么样的社会环境下被使用。大多数配对程序假定异性恋是正常的，不过也有些反对的声音，不管这些反对多么肤浅。"来配对"将所有用户存储在一个数据库。每当用户被问及与性别或性取向有关的问题时，他们会看到一个笼统的选项，比如"其他"或"拒绝回答"。例如，当进入"转瓶游戏"时，用户会被问及他们希望亲吻"女性""男性"还是"无所

第五章 培育社区

谓男性或女性"。像"智能配对"和"来配对"这样的程序，其架构很少挑战异性恋的主导地位。

尽管许多BBS程序默认人们是异性恋，但这个标准在实践中却经常被打破。BBS也成为传播有关艾滋病信息的重要网络。1986年，也就是同性恋信息局BBS开启其电子门户的那一年，数千人死于或即将死于一场因恐惧、恐同、种族主义和错误信息而加剧的流行病。对像"行动起来"（ACT UP）这样的激进组织来说，进入媒体网络是一条生命线。"沉默等于死亡"不仅唤起了那些被隔离的疾病患者不为人知的声音，同时也唤醒了那些洁身自好的医疗服务人员、决策者和教育人士的声音。除了传真网络和自行出版，BBS还为传播健康信息提供了另一种媒介，尤其是在大城市以外的地方。对遭受艾滋病折磨的患者来说，能否获得信息可能关乎他们的生死。

积极分子把拨号式BBS当作向受影响社区提供信息和支持的工具。在积极分子和医护人员看来，BBS有几个关键优势。第一，它拥有一个共享文件的机器，可以不断更新信息，无须集中调配便自动传播文件。第二，BBS的技术相对简单，少数志愿者便可运营起来。第三，BBS提供了一定程度的匿名性和隐私。鉴于艾滋病和同性恋都带有沉重的社会污名，这一点是至关重要的。1985—1993年，有100多个专门针对分享艾滋病信息的BBS被创建。在此期间，BBS成为信息和社区

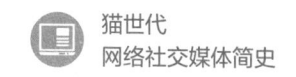

支持的重要枢纽，美国疾病控制和预防中心下辖国家艾滋病信息交流中心出版了《与艾滋病相关的电子公告板精选指南》，详细介绍了如何访问拨号式BBS。

20世纪80年代，有关艾滋病的错误信息十分泛滥，如果没有可信人士的仔细监督，BBS文件共享的做法将毫无价值。1990年，玛丽·伊丽莎白·克拉克（Mary Elizabeth Clark）修女在她的家乡加利福尼亚州圣胡安卡皮斯特拉诺创建了一个非营利性质的BBS，即AEGIS（AIDS Education General Information System，AEGIS）。它汇集各处信息，提供有关艾滋病和更安全性行为的一般信息，以及关于治疗、临床研究和相关政治事务的最新消息。AEGIS最初是一个典型的"一行程序"，但在私人捐助者的帮助下，逐渐发展到拥有24条线路，并最终成为分组交换互联网和万维网的网关。截至1996年1月，AEGIS上拥有1265名注册会员，每天接到25至75个访问，存储了两千多兆字节的信息，包括来自美国国家医学图书馆艾滋病文献数据库的104 000个文件。

发布到AEGIS的信息每天都被复制到相关的BBS上，每个BBS都致力于提供免费的且往往是匿名的艾滋病信息访问途径。AEGIS上的信息还通过惠多网和艾滋病网（HIVNET）在美国境外传播。由于BBS信息传递网络基础比较分散，人们无法确切地知道这些信息究竟传播了多远。不过根据新闻报

第五章 培育社区

道估计，AEGIS 当时已经覆盖了超过 24 个国家。

20 世纪 90 年代，AEGIS 数据库遍布整个调制解调器世界，人们通过 BBS、互联网和万维网都可以访问该数据库。实际上，该系统反映了新兴互联网的这些组成部分融合了社交与技术。欧普斯 BBS 的创始人威恩·瓦格纳（Wyrn Wagner）加入了该组织，为其网站提供图片，并为刚刚发现自己感染 HIV 的人撰写了一篇题为"HIV：第一天"的文章。这篇文章用坦率友好的语言提出了"生存的五点建议"，并指导读者向何处寻求信息和支持。"HIV：第一天"成为 AEGIS 网站上浏览最多的作品之一，被链接到其他网页、翻译成多种语言并经常被宣传机构转载。

存储在 AEGIS 上的信息能送达多个读者。全世界的医护人员都访问该系统，以便为其患者提供最佳护理。

拨号式医疗数据库早已存在，但没有一个像 AEGIS 这样关注艾滋病且访问成本低廉的。这对于在北美大城市以外工作的医生来说尤为重要。其实，玛丽·伊丽莎白·克拉克修女正是在密苏里州农村地区见到无法获得艾滋病信息的感染者之后，才决定创建 AEGIS 的。她的目标是为"患有艾滋病的普通人"提供获取信息的途径。她假定的"普通人"也许无法解读新发布的临床试验中的所有技术信息，但他们可以在与当地医生见面时利用这些信息保护自己。1995 年，一名患者在接受药物治疗出现副作用后，带着从 AEGIS 下载的一堆新研究去看医生。在这种理想情况下，访问在线数据库可以获得一些资源，促进医生和患者在本地进行面对面的交流。

BBS 提供健康信息，通常也带动了为访问者提供支持的在线社区的发展。1993 年，纽约市创建用计算机处理的艾滋病部门网络（Computerized AIDS Ministries Network，CAM），其口号是"带病生存比艾滋病更重要"。与大多数拨号系统不同，CAM 可以通过拨打号码 800 接入，因此呼叫者可以从美国任何地方拨号进入该系统，而无须支付长途电话费。CAM 由美国联合卫理公会全球部总理事会的卫生和福利部计划运营，信仰在其社区塑造方面发挥了重要作用。该网络除了提供无限制的艾滋病基本信息访问（如艾滋病是什么、有什么错误信息以及如何预防），还强调帮助艾滋病患者摆脱孤立无援的状态，把他们带到一个"安全的、支持性的社区"。孤立无援的状态常常影响艾滋病患者的朋友和家人，CAM 的 750 名注册成员中有许多人是"看护者"。

CAM 对所有用户开放，也有些用户不是基督徒。

真实的地方，真实的人

从"计算机化的公告板"一行程序到惠多网等全球信息网络，BBS 的技术文化是由人与人之间的沟通欲望驱动的。在

第五章
培育社区

拨号式BBS基础上发展而来的社区与商业服务或互联网社区不同，这是因为BBS文化强调地域性，而且管理员发挥着独特作用。无论是与附近的电脑爱好者联系，还是与远方的陌生人建立联系，BBS社区都是由真实的人组成的，他们在真实的地方，日复一日、夜复一夜地相互发送信息。这些用户中，有些人担任系统管理员，塑造环境，设置社区或繁荣或萎缩的条件。正如一位前系统管理员所说，运营BBS是为"一些非常特别的人组成的非常特殊的社区"提供服务。

沉浸在BBS社区的管理员和用户是第一批拥有电脑的人，他们经历了以计算机为媒介的社交的起起落落。他们在网上聊天、交换文件和玩游戏的经历为十年后商业网络的普及奠定了基础。纵观科技和媒体行业，观察人士和投资者都将BBS世界视为未来通信网络的模式。然而，像"塔迪斯"这样的社区BBS尽管有着丰富多彩的历史，却很少被当作互联网或社交媒体的前身来讨论。猫世代对社交网络的影响鲜少被公开，而是由社区BBS管理员和用户携经验进入蓬勃发展的科技行业。从技术社区"Slashdot"和"gURL"页面到红迪网和脸书，硅谷一直在复制BBS社区的架构和做法，尽管不像拨号式BBS那样享有自主、独立或控制。

> 猫世代
> 网络社交媒体简史

注释

1. 我们应注意到《关注公告板》民意调查中有一些偏差。首先，原始计票结果必然有利于规模大而集中的公告板，而不是亲近的本地公告板系统。在排行榜前 100 中，只有两个是一行程序。其次，《关注公告板》更注重商业化和职业化，对使用调制解调器的年龄较大的人群更有吸引力。尽管青少年的公告板在 20 世纪 90 年代初期发展不错，但在《关注公告板》民意调查中，一半以上的选民年龄为 30—50 岁（报告的年龄范围：8 岁至 77 岁）。该项民意调查的结果反映出：北美地区使用拨号式 BBS 的样本偏好年龄更大、更懂技术的人。见 David Hakala, "Best BBS Contest Update," *Boardwatch*, April 1992; Hakala, "Boardwatch 100 Readers' Choice BBS Contest Update," *Boardwatch*, May 1992.

2. 检查公告板以获取新信息的操作规程对于维护参与者之间的社区意识和共享世事而言至关重要。詹姆斯·W. 凯里（James W. Carey）认为"及时维护社区"是传播仪式观的特征之一。见 Carey, "A Cultural Approach to Communication," in *Communication as Culture: Essays on Media and Society* (Boston: Unwin Hyman, 1989), 11–28.

3. 对 BBS 管理员完全控制的一个限制性条款是在"回声邮件"会议情况下。惠多网会议或"回声"与当地 BBS 会议独立调制。每个"回声"都有自己的版主，由版主针对其会议制定针对性规则。如有用户违反规则或在"回声"中找麻烦，那么该"回声"的版主和本地 BBS 管理员理应合作解决问题。关于此类安排的更多详细信息，请

第五章 培育社区

参见 Butow, "Content Analysis of Rule Enforcement."

4 《问道2000》这本奇怪的书提到的另一个公告板系统就是"Private Idaho",该系统在爱达荷州博伊西运行,其管理员罗伯特·卡尔(Robert Carr)就是"根据《深渊》(*Deep*)、《色情作家》(*Porno Write*)和《迈克杰斯》(*MacJesus*)编写了苹果麦金塔电脑程序'Momonoids'的人"。见 Rudy von Bitter Rucker, R. U. Sirius, and Queen Mu, *Mondo 2000: A User's Guide to the New Edge* (New York: HarperPerennial, 1992), 188.

5 与全国商业系统之间的比较并非巧合。NETI公司不但负责全球电子链接的软件基础设施,而且为通用电气的全国通用服务设计了软件。详见 Jack Rickard, "The New BBS on the Web—Whole Earth' Lectronic Link," *Boardwatch*, October 1995.

6 此语境下,"拥有"你的话包含两层意思。通俗地讲,这意味着每个用户都应对其帖子负责。然而,从法律层面讲,这意味着全球电子链接将每个帖子视为其所有者的私人财产。这样一来,既能保护写作者的知识产权,也能减少组织对版权侵害、诽谤和淫秽等非法言论行为的责任。

7 "感恩而死"乐队吉他手杰里·加西亚(Jerry Garcia)于1995年去世时,全球电子链接的负责人盖尔·安·威廉姆斯(Gail Ann Williams)发表短评讲述自己与乐队粉丝的经历。她写道:"乐队与我为什么喜欢上网之间有很大的关系。"威廉姆斯认为,在全球电子链接刚出现时,"感恩而死"乐队粉丝是一个"只为寻求一个媒介"的"真正的虚拟社区"。见 Williams, "Grateful for Jerry, the Dead, the Deadheads," Gail Williams's pages, August 10, 1995, http://web.archive.org/web/19961220053904/http://www.well.com/user/gail/grateful-dead.html.

8 全球电子链接并不是感恩死忠粉唯一的拨号公告板系统。实际上,其他几个公告板专门为感恩而死的粉丝而组织。印第安纳州罗奇代尔的"火星酒店"(Mars Hotel BBS)和康涅狄格州达里恩的"水龟站"（Terrapin Station）均以"感恩而死"乐队专辑命名。

9 全球电子链接和塔迪斯 BBS 都在有效期进行不定期升级，但是在 1995 年全球电子链接在万维网上开设门户网站之前，它们两个都没有对其基础架构做出重大改进。

10 悲剧的是，正值塔迪斯 BBS 最受欢迎的时候，它的其中三名管理员出车祸，被酒驾司机撞死。Tom O'Nan 给作者发送电子邮件，March 26, 2014.

11 这些数据来自网站 BBSmates.com 有关公告板的历史数据库。

12 2011 年电视连续剧《神秘博士》中探讨了，当飞船"母体"被转移到一位人类女性的身体，而且两人终于可以用"嘴巴"说话时，塔迪斯 BBS 和博士之间的情感关系。见 "The Doctor's Wife (TV Story)," Tardis Data Core: Doctor Who Wiki, 访问于 March 21, 2014, http://tardis.wikia.com/wiki/The_Doctor%27s_Wife_(TV_story).

13 "博士第一次决定离开伽里弗雷时，他有机会选择 53 型。但他将其斥为'没有灵魂'，并选择了 40 型，见 "Doctor's Wife."

14 伊莉莎已被多次转载，读者可以非常方便地找到一个程序版本在自己的电脑上试用。关于约瑟夫·魏岑鲍姆对该程序的原始描述，详见 Joseph Weizenbaum, "ELIZA: A Computer Program for the Study of Natural Language Communication between Man and Machine," *Communications of the ACM* 9, no. 1 (January 1966): 36–45, doi:10.1145/365153.365168.

15 残疾人用户的确切人数尚不清楚。关于不保存系统公告板用户相关记录的决定是一项政治决定。正如奥南所说，"我认为我们不应该以这种方式对人们进行分类"（给作者发送电子邮件）。

16 有些有经验的调制解调器用户通过订阅诸如 PC Pursuit 之类的分组交换中介服务来减少长途话费成本。不那么谨慎的用户利用偷来的电话卡来避免长途电话费。可是，这两种情况在调制解调器用户中都不是典型的。

17 霍华德·莱因戈德 1985 年拜访全球电子链接的办公室，这就是一个用户对其最爱的公告板系统致以敬意的典型例子（见 *Virtual Community*，38–39）。

18　历史上记录的最出名的系统公告板是杰森·斯科特在其他复古计算机技术爱好者的帮助下创建的。因为有些系统公告板在不同的区号下被重复列出，所以区号拆分问题是很麻烦的。这种偏差似乎更有利于曾经历过两次分裂的湾区。就当前分析中存在的错误程度而言，这些偏差并不影响结论。关于人类可读的数据访问，详见 Jason Scott, The TEXTFILES.COM Historical BBS List, 访问于 June 15, 2021, http://bbslist.textfiles.com/.

19　"技术工作者"包括美国 1980 年人口普查中定义的三大范畴之一的个人，即"工程师""除医疗系统外的技术人员和技师"和"计算机设备操作员"。

第六章
成为因特网

对美国的大多数人来说，因特网的到来是在 1995 年的夏天。[1] 从晚间新闻到多厅影院，再到杂货店结账处，到处都充斥着网络空间的气息。《时代》杂志的封面故事让公众了解了"网络民主"和"网络战争"等诸多概念。在对当地技术行业的专题报道中，《纽约杂志》(*New York*) 宣布了"网络城市"的到来。剧院的遮檐上放映着一个又一个高科技惊险电影的广告：《非常任务》(*Johnny Mnemonic*)、《网络上身》(*The Net*)、《精湛技艺》(*Virtunsity*)、《黑客》(*Hackers*) 和《末世纪暴潮》(*Strange Days*) 在 5—10 月接连上映。黄金时段上映的美剧《法律与秩序》(*Law & Order*) 和《X 档案》(*The X-Files*) 主要介绍了以计算机为媒介的怪胎，《辛普森一家》(*The Simpsons*) 讲述了漫画书商在网络新闻组发帖的故事。共和党和民主党在各种演讲和辩论中一致认为，"信息时代"即将到来，美国未来的繁荣取决于"电子家庭"和"信息高速公路"。[2] 同时，网景公司（Netscape）的首次公开募股获得出乎意料的成功，也把大量投资资金吸引到了网络行业。自带调制解调器的"多媒体"个人电脑卖疯了。微软的新操作系统 Windows95 保证给每一位新电脑用户提供方便使用的网络功能。在美国的城市和乡镇，成千上万个拨号式 BBS 上充斥着用户、文件、游戏和论坛。

虽然网络空间热度不减，但我们熟知的调制解调器时代在 1995 年开始终结。在万维网、网络泡沫和网络空间的主流化带来的文化、经济和技术变化冲击下，拨号式 BBS 不复存在。受到网景公司首次公开募股带来的投机投资的支持，十几家新服务公司开始争夺调制解调器用户的时间和金钱。像 Prodigy 这样的全国性平台通过睿客出售"启动"工具包；美国在线向中产阶级提供免费的磁盘；微软给每一个新 Windows95 系统捆绑了微软网络。渐渐地，所有这些平台都成了因特网和万维网的接入点。

在 1996 年之前，BBS 的活动频率在北美急剧下降。随着用户把越来越多的时间花在其他地方，整个美国的 BBS 永久地下线了。惠多网上节点交易邮件的数量在十年多的时间内首次下降。[3] 有些管理员提前告知用户，系统即将关闭，但也有些管理员在没人拨号上网、论坛沉寂（没有转送地址、没有之前呼叫者的感谢信）几周后直接关闭了系统。BBS 的长期

第六章
成为因特网

用户渐渐习惯了从电脑扬声器里听到电话操作员预先录制的声音:"很抱歉,您拨打的电话已断线或停止服务。如果您拨错了电话,请检查电话号码,再次拨打。"[4] 依赖这些已经断线的号码繁荣起来的系统繁荣不再。BBS 这个词开始从美国的技术词典中消失。1997 年,美国人口普查终止了有关 BBS 的问题,用有关因特网的问题取而代之。1998 年,就连 BBS 行业的喉舌——《关注公告板》杂志都把 BBS 从刊头删除(表 6.1)。对一些调制解调器世界的居民来说,网络泡沫就是一个蹩脚的东西。

表 6.1 《关注公告板》杂志 1991 年至 1998 年封面标语

首次出现时间	封面标语
1991 年 6 月	BBS 与在线信息服务
1992 年 4 月	在线服务世界指南
1992 年 5 月	BBS 与在线信息服务指南
1993 年 12 月	在线信息服务与 BBS 指南
1996 年 1 月	因特网、万维网与 BBS 指南
1998 年 3 月	因特网接口与万维网指南

尤其是万维网,好像把人们对拨号式 BBS 的注意力完全吸引过去了。在很多之前用户的记忆中,万维网的图形界面给以文本为导向的 BBS 带来了生存威胁。有决心的管理员还在殊死搏斗,采用新的图形软件,给 BBS 增加网络功能,但

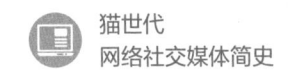

是他们在这场战争中注定是失败的一方。之前的用户在讲述这个悲剧时,他们说BBS"倒在"或"死于"因特网之手。之前的管理员罗布·奥哈拉(Rob O'Hara)在2006年的回忆录中写道,因特网的到来仿佛一瞬间便"压垮"了所有BBS和拨号上网系统,让它们沦为"被遗忘的星球"。BBS世界的终端预测几乎是在公众能上网之后才得以传播的。1996年8月,软件开发商罗布·斯温德尔(Rob Swindell)在他的BBS公司Synchronet倒闭之际转发了一篇文章,文章标题起得很有挑衅意味:"因特网杀死了BBS明星"。美国的BBS网络一片沉寂,也确实是已经死亡的一大明证。

但是千百个BBS"死亡"意味着什么呢?拨号网络突然消失,又有哪些其他的解释呢?要对调制解调器世界的"杀戮"进行法医分析,我们需要后退几步,回到网景公司首次公开募股、Windows95发行、1996年的《美国电信法案》以及网络泡沫之前的岁月。在20世纪90年代之初,BBS管理员是新兴网络经济的先锋队,是地球上唯一一批对维护线上社区的社会和技术挑战有实战经验的人。那么,当亲朋好友开始谈论网络空间时,这些长期用户作何反应呢?他们听到总统鼓吹建立"信息高速公路"时,会想象到什么呢?他们有没有预料到"网络"会改变他们的生活呢?他们是如何应对网络泡沫中瞬息万变的文化经济的呢?

第六章 成为因特网

BBS 行业的亮相聚会

在 20 世纪 90 年代初，BBS 系统管理员乐观地等待公众可以访问互联网。在 20 世纪 80 年代，因特网仅限研究机构使用。包括业余 BBS 在内的商业用途都不被鼓励使用因特网。但是，在 1990 年之前，私有化的内部流程许诺向公众开放高速数据网络，创造一个竞争性的网络行业。公众可以不受限制地访问分组交换网络，从而为各个 BBS 之间的连接提供免费、不受电话网络限制的新媒介。在因特网私有化转型的同时，BBS 管理员的技术文化也发生了变化。1991 年 8 月，400 多个惠多网管理员和 BBS 顽固派在科罗拉多州的博尔德聚首，参加惠多网年度会议。之前年度会议吸引的惠多网内部人士较少，且多聚焦于网络成长和维护的眼前问题。尤其是一场关于是否成立非营利性公司的争论，给惠多网年度会议蒙上了尖酸刻薄之名，还让它获得了一个令人遗憾的"昵称"——打架会议。但是随着网络私有化如火如荼地进行，1991 年的会议必然会带来一些不一样的东西。

组织者希望改变惠多网会议的声誉。他们许诺，1991 年的惠多网会议将是"史上最大的管理员会面"，而不是旨在解决神秘路由问题的行政会议。组织者根据之前为科幻小说和幻想爱好者举办大型"会议"的经验，明确地邀请 BBS 用户和新人参会。虽然这次会议取名"91 惠多网会议"，但该会议的主要

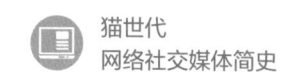

目标受众是对调制解调器和回声邮件上瘾的人群，因此这次会议欢迎任何对国际BBS和电子通信感兴趣的人参加。这是第一次有人试图将整个分散的拨号式BBS网络聚集到同一屋檐下。

在BBS网络和电脑杂志上传播的宣传材料说有三天的研讨会和活动。初步计划安排有：惠多网网络建筑师詹宁斯和蒂姆·波扎尔（Tim Pozar）的指导课程，新成立电子前线基金会的约翰·佩里·巴洛（John Perry Barlow）和米奇·卡普尔（Mitch Kapor）的演讲，一个帮助多发性硬化症慈善机构的扔泥饼比赛，以及通过"回声邮件"相恋的两位管理员彼得·斯图尔特（Peter Stewart）和米歇尔·汉密尔顿（Michele Hamilton）的"真实婚礼"。这次会议反响强烈，官方会议酒店房间售罄，小商贩占据了每一个售货棚。参加本次会议的还有20多个来自海外的管理员，包括澳大利亚、芬兰、荷兰和瑞士等。

对数百位现身"91惠多网会议"的调制解调器用户来说，这次大会是一种启示。他们在独自发帖、回帖几年之后，终于跟数百名同类站在一起。这些人知道X调制解调器、Q调制解调器和Z调制解调器之间的区别，在数年间不断互换文件和信息，对以计算机为媒介的通信的未来有着乌托邦式的想象。与会者彼此见面、握手、拥抱，整个喜来登酒店的走廊欢声笑语不断。他们花了几个小时打电话，发了几千封千字节的邮

第六章
成为因特网

件,调制解调器的世界终于走到了线下。一名与会者说这次会议更像是"复苏",而不仅仅是一次大例会,感觉既像第一次约会那样让人拘谨,又像老朋友见面那样自在幽默。同时,受邀演讲者的个性也像 BBS 上一样多姿多彩。詹宁斯把金发漂白,穿了一件 T 恤,上面写着"杀死电视"。戴夫·休斯戴了一顶牛仔帽和一条波罗领带。巴洛脖子上戴了一条方巾,翻领上还挂着一个感恩而死乐队的《偷你的脸》(steal-your-face)唱片徽章。不知怎的,这一爱好似乎也不显得突兀。

"91 惠多网会议"参与人数众多,让人意想不到,这也抛给 BBS 管理员一个新问题:BBS 还仅仅是一个爱好吗?还是不止如此?它会成为一项社会运动?抑或是一个行业?当与会人员还在为集体身份的转变感到困惑时,两名会议赞助商就已经迫不及待地抓住这一机会,重新定义 20 世纪 90 年代"BBS"的意义。TBBS 的创立者贝克尔以及《关注公告板》的理查德把这次大会视为商业增长和创新的机会。[5] 起初,他们认为惠多网会议就像业余电台接线员的年度聚会"代顿无线电展"(Dayton Hamfest)——一个融合了商业展览的商业性与县集市欢乐气氛的聚会。但是在参与会议之后,理查德意识到,会议不仅仅是商业增长和创新那么简单。他在接下来的《关注公告板》专栏里,把"91 惠多网会议"描述为"婴儿期"BBS 行业的"转折点"。虽然一些长期用户"心生抱怨",但这一群体似乎对商业化持开放态

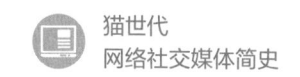

度，也渴望了解更多关于因特网私有化的信息。在过去的一年，BBS 文化发生了变化。理查德感叹道："BBS 站稳了脚跟。"

借着"91 惠多网会议"的东风，理查德和贝克尔宣布将在 1992 年组织一场属于他们自己的会议。会议被称为"线上网络展览和 BBS 会议"，简称"电子公告板系统展"，旨在跟惠多网斩断联系，拥抱调制解调器世界的商业化。带有传奇色彩的西海岸电脑展（West Coast Computer Faire）的组织者吉姆·沃伦（Jim Warren）为这个新生组织提供了非正式指导和一定程度的合法性。如果业余 BBS 管理员对商业化仍感不适，他们也可以继续独立运营惠多网。为了解决惠多网管理员的问题，理查德向《惠多新闻》提交了一篇文章，简述了他对"整个 BBS 行业和网络商业展览"的设想，包括像"计算机在线"和"Prodigy"这样的商业平台、"接力网"（RelayNet）和"爱链接"（ILink）之类的 BBS 网络以及因特网服务。詹宁斯支持这一文章，强调自己不反对商业化，但是希望能保护惠多网络的自治权。只要"电子公告板系统展"不使用"惠多网"这个名字，业余惠多网 BBS 和商业 BBS 行业之间就不会出现混淆不清的情况。

商业化带来的种族矛盾也揭露了北美地区 BBS 文化的其他分歧。虽然 BBS 用户数量在不断增长，但白人男性依然占大多数。在"91 惠多网会议"上，几乎每一个在酒店大堂拉

第六章
成为因特网

着行李箱的人都符合这一描述。十月份,《关注公告板》发布了一期关于惠多网会议的特刊,其中有几页是在会议大厅拍摄的照片。不仅没有女性受邀颁奖或者得奖,照片中甚至没有一个女性的身影。一名与会者表示,自己是惠多网会议上"唯一的黑人女性",她对会议的感受跟理查德和贝克尔大相径庭。莉萨·唐宁(Lisa Downing)在《关注公告板》发表"公开信",表示自己整个周末都被人忽视和冷落:"我在这个会议中受到排挤。"讽刺的是,她注意到受邀嘉宾频繁欢呼没有偏见、男女平等的虚拟社区就要到来。"别骗自己了",她评论道,"(技术)不会消除用户的偏见"。理查德发表了简短的回应,对唐宁的评论毫无同情,也无意理解。相反,他对其他与会者的粗鲁行为不屑一顾,认为这种行为是"心理失调"的电脑极客的无害行为,并重申了BBS用户"比大多数人更宽容和开放"的乌托邦式信念。

跟商业化带来的冲突不同,理查德和唐宁之间令人瞠目结舌的交流在当时并没有引起多少关注,也没再有后续信件出现在《关注公告板》的页面上。当然了,也有可能是理查德为了塑造惠多网会议的正面形象,从而刻意压制了这个话题。但是显然,他没有遏制几周之后爆发的关于同性恋的辩论。理查德对于种族和种族主义的观点并不代表所有人。而且,仅仅六个月之后,詹宁斯就在《惠多新闻》发表了一篇捍卫种族平等运动的文章，但是唐宁的信没有多少人回复，也反映了大多数白人男性不愿意严肃思考关于种族、阶层和性别的问题。悲哀的是，很多人遭受着唐宁在惠多网会议上经历的冷遇。虽然女性和黑人在早期网络文化中做出了诸多贡献，商业化（从BBS到社交媒体）的好处却只有白人男性电脑极客享受到了。唐宁给了理查德和《关注公告板》的读者走另外一条道路的机会，但是他们没有把握这一机会。

在接下来的三年，得益于网络私有化，虚拟社区的乌托邦式设想成为主流——从有利可图的电脑碎片到《时代》周刊的封面故事。"Prodigy"之类的线上商业服务创造了"启动工具包"，给终端软件捆绑上廉价的调制解调器，帮助好奇的电脑用户上网，由此用户数量激增。据报道，美国在线的用户从1992年的不到18万增长到1994年的100多万。随着成千上万的调制解调器用户寻求"Prodigy""计算机在线""美国在线"等围墙花园之外的网络世界，参与BBS活动的人数也同时激增。参加美国BBS会议的人数每年增长一倍有余，尤其是1994年，4000人参与在亚特兰大举行的"电子公告板系统展"，人数创历史新高。[6]

拨号式BBS越来越成为新近私有化网络的本地网关，模糊了两个领域之间的界限。随着越来越多的公众上网，唐宁遭受的偏见在"91惠多网会议"之后只会加剧。尽管有很多关

第六章
成为因特网

于种族主义和性骚扰的第一手报道，但拥护 BBS 的人依然坚定地把网络空间设想为没有偏见的媒介，即巴洛口中的一个"思想的社会"。[7] 但是这与遭遇骚扰的调制解调器用户心目中的乌托邦愿景却大相径庭。在 1994 年之前，只有几十个 BBS 在"AfroNet"上交换信息——这是一个建立在惠多网基础上的网络，一开始由研究生肯·昂沃（Ken Onwere）组织，用来举办"非裔美国人主题"会议。像"回声邮件"和"全球电子链接"这样的 BBS 上长期存在的女性专用空间也在欢迎新用户。像"同性恋信息局"这样的酷儿空间也接收到来自全国各地的呼叫。这类网络的共同目的就是帮助人们在网络空间找到彼此。这些网络许诺的乌托邦不是空洞的虚拟世界，而是跨区域交流的同步发展。不管你在 1992 年追寻的是哪种乌托邦，网络空间的未来都不是商业化网络，而更像是 BBS 的全球化网络。

攻占因特网

1992—1995 年，成千上万个 BBS 系统管理员开始重建 BBS，使其成为互联网的接入点和接出点。BBS 社区的活力和经验让一些网络老用户大吃一惊。经过十多年的平行发展，这些长期观察网络的人无法再忽视遍布全球的协作性草根网络。以太网的联合创始人梅特卡夫在谈及他的 BBS 盲区时开玩笑道："网络空间尘埃落定的时候，我会在哪儿？"梅特卡夫认为，

BBS用户和管理员即将改变因特网的社会结构，从而带来新的实践、新的专业技能和新的期待。在接下来的几年，他在《信息世界》专栏中定期发表关于BBS的文章，并敦促读者认真对待这一社区。他预测，今天的BBS很快会成为私有化网络的"当地前端"。BBS用户和管理员会成为让网络发展的一群人。

BBS在人数和地理范围上持续增长，他们似乎在技术方面也超过了同时代的UNIX操作系统[①]。举个例子，相比Prodigy的点击式菜单，文本模式BBS的用户界面或许显得有些过时，但因特网则完全是看起来很古老了。1991年，因特网的用户界面是UNIX网络外壳账号的闪烁光标，与十年前的黑白BBS没什么区别。因为BBS管理员和网络开发商花费了几年时间探索ANSI模式图像的极限，20世纪90年代早期的BBS屏幕互动性强、生动多彩，与UNIX的命令行完全不同。正如因特网软件开发商布拉德·克莱门茨（Brad Clements）在1993年所说，很多BBS"驱散"了现有的因特网服务。在写给《关注公告板》的一封信中，他提出要跟BBS制作者合作，以实现与因特网之间的连接。在克莱门茨看来，BBS用户有探索因特网的好奇心，而与BBS建立联系同样也会让因特网用户受益。

[①] UNIX操作系统是20世纪70年代出现的多用户、多进程的计算机操作系统。

第六章
成为因特网

BBS 和因特网网络的融合是互利互惠的。BBS 社区在拨号电话系统中已然繁荣起来，因特网可以为社区间的数据传输提供强大的基础设施。在"91 惠多网会议"之后，理查德越来越高调地支持这一融合。他敦促 BBS 管理员把自己看成普通计算机用户和因特网的"象牙塔"之间的主要连接点。普通的 BBS 会成为因特网的接口，他充满热情地说："在将来一段时间内，大多数人看到的唯一的因特网就是 BBS。"理查德和贝克尔观点相同，也认为因特网的狂热并不合理。毕竟，拨号式 BBS 早已实现了触发网络空间狂热的事物——虚拟社区、线上教学和电子商务。他们坚称："撕掉神秘的包装，因特网就是世界上最大的 BBS。"跟贝克尔和理查德在电子公告板系统展上见面之后，梅特卡夫坚信，随着"几百万"用户通过 BBS 网关到来，"虚构的"因特网将面临文化转型。他在《信息世界》中这样写道："我想给因特网上的朋友们一个警告，BBS 管理员即将侵占因特网。"

渴望连接 BBS 和因特网的管理员很快发现，要上网还得克服许多技术和管理上的实际障碍。与因特网建立联系的复杂过程成为无数文本文件、杂志文章、俱乐部会议和研讨会的主题。从 1985 年开始，BBS 管理员就通过断断续续的存储转发网关交流信息，他们使用的是文件传输实用程序，名称为"Unix-to-Unix Copy"，简称 UUCP。[8] 但是，这些点对点的连接需要能使用 UNIX 机器，而且需要雇主不能或者不在乎你在下

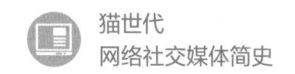

班后对它做了什么。大多数管理员都运气不佳，直到 1989 年，程序员波扎尔发布了"UFGATE"——一个为微软磁盘操作系统而开发的 UUCP 软件包，完全支持因特网邮件和网络新闻组。[9] 波扎尔让非商业用户免费使用 UFGATE，用户只需向他邮寄空白磁盘和邮费，他就会给他们寄送实体版本，并退还邮费。1990 年，曾对惠多网做出巨大贡献的兰迪·布什在俄勒冈州波特兰市运行的"UFGATE BBS"助力"惠多网""回声邮件""网络新闻组"和"南非网络邮件"的交流。

但是，在 1993 年之前，很多 BBS 管理员寻求的并不是存储转发网关那么简单。他们想要一个"真正的"因特网连接，有专属的 IP 地址和"mybss.com"之类的域名。这样的连接可以让 BBS 用户大胆地探索"Gopher"和"IRC"之类的网络服务，同时还可以接收其他地方用户从网络传入的连接。标准的拨号调制解调器一次只能支持一个用户，而分组交换的网络连接却可以同时支持十几位用户。问题是因特网的分组交换协议 TCP/IP（即传输控制/网际协议）不是为迷你电脑设计的。因特网早期的发展依赖大型机构中各种各样的电脑：大型机、小型机以及拥有网络友好 UNIX 操作系统的智能终端。[10] 同时，调制解调器世界在与 IBM 兼容的个人电脑和微软磁盘操作系统上运行，而这两者在默认情况下都不支持联网。第三方软件工具可以用来向磁盘操作系统增加网络协议，但是众所周知，它们很难配置。在

278

第六章
成为因特网

一个操作指南的序文中，管理员伯纳德·阿博巴（Bernard Aboba）敦促读者坚持，他写道："很多人都在做这件事情，不要灰心！"

软件配置只是这个难题的一部分。管理员还需要找到愿意提供连接的现有主机。[11] 在 20 世纪 80 年代，存储转发网关依赖于建立非正式的安排，比如说，当地大学的计算机实验室愿意每周捐赠几个小时的电话时间。但是分组交换连接就需要更多资源承诺，比如，远程主机的全天候连接。从阿帕网时代开始，机构网络依赖于电话公司出租的专属线路，费用是每个月几千美元，但这对一般爱好者来说并非一个好的选择。然而，尽管网络已经正式"私有化"，但在美国大多数城市和乡镇并没有网络提供商向消费者销售互联网接入服务。BBS 管理员并不能给人打个电话说"订购一份网络，谢谢！"。《关注公告板》在 1992 年 10 月为寻求连接的读者发表了一份因特网服务提供商的名单。名单里只有十家商业网络。即使是全国性商业系统都在努力摆脱网关范式。

在 1994 年之前，BBS 系统管理员进行了一系列实验，雇用写手和替代基础设施，以实现 BBS 和因特网的融合。像"行星连接"（Planet Connect）之类的消费者卫星服务，提供了一个"来自天空的消防水管"，提供"网络新闻组""回声邮件"和源源不断的实时天气和股市数据。不幸的是，这一服务并非互动性的。高带宽的卫星信息只从空对地这一个方向传输。

从 BBS 传回的数据要经过一个标准的电话传输。同时，早期的电缆网络连接也出现了类似的问题。由于典型的电缆网络的不对称设计，BBS 用户可以访问高速因特网，但是因特网用户却不能访问 BBS。虽然有这些限制，BBS 系统管理员却继续试探因特网的界限。詹宁斯给一个有网络连接的朋友打电话，接上他们的调制解调器，一直没挂电话，才在家里短暂地访问了因特网。多亏了当地拨号上网使用固定费率，他连续几周持续"在线"，也不需要额外付钱。

尽管有这些技术挑战，但在 20 世纪 90 年代早期，还是有将近 500 名管理员成功地将双向分组交换网络连接添加到他们的 BBS 之中。混合"因特网 BBS"将拨号式 BBS 的本地文化和因特网的全球触角结合在一起。正如一个网络 BBS 的系统管理员所说，BBS 提供了一个友好熟悉的环境，让人们在"冷酷无垠的网络空间漫游"之后，可以"放松下来，休息一下"。《关注公告板》和《BBS 杂志》发表了关于因特网 BBS 的专题报道，为想要成为系统管理员的人提供技术信息。1992 年夏天，"全球电子链接"宣布它正在给因特网邮件网关升级，纳入进出的电话网络连接，使其成为第一批能直接访问因特网的拨号系统之一。很快，"女性专线"（Women's Wire）从"全球电子链接"中分离出来，形成了自己的 BBS，可以连接网络新闻组和因特网。1993 年年末，迅速发展的因特网行业几乎不能满足对互动服务的需求。

第六章 成为因特网

对 BBS 友好的"科罗拉多超级网络"（Colorado SuperNet）不得不暂停 UUCP 网关，以便为其他消费者提供宽带。

BBS 系统管理员有充分理由对因特网的未来感到乐观。1994 年一整年，他们都见证了 BBS 的巨大增长和创新。从业余爱好者"一行"BBS 到大型多线 BBS，新的 BBS 在美国遍地开花。另外，更新的 BBS 主机软件利用更快速的调制解调器和处理器以及多任务操作系统，让管理员可以更容易添加因特网服务。1994 年春季，BBS 杂志在华盛顿推出了一个叫作"94BBS 展"的全新贸易展览会，目标是北弗吉尼亚州的因特网行业。1994 年秋季，"电子公告板系统展"搬到佐治亚州的亚特兰大，吸引的参会者、供应商和媒体人士比之前任何一年都多。资深管理员戴夫·休斯称这群人"对因特网连接无比认真"，并愿意争取合理的使用价格。理查德在 1995 年的第一篇社论中嘲笑"一群后来者"急吼吼地出版和发表关于 BBS 及因特网的图书和文章。他评论道："被发现算一件好事。"但是第一的优势是短暂的。1994 年 1 月，《关注公告板》杂志封面上一项惊人的数据预示着 BBS 时代戛然而止："万维网流量……实现了 1814% 的增长。"图 6.1 所示为"龙堡国际"刊登在 1994 年 10 月发行的《关注公告板》杂志上的分类广告。

DRAGON KEEP INTERNATIONAL (904)375-3500 Gainesville, Florida since 01/87. Sysop: Dragon & Cerebus. Using WildCat 6.21 with 50 lines on MS-DOS 80486 with 5000 MB storage. US Robotics at 14400 bps. $.25 Hourly fee. Real-time multi-player games, 24 Hr live chat featuring Global Chatlink every night at 10PM. Over 50,000 files, 6 CD-ROM's, MajorNet, NetAccess. Full Internet access (Telnet/IRC/FTP). Telnet to dkeep.com (198.79.54.10) Instant access w/credit card.

注:"龙堡国际"是位于佛罗里达州盖恩斯维尔的一个融合了因特网的拨号式BBS。其管理员马克倡导融合因特网与公告板,而且负责维护一份接入了万维网的BBS清单,这份清单流传甚广。

图6.1 "龙堡国际"刊登在1994年10月《关注公告板》杂志上的分类广告

在1995年1月到12月,万维网成了因特网的页面。第一眼看去,图形万维网与文本模式的BBS格格不入,但是因特网BBS接受了这一新媒介,既充当网关,又充当目标。通过几个技术改进,因特网BBS管理员可以让用户用串行线路接口协议(简称SLIP)获得图形万维网的使用权。[12]从BBS连接到图形万维网的过程极其枯燥(根据《关注公告板》上一篇文章估计,连接需要"几个小时"),下载速率也很折磨人(一个只有几张图片的网站可能需要十五分钟才能加载好);但是这一过程和家庭电脑用户的其他选择一样,效果良好。[13]就连

第六章
成为因特网

执拗的调制解调器世界的资深用户理查德都对点击翻页的体验印象深刻。他承认："没错，我们有点兴奋。"

除了充当网关，很多因特网 BBS 还把自己定位为网络用户的目标。几乎每一个管理员都为他们的 BBS 创建了一个主页。学习 HTML，策划主页是一项新奇有趣的事情，就连经验丰富的程序员也这样觉得。典型的 BBS 主页基本上就是数字广告，邀请读者离开网页，用电话网络直接跟 BBS 连接。几个大型的 BBS 更进一步，用网络风格重新创造系统。1995 年，"全球电子链接"（图 6.2）首次发布交互式网络服务，与现存的"PicoSpan"软件同时运行。[14] 新的可点击页面在保存旧拨号系统的内核的同时，还寻求为新用户提供更加简单的体验。"Galacticomn"和"Mustang"软件之类的 BBS 制造商也在进行类似的升级，在 1996 年之前，这两家公司都为网络提供了即开即用的技术支持。

BBS 系统管理员之所以追求因特网接入，是因为它提供了一个解决办法，可以终结限制调制解调器世界的因素：长途拨号。当世界上其他地方的人梦想着虚拟现实时，BBS 狂热者却把因特网主要看成是电话网络的替代品。他们设想的未来是 IP 地址和域名取代区号和电话号码，他们无须快速计算一下长途话费再决定是否连接一个新奇有趣的系统。阿博巴把上网体验比作空间配置："你给街那头的电脑打电话，就有可能与远在半个地球之外的人交流。"对 BBS 系统管理员来说，接

283

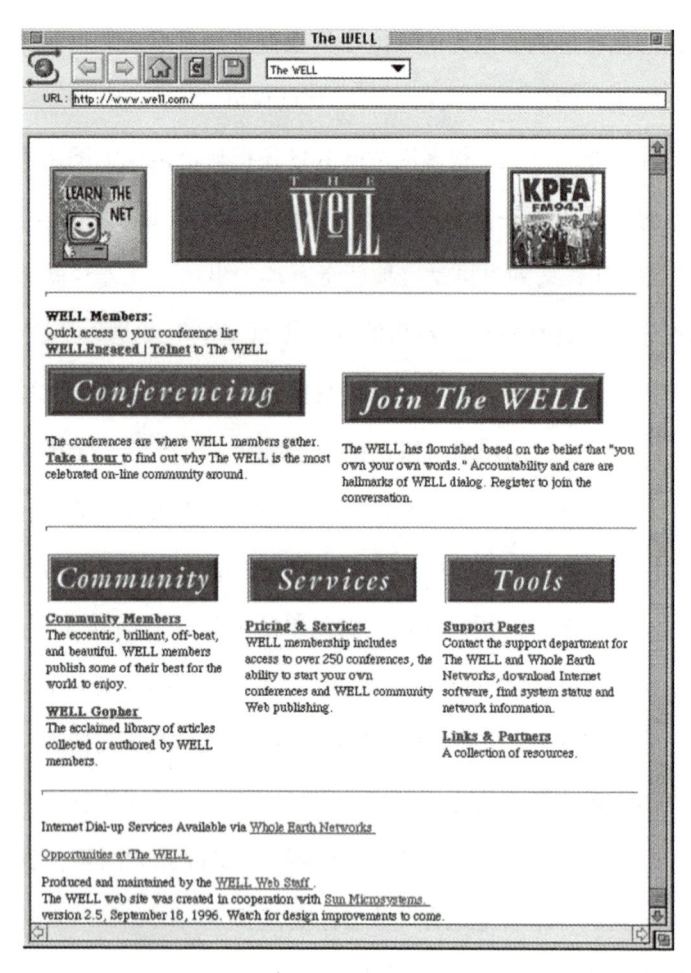

注：在这段过渡时期，该网站与其说是替代现有BBS，不如说是起到了门户网站的作用，它上面的链接将用户带领到会员主页、新网络用户操作指南网站、社区运行的Gopher服务器以及通过远程登录访问文本模式BBS 的说明。现在，整个会议系统都可以通过万维网访问，社区依然在蓬勃发展。

图 6.2 全球电子链接于 1995 年在万维网上添加的一个页面

第六章
成为因特网

入因特网的魅力不仅仅在于具体的文件、服务或者社区——这些在调制解调器世界已经很充足；它的魅力在于基础设施升级带来的社交意义——它成为一种媒介热交换，将全世界的 BBS 用户和系统管理员聚集在一起。这一转变既能降低现存网络（如"惠多网"）的成本，又能促进以兴趣为导向的社区 BBS（如同性恋信息局 BBS）增长。调制解调器的资深用户很高兴可以摆脱本地拨号区域的限制。一位前用户谈及因特网给他留下的初始印象时说它是"一个永不止息的巨大虚拟会议"。

BBS 的终结

1995 年的变革性事件打断了 BBS 系统管理员对因特网的设想。随着网络空间融入流行文化，网景公司的首次公开募股成为头条新闻，投资资金涌入跟数据传输相关的行业。但是新的投资和关注都涌入了兜售因特网和万维网的公司，而并非 BBS。不管 BBS 程序员、管理员和企业家多么专业、经验多么丰富，成千上万的人都面临着在网络泡沫中亏损的风险。虽然 20 世纪 90 年代早期便出现了 BBS 与因特网相融合的趋势，但支持因特网的人士却从未接受 BBS 文化。所以，不论是谁，想从网络泡沫中获益，最终需要同调制解调器世界决裂，转而接受因特网。

对商业因特网的支持者来说，网络酷炫、新潮、安全和有利可图是非常重要的。理查德主张对"网络服务"进行更广

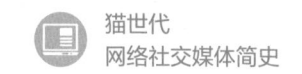

泛的定义，不过因特网支持者却拒绝了为建立早期公共数据基础设施的努力。可视图文、分时技术、商业服务和拨号式BBS都已成为过去，网络才是未来。BBS太老旧、太奇怪、太商业也太小众，所以它被拒绝、被忽视、被污名化、被遗忘。

对于BBS的衰落，最普遍的解释是新用户拒绝文本模式技术，选择了图形化的网络。这一解释与流行文化中网络的描述不谋而合。多年来，"信息高速公路"都是通过"互动TV"的暗喻来呈现的——这种对未来的憧憬扎根于20世纪70年代末和80年代初的计算机通信系统，如"Minitel"。1993年和1994年，《时代》和《大众机械》（*Popular Mechanics*）杂志的封面故事把"信息高速公路"描述成在空间快速移动的一连串电视图像流，包括戏剧、体育、新闻和动画等。拨号式BBS不能带来这些影像的视觉体验，但是因特网也不能。习惯看有线电视、玩单机游戏的人们听到"网络空间"和"虚拟现实"时，他们想到的并不是UNIX外壳闪烁的光标。通过Mosaic浏览器看到的图形网络，代表了第一个实现的接近互动电视的因特网应用。正如梅加·萨佩纳·安克森（Megan Sapnar Ankerson）所说，Mosaic的内联图形和舒适的用户体验足以让用户想象未来的网络会变成什么样子。

但是，BBS受冷遇不能仅仅从技术或者市场竞争的角度来解释。经过十多年的时间，因特网并非人人可及，这就在一些

第六章
成为因特网

用户中形成了"精英主义"文化。BBS 管理员马克在 1996 年的研讨会上表示:"我们并不知道,一些因特网用户对 BBS 社区的到来并不抱热情态度。"出于无知,他们认为 BBS 用户不谙世故、毫无经验。这种势利心态在被称为"永远的九月"的网络故事中可见一斑。虽然叫"永远的九月",但这一故事始于 1994 年的春天,当时"美国在线"第一次使用网络新闻组。[15] 如故事所述,以前网络新闻组仅限大学生、学者、研究人员及其他因特网内部人士使用。[16] 随着美国在线的新用户涌现,很多新闻组的讨论质量大幅下降,因为长期用户被新用户的帖子淹没,而这些新用户并不了解行为准则。对一些因特网用户来说,BBS 的社会地位甚至比商业服务还要低。1994 年 9 月,梅特卡夫就人们对 BBS 的看法调侃:"你认为'美国在线''计算机在线'和'Prodigy'的用户是野蛮菜鸟,BBS 用户现在才是真正的野蛮菜鸟。"当然,寻求使用网络新闻组的 BBS 用户其实并非新手。很多人的网龄达到十年甚至更多。虽然如此,但对 BBS 的负面认知在因特网用户中普遍存在。[17]

BBS 网络地位低下,反映出因特网拥护者在技术、社会和地理方面的偏见。早期因特网的准则和价值观是由 UNIX 独特的技术文化塑造而成的。诚然,网间协议最开始是通过学术计算机实验室中流行的 UNIX 版本分配的。对很多 UNIX 爱好者来说,像微软磁盘操作系统(DOS)这样的微型计算机操作系

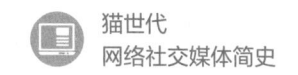

统就像是技术上的一潭死水,完全可以忽略。[18]但是这种冷漠一经形成,就造成一种面向内部的科技文化,可能会让内部人士觉得完全开放和平等,而同时在结构上却对外部人士完全封闭。[19]同样,在20世纪90年代早期,倡导因特网民主文化的人大多数希望摒弃网络中固有的精英主义,比如只有大学生才能使用网络等。最好的情况是因特网用户把BBS看成"真正"的因特网的"垫脚石"。这一等级观念忽视了20世纪80年代在BBS网络中进行的重大社会和技术创新。

当然,虽然遭到因特网用户忽视,但BBS网络依然繁荣发展。但是,随着因特网行业的出现,这种忽视被污名取代。因特网的代言人努力赋予商业网络安全有趣的形象,而拨号式BBS就轻易地成了替罪羊。长达十几年的负面报道支持将BBS污名化。自1985年开始,几乎每一次晚间新闻提到BBS时,都涉及一些阴暗面和邪恶因素,比如黑客、外国间谍、新纳粹分子或者色情作家等。这些故事不是一无是处,但是没有人进行补充报道,强调以社区为导向的BBS的绝大多数用户和运行这些社区的管理员。事实上,于1990年成立的电子前沿基金会就是为了支持一个BBS的用户和管理员的,而该BBS曾被美国特勤局错误地锁定为目标。

1993年,人们开始因为在网上能看到穿着暴露的图片而感到恐慌。《时代》发表了一篇名为"线上纵欲狂欢"的头条文

第六章
成为因特网

章,毫无根据地断言大多数 BBS 提供"某种形式的电子快感"。不管这种论调是真是假,它都为高度节制的平台扣了一项帽子,比如说以家庭友好型选择作为卖点的 Prodigy。在最初的研究和《时代》发表的故事中,"BBS"这个词语被用来描述"计算机在线""网络新闻组"、匿名文件传输网站和拨号式 BBS。而网络只被一笔带过:潜在的"经济增长引擎"。

与万维网不同,虽然很多 BBS 管理员都有创业热情,但 BBS 却很少被描述成经济繁荣之源。《时代》之类的杂志称 BBS 的快速商业成功——比如"事件视界 BBS"和(Rusty n Edie's)——为不义之财,因为它们与色情和盗版行为挂钩(图 6.3)。[20] 但是相比因特网曲高和寡的文化,利润和商业化在 BBS 管理员之中并未如此有争议。问题不在于 BBS 是反商业化的,而是它的商业类型错了。因特网业务作为国家和国际业务出现,搭上了撤销管制和自由贸易的顺风车,可以与老牌电信企业展开竞争。而商业 BBS 却大多是着眼于当地的中小型企业。它们大多由一家人或者一群朋友在小办公室或者家里的卧室经营。用硅谷的行话来说,因特网 BBS"没成规模"。

而让 BBS 彻底消失的是"因特网"这个词本身的模糊含义。因特网改变了它所触及的任何事物。一旦 BBS 添加了网络连接,它就被纳入巨大的网络中的网络。随着 BBS 网络和因特网交汇,BBS 就成为一个残存的类别。加入因特网就意味

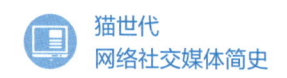

注：经营该 BBS 的夫妻档喜欢称他们的公告板为"全世界最友好的 BBS"。根据美国联邦调查局的说法，该公告板上收集了大量的共享软件和成人 GIF 图像以及未经许可的商业产品。执法部门越来越多针对 BBS 的审查，导致 BBS 与非法活动联系在一起。

图 6.3 "生锈伊迪"BBS 的管理员漫画因涉嫌侵犯版权而被捕

第六章
成为因特网

着消失于无垠的因特网之中。连续几年被边缘化、被忽视和被冷落，很多系统管理员都"举手投降"。1994年，BBS软件制造商斯科特·J. 布林克尔（Scott J. Brinker）表示，公司的主要产品"The Major BBS"已经不再使用BBS的标签。它很快被重新标榜为"世界集团"（Worldgroup）——"一个创造自己的网络服务的开放平台"，并作为企业内联网与公共网络之间的桥梁出售。1995年，尼尔森（Nielson）市场调查公司把所有网络服务在"因特网接入"标题下进行重新分类。

"因特网"让新用户反而更容易在网络空间游刃有余，但它也促成了网络上的力量集中化。BBS管理员享受了一定程度的自治权，商业网络远远提供不了这种自治权。由于BBS在现实中相互隔离，所以用户的个人数据不会从一个系统传递到另一个系统。虽然拨号网络没有分组交换的因特网效率高，但是它们把控制权分布到网络的边缘。另外，BBS的技术基础设施也加强了本地文化，而这并不是万维网优先考虑的事项。在前用户发现他们失去了这一亲密关系之前，大多数BBS早已消失了。

互联网服务提供商的诞生

截至1996年，消失的BBS已经数量惊人。从美国在线到万维网，数百万的调制解调器用户发现自己的在线时间更多分配在更大数量的网络和服务上。用户花在本地BBS上的时间越

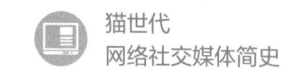

来越少，从而触发负反馈循环。今天的用户访问变少，就意味着明天访问系统的用户可看到的信息变少。BBS活动在短时间内大幅下降。正如之前一位管理员告诉我的那样，"线路死了"。

但是普通用户有所不知，事情并非如此简单。从1994年到1996年，（708）8208344这一电话号码属于伊利诺伊州奥罗拉的一间办公室，该办公室坐落在历史悠久的奥格登大道尽头，靠近59号公路交叉口，是"芝加哥最大的BBS""Aquila"的所在地。《关注公告板》的一则广告强调该BBS有几个吸引人的特征：几百个讨论区、有超过12万份文件的电子图书馆、因特网邮件网关、当地天气预报和《今日美国》（*USA Today*）的电子版。然而到了1996年，拨打（708）8208344这个号码却无法接通"Aquila BBS"。相反，拨打这个号码可以接通互联网服务公司，该公司依然使用那间办公室，但是它为用户提供的是拨号因特网使用服务、商业网页设计和免费网络代管服务。

像"Aquila"之类的系统管理员抛弃了"BBS"这一称谓，把自己重新塑造成"互联网服务提供商"。管理员把运行因特网BBS所用的个人电脑、调制解调器、硬件和软件稍加修改，摇身一变成为当地互联网服务提供商。事实上，高端BBS软件的制造商积极鼓励管理员向用户出售互联网接入使用权。1996年发行的第五版"野猫"向管理员保证"我们有能力让你发展

第六章
成为因特网

成为一名成熟的互联网服务提供商。"正如"Aquila BBS"证明的那样,"因特网 BBS"和"互联网服务提供商"之间的区别通常就像技术一样仅仅是品牌和组织身份的问题。加上"互联网服务提供商"的标签之后,创业的管理员可以避免"BBS"这一称谓带来的污名,真正参与蓬勃发展的互联网经济。

考虑到市场千变万化,缺少中央权威机构以及定义模糊等因素,具体多少 BBS 转型为"互联网服务提供商",我们不得而知。但是,这一时期的 BBS 出版物可以给我们提供一些线索。1995 年 12 月,理查德估算"过去 18 个月成立的'互联网服务提供商'中,95% 以上都是由之前的 BBS 管理员创立的,这个数据有点令人难以置信"。同年,马克给出一个更保守的估计:美国 40% 的"互联网服务提供商"起源于 BBS。这些数据不同,部分原因是"互联网服务提供商"的定义不同。提供网络新闻组信息和因特网邮件网关的 BBS 是"互联网服务提供商"吗?提供外壳账号和本地 BBS,但没有接入万维网的"互联网服务提供商"是吗?提供主页托管和网页页面,但是不提供传统的文本模式服务的因特网 BBS 又是吗?1996 年,创业的管理员提供了一系列网络服务,其范围广且费用各不相同。每个人都在试图搞清楚"互联网服务提供商"的定义究竟是什么。

从现在往回看,也可以为 BBS 向"互联网服务提供商"的转变提供一些证据。从 1994 年到 1996 年，马克发布了一个可通过远程系统登录的 BBS 电子名单，鼓励因特网用户探索数量越来越多的因特网 BBS。马克的名单在网络新闻组传播，被上传到网站，在 BBS 杂志上重新发表，最终集结成软装书籍出版。这一名单最长的一个版本包括 462 个 BBS，其中 428 个都有万维网页面链接。通过互联网档案馆的时光倒流机追踪这些 BBS 主页，我们会发现，在马克的名单中，大约三分之一有网络功能的公告板在 1999 年之前都给自己贴上了互联网服务提供商的标签。管理员抛弃了之前 BBS 的全部痕迹，开始使用互联网经济的语言。夸易 BBS（Big Easy）成为"当地最主要的互联网服务提供商"；"访问内华达"（Access Nevada）保证"可以在网上做生意"；"空间网"（Cybernet）标榜自己是"领先因特网 / 内联网技术"的提供商。

在网络泡沫开始之时，成千上万个 BBS 似乎在短短几个月之内就消失了。但是，这些拥有因特网连接的 BBS 中，很大一部分重新以"互联网服务提供商"的形式出现。除了这些直接转变，我们还可以想象得出，数以万计的前 BBS 管理员和用户带着他们的过往经验，在新兴的互联网行业中找到了新工作。他们花了几年时间学习建立拨号网络，审核线上社区，这让他们有资格扮演新的角色，从基础设施维护到系统管理，再到网页设计和客户支持。

第六章
成为因特网

记住一个不一样的互联网

1995年，北美地区的拨号式BBS网络出现了问题。这一年本该是BBS进入主流的一年，它们却一落千丈。今天，之前的用户和管理员大致接受了一个事实，那就是图文网络的美学优势导致了文本模式BBS的"消亡"。但是回看20世纪90年代早期的事件，问题却显得更加复杂。BBS爱好者预见未来网络不仅仅是超文本发布媒介，而且还是个以计算机为媒介的沟通平台。为促使这一转变，他们寻求将BBS和新近私有化的因特网融合起来。但是，他们努力融合二者时，BBS管理员却遭遇了来自因特网资深用户的抵制，导致他们最终放弃"BBS"这一称谓。所以BBS并不是简单地在1995年消失了，而是融入了互联网，在这个过程中放弃了自己独特的身份。

我们接受了拨号式BBS消亡的技术解释，就忘记了因特网和早期网络。从使用拨号调制解调器的家庭计算机用户的角度来说，1995年的网络很难使用。它设置起来很烦琐，使用起来又很慢。[21]要理解为什么网络让人如此激动，就有必要着眼20世纪90年代早期更广泛的媒体生态。从20世纪80年代早期开始，网络就一直在向北美民众承诺高速和互动的远程通信技术，但是贝尔系统崩溃的政治经济并未给数字基础设施的长期规划和大规模投资留下空间。[22]经过近20年的发展，住宅电话网络

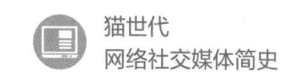

已经达到极限，BBS爱好者也在想方设法建立新的基础设施。从BBS管理员的角度来看，公众访问互联网的"主干网"似乎是一个从本地区号往外扩张的机会，可以从根本上将调制解调器世界的空间想象重新安排。这种操作简单的网络页面让BBS爱好者可以预想到，未来在融合的BBS互联网上畅游是什么感觉。

BBS系统管理员的乐观愿景是BBS与因特网融合，这让我们对早期网络的记忆有所不同。我们不再把网络看成是拨号式BBS的竞争者或替代品，而是把它看成调制解调器世界的延续。管理员马克回想起自己当初连接因特网的动机时说道："我们最初的目标是向全球用户推广我们狭小的BBS社区。"由"BBS"变成"互联网服务提供商"，让这一延续性显得更加具体。曾经传递惠多网消息和ANSI登录页面的电信设备略加修改，就可以用来处理HTML页面和动画图片。在北美地区的各大城市和乡镇，可以说互联网完全诞生于BBS。

第六章 成为因特网

注释

1. 从学术专著到传记，许多关于互联网历史的评述都将 1995 年视为过渡年。

2. "电子家庭"指未来学家阿尔文·托尔（Alvin Toffer）提出的远程办公的愿景，见《时代》杂志。1995 年的"年度人物"一般引自托尔的未来主义作品，相关背景见 Toffer, "The Electronic Cottage," *Creative Computing*, December 1980; Tom Forester, "The Myth of the Electronic Cottage," *Futures 20*, no. 3 (June 1, 1988): 227–40, https://doi.org/10.1016/0016-3287(88)90079-1; Karen Tumulty 和 Paul Gray, "Inside the Minds of Gingrich's Gurus," *Time* 145, no. 3 (January 23, 1995): 20. 当选的民主党人也同样对信息经济充满信心，这是不言自明的。美国总统项目列出克林顿总统在 1995 年的讲话中使用过 67 次"信息时代"或"信息高速公路"。见 https://www.presidency.ucsb.edu。

3. 根据 RXN 关于 1:282 网的网站，"惠多网（TM）是个 1984 年成立的业余电子邮件网络，到 1995 年成长为包含全球近 4 万个 BBS。之后，它的规模开始缩小……"见 FidoNet Net 282, March 28, 2004, http://web.archive.org/web/20160310164528/http://www.rxn.com/~net282/。

4. 该信息的确切措辞在北美地区各不相同。得益于网络爱好者的收藏，今天我们仍可以听到某些"断断续续的记录"，例如 Telephone World, "Telephone Sounds & Recordings,"访问于 June 15, 2021, https://

297

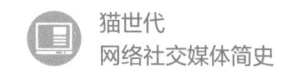

web.archive.org/web/20190701182135/http://www.phworld.org/sounds/.

5   早在那年初夏,理查德便宣称 BBS 行业要在拉斯维加斯的计算机分销商展览会上举办一次"亮相派对",但是后来因为与展会组织者意见未达成一致,最终导致 BBS 展馆落空。参加惠多网会议的经历似乎让理查德重拾信心,他决定要推动调制解调器世界成为一个行业。见 Rickard, "Editor's Notes," June 1991.

6   多年以来,惠多网管理员一直在北美和欧洲地区组织会议。这些会议往往比"91 惠多网会议"或之后的"电子公告板系统贸易展"规模更小,属于自发组织且商业化程度比较低。"91 惠多网会议"的组织者于 1992 年创建非营利组织 IBECC(国际公告板系统与电子通信大会),IBECC 与"电子公告板系统贸易展"正面交锋的第一次(也是唯一一次),会议在丹佛市"电子公告板系统贸易展"的对面举行。"92 IBECC 会议"的主题是"注重社会责任的计算机技术",精选出一些引人瞩目的程序,涵盖主题从教育到科幻小说等。然而,很少有人同时参加这两个活动。即使汤姆·詹宁斯在丹佛参加了"电子公告板系统贸易展",也没有出席"92 IBECC 会议"。1992 年后,IBECC 组织者便将精力集中在举办安纳康主义科幻大会上。见"IBECC," *BBS Magazine*, May 1992; Tom Jennings, "Editorial: (I'm about to) Snooze," *FidoNews*, August 17, 1992.

7   除了早期使用调制解调器的人拥有亲身经历,学术研究人员也开始研究虚拟社区,他们很快便戳穿了以计算机为媒介的通信不带偏见的特征。例如,见 Amy Bruckman, "Gender Swapping on the Internet," in *High Noon on the Electronic Frontier: Conceptual Issues in Cyberspace,* ed. Peter Ludlow (Cambridge, MA: MIT Press, 1996), 317–26; Byron Burkhalter, "Reading Race Online," in *Communities in Cyberspace,* ed. Marc A. Smith and Peter Kollock (London: Routledge, 1999), 60–75; Lisa Nakamura, *Cybertypes: Race, Ethnicity, and Identity on the Internet* (New York: Routledge, 2002); Megan Boler, "Hypes, Hopes and Actualities: New Digital Cartesianism and Bodies in Cyberspace,"

第六章
成为因特网

New Media & Society 9, no. 1 (February 1, 2007): 139–68, https://doi.org/10.1177/1461444807067586.

8 系统间文件拷贝程序和 BBS 网络之间的兴趣重合和重复工作，对访问两个系统的人来说是令人感到懊丧的。正如理查德·威尔克斯（Richard Wilkes）在 1984 年向汤姆·詹宁斯抱怨的那样，"小型公告板系统环境中的人们通常完全无法意识到有一个免费工作的微型计算机网络正（通过电话线）在全国范围内交换千兆字节的邮件。"见 Wilkes, "FidoNet: Response," May 24, 1984, 存档于 http://www.textfiles.com/bbs/FIDONET/JENNINGS/STANDARDS/fidonet.rpw.txt.

9 UFGATE 源自蒂姆·波扎尔和约翰·吉尔摩（John Gilmore）之前的合作以及其他几个人的贡献。1987 年，吉尔摩使用 C 语言编写了 UUCP（名称为 Unix-to-Unix Copy 的文件传输实用程序）。波扎尔对它进行了修订，使其与微软磁盘操作系统兼容，并创建了 UFGATE，使个人电脑能够与 UNIX 网络交换文件和信息。此外，UFGATE 还包括约翰·加尔文（John Galvin）和加里·帕西诺斯（Garry Paxinos）编写的代码。波扎尔感谢兰迪·布什、大卫·多德尔（David Dodell）以及"其他一众人等"对软件做的测试。1988 年，李·达蒙（Lee Damon）、丽莎·格朗克（Lisa Gronke）和戴尔·韦伯（Dale Weber）出版了第一本从运行 UFGATE 的 BBS 发送互联网电子邮件的操作指南。1989 年，波扎尔通过《惠多新闻》正式宣布了 UFGATE。见 John Gilmore, *Uuslave*, version hoptoad–1.11 (1987); Lee Damon, Dale Weber, and Lisa Gronke, "How to Use the UUCP <===> Fido-Net<tm>," December 9, 1988, 存档于 https://www.lns.com/papers/ufgate/UFGATE.HOW; Tim Požar, "Late Night Software Is Proud to Announce UFGATE," *FidoNews*, January 30, 1989; Tom Jennings 和 Tim Požar, "Editorial," *FidoNews*, June 3, 1991. 另见波扎尔的个人回忆录和 UFGATE 软件的存档副本，即：Požar, "UFGATE—FidoNet/UUCP Gateway," Late Night Software, 访问于 October 1, 2020, https://www.lns.com/papers/ufgate/.

10 诚然，有很多发展不错的网络运行在苹果麦金塔、雅达利 ST 和康懋达阿米加等系统上，但这些都是例外。在北美，与 IBM 兼容的个人电脑才是 20 世纪 90 年代初期占支配地位的 BBS 平台。

11 20 世纪 90 年代初期，关于接入互联网的 BBS 的详细信息，请参阅 1991 至 1995 年间《关注公告板》杂志中反复出现的"互联网新闻"专栏。

12 电子公告板系统要求互联网必须支持串行线路接口国际协议（SLIP）或点到点协议（PPP），以便能够访问图形网络。串行线路国际接口协议和点到点协议对于提供拨号上网服务而言是基础的。1984 年，UUNET 的未来创始人里克·亚当斯（Rick Adams）在 UNIX 系统上布置了串行线路接口协议。1988 年，互联网工程任务组发布了串行线路接口协议的规范说明书以及 RFC1055 的示例实现。在 1996 年之前，串行线路接口协议和点到点协议在商业互联网服务提供商的广告细则中很常见。见 John L. Romkey, "RFC 1055: Nonstandard for Transmission of IP Datagrams over Serial Lines: SLIP," Network Working Group, June 1988, http://tools.ietf.org/html/rfc1055; Drew D. Perkins, "RFC 1134: The Point-to-Point Protocol: A Proposal for Multi-protocol Transmission of Datagrams over Point-to-Point Links," Network Working Group, November 1989, http://tools.ietf.org/html/rfc1134; Aboba, "TCP/IP on the IBM PC."

13 要真正访问一个网页，用户必须首先拨入其本地公告板系统，输入登录信息，通过远程系统激活串行线路接口协议指令，在他们的本地机器上启动 Trumpet Winsock，然后等待验证连接，启动 Mosaic，输入 URL 地址，然后等待 15 分钟（或更长时间），让页面完成加载。

14 全球电子链接的重塑升级始于 1994 年，当时乐步鞋履公司（Rockport Shoe Company）创始人兼调制解调器的长期用户布鲁斯·卡茨（Bruce Katz）获得了该系统的所有权。在卡茨指导下，全球电子链接不仅成为一个网络 BBS，而且还为湾区提供拨号上网服务。见 Jack Rickard, "The New BBS on the Web—Whole Earth'

第六章
成为因特网

Lectronic Link," *Boardwatch*, October 1995.

15 从历史上看，网络新闻组的用户将 9 月与大学新生的到来关联起来。随着互联网访问的普及，"永恒的九月"或"永无止境的九月"意味着这个季节周期的终止。新用户现在不再是一次同时来访，而是不断出现。随着时间的推移，1993 年秋天，"永恒的九月"被误认为代表美国在线用户大爆发。但实际上，美国在线直到 1994 年春天才开通网络新闻组门户网站。而且，"永恒的九月"这个短语可能源于艺术家戴夫·费舍尔（Dave Fischer）于 1994 年 1 月份在 alt.folklore.computers 网站上发表的一个帖子。费舍尔并没有在帖子中提到美国在线，他评论的是在网络新闻组上反复出现的话题——"即将到来的网络死亡"，追溯到 1985 年惠多网用户的出现。不幸的是，这个错误被载入黑客词典了，而且还在维基百科的很多地方都有转载。见 Wendy Grossman, "The Making of an Underclass: AOL," chapter 3 in *Net.Wars* (New York: New York University Press, 1999), https://web.archive.org/web/20110505003755/ http://www.nyupress.org/netwars/pages/chapter03/ch03_.html; Dave Fischer, "Longest USENET Thread Ever," alt.folklore.computers, January 25, 1994, https://groups.google.com/g/alt.folklore.computers/c/wF4CpYbWuuA/m/jS6ZOyJd10sJ; Eric S. Raymond, "September That Never Ended," Jargon File, version 4.4.7, December 29, 2003, http://www.catb.org/jargon/html/S/September-that-never-ended.html.

16 尽管惠多网和网络新闻组之间有网关，但有证据表明，在网络新闻组总用户中，惠多网用户只占一小部分。

17 对 BBS 持消极态度的另一种解释是，很多 20 世纪 90 年代初的大学生在 80 年代后期的"儿童版"上崭露头角。对这些前用户而言，从 BBS 转移到互联网这段时期恰逢他们从高中升大学、从青春期过渡到成年期。很难评估这种生活方式有多流行，但这似乎能解释得通大学生网民中的一些反 BBS 情绪。

18 本书没有进行彻底全面的检查，不过 20 世纪 80 年代期间，《字节》

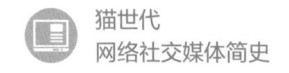

杂志上经常出现有关 UNIX 操作系统和微型计算机技术的辩论。

19 例如，1983 年，自由软件基金会项目（GNU Project）成立，这标志着免费软件和开源软件运动的开端。不过直到近十年后 Linux 内核创建后，GNU 软件才为微型计算机用户所使用。

20 《时代》杂志上关于网络色情的故事中称色情内容为"重要的赚钱机器"，暗示所有大型公告板系统的盈利能力均取决于"限制级材料"有多大诱惑力。

21 网景公司是第一个设计用于通过拨号连接正常工作的浏览器。在它之前的浏览器（包括 Mosaic）都是针对那些有高速网络连接的机构人士设计的。关于当代对 Mosaic 浏览器的评述，详见 Jack Rickard, "Editor's Notes: Webulism and the Cable Fable," *Boardwatch*, December 1994. 另见 Ankerson, *Dot-Com Design*, 39–41.

22 20 世纪 90 年代初期，《关注公告板》和《信息世界》杂志文章时常感叹综合业务数字网的扩散受阻。例如，见 "What Happened to ISDN?," *Boardwatch*, December 1992.

第七章
畅想互联网的美好未来

几年前,我的一门大学互联网史课上发生了一些怪事儿。对这门课程进行期末考核时,我发现部分学生对早期网络文化竟有出人意料的错误认识。他们对历史的认识虽不正确却充满热情。我很纳闷他们怎么会有这种误解,却又感觉有点好笑。重新翻开这门课程的笔记,我不难发现哪里出了问题。我原计划通过本门课程打破人们对互联网创建者的刻板印象,因此我们在课程中不但详细介绍了分组交换技术、分时技术和冷战的历史,也涵盖了很多文章和活动,强调边缘人群对后来成为社交媒体的网络所做的贡献。在某种程度上,这些都是最有趣的教学内容。可当我认为学生会对传输控制协议/网际协议(TCP/IP)叹为观止时,他们却目光呆滞;当我们谈论艾滋病毒支持小组、非洲未来主义和网络女权主义者的电子杂志时,他们的眼睛才亮了起来。

我把自己的困惑告诉朋友,他们笑了。早期,就像现在一样，人们对电脑极客有刻板印象。这种刻板印象其实也不能说毫无根据。拥有调制解调器的白人人数超过了其他所有人。我试着跳出这种标准叙述，努力把例外事件作为典型。这样一来，我在讲解这些特殊事件的过程中便脱离了其发生时周围的压迫、排斥、暴力和忽视等诸多因素。

在本书中，我援引了一系列源自猫世代的故事作为叙述材料，但活在当下却求助于过去是有风险的。消费者技术的历史中隐藏着一种有毒的怀旧情绪，尤其是在涉及男性技术爱好的领域。当然，有些人更喜欢不存在不公正问题的过去。回忆捣鼓电脑、玩"红龙传奇"（Red Dragon）和辱骂网上失败者的美好时光，这也是一种讲述猫世代历史的方式。

但学生们的困惑表明，我们很容易在另一个方向上矫枉过正。我想讲述另一个版本的过去——在这个版本里，有些人做出了巨大贡献，而他们的故事却鲜为人知，不过同时我也想提供有意义的背景。甚至，当我们强调那些混迹在 BBS 的酷儿们的精彩生活故事时，其实掩盖了另一组交叉排除。北美地区的所有 BBS 都在种族和性别的文化矩阵中运行，给个人电脑打上白人男性专属的标签。用一个过于简单化的故事取代另一个过于简单化的故事绝非未来的方向。

尽管如此，本书中收集的关于猫世代的故事都是真实的，而且也是非常重要的。20 多年来，拨号 BBS 在北美地区一直

第七章
畅想互联网的美好未来

是网络计算的主要形式，且大受欢迎。大众 BBS 用户和管理员站在以计算机为媒介的通信的最前沿，在全国性的商业服务和受补贴的大学系统之间努力挤出一片空间。

从共享软件的道德经济到艾滋病活动家的合作网络，BBS 社区将"电子公告板"这个简单的概念应用于实践，使之具备了一系列社会价值。他们在 20 世纪 80 年代进行的文件共享和社区建设经验，为博客、论坛和社交网站奠定了基础，这些网站在十多年后推动了万维网的普及。但是，今天，这些系统几乎完全不在互联网的起源故事中。

说起互联网的历史，人们首先想到的神话不是强调大众创新和业余发明，而是将重点放在阿帕网的发展轨迹上。阿帕网作为一项由军方资助的计算机网络实验，其故事虽然引人入胜，但它却不涵盖个人电脑和大众互联网的日常文化。事实上，阿帕网和 BBS 网络的历史在社会和物质上是相互交织的，因为思想、技术和人员在它们之间流动。互联网的历史也许是一个包罗万象、扣人心弦的故事，由成千上万个大大小小的、或在城市或在农村、或商业或志愿的网络组成。但是，现在它却被不断简化为单一的阿帕网的故事。

关于阿帕网和冷战以及硅谷和早期网络的故事，已经成为互联网的创始神话，也成了我们理解这个以计算机为媒介的世界的支撑叙述材料。活动家、批评家、高管和政策制定者经常利用这一神话来推动有关技术和社会问题的辩论。在有关审查制度、国家主权、隐私、网络中立、网络安全、版权等问题的辩论中，辩论者参考一些反复出现的故事，以寻求关于如何管理互联网的基本真理。人们（尤其是当权者）认为，过去互联网的故事影响着现在每个依赖互联网的人的生活。

遗忘的风险很大。随着无线宽带在北美许多地区越来越普遍，我们讲述互联网如何起源的故事比以往任何时候都更加重要。面对审查和监管等危机，政策制定者和技术专家请出神话般的过去，并以此作为指引。在不确定的时代，最杰出的历史人物——那些"前辈们"和"创新者们"——被授予特权，对电信的未来提出规范性的主张。只要猫世代还被排除在互联网起源故事之外，普通业余爱好者就无法参与有关政策和技术的辩论，也没有机会倡导一个不同的未来。

猫世代不是一个单一、稳定的分析对象，这个悖论贯穿全书。无论是在我们的生活还是记忆中，它都是一些多重的、不同的且相互冲突的网络。这种复杂性被写入网络本身的体系结构。1996年之前，猫世代还不是互联网的世界，还没有由一组共享协议连接在一起的单一且通用的信息基础设施。在新闻组、BBS和公共信息网终端的时代，网络空间是由数千个小型本地BBS相互连接而成的，每个BBS都有自己独特的文化和技术设计，即每个BBS都是由数码补漏和信号交换连接而

第七章
畅想互联网的美好未来

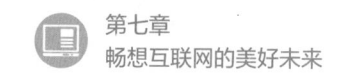

成的重叠通信系统的动态组合。调制解调器的插入位置不同，它的外观和给人的感受也不尽相同。

互联网的标准历史从阿帕网直接跳到互联网，略过了大部分猫世代的历史。主要由阿帕网和互联网组成的历史不是不正确，也不是毫无价值的。我们可以从这些网络中学到关于非正式合作、国际合作、公私合作以及自下而上的技术创新等方面的很多东西。

但25年来，我们一直在讲关于阿帕网和互联网的同一个故事，现在这个故事已经不再令人信服了。它不能帮助我们理解现在的社交网络；它不能解释商业社交媒体为什么会出现，也不能解决平台化的问题，因此也无法帮助我们畅想未来会走向何方。

当下的社交媒体生态系统更像是20世纪80年代末和90年代初的猫世代，而不像21世纪初的开放式社交网络。它是一个由专有平台组成的群岛，各个平台之间的边界尚未得到完美连接。网关确实存在，而且有可能瞬息万变。更糟糕的是，用户几乎没有追索权，平台推卸责任，各州也不愿干预。

在互联网电子邮件没有被普遍采用之前，人们经常抱怨打印的名片上有六个不同的地址，在"计算机在线""GEnie""美国在线""Delphi""MCI Mail"等不同网站上需要用不同的字母、数字和符号序列表示这些地址。今天，我

猫世代
网络社交媒体简史

们发现自己的处境同当时没有什么两样。从美甲沙龙到麦片盒，视觉环境中到处充斥着各种不兼容的社交媒体品牌标识。脸书、谷歌、推特（Twitter）和照片墙（Instagram）是新型的围墙花园，它们可以追溯到20世纪80年代末。

近年来，我们习惯了将所有问题归咎于社交媒体。这也无可厚非。经过几十年的技术乐观主义之后，一场清算来临了。但令我不解的是，我们批评的对象往往是人，而不是平台。我们被告知，社交媒体让我们变得乏味、愚蠢、偏狭和沮丧，我们应该为从社交媒体中获得快乐而感到羞耻，我们"天生"会违背自己的最佳利益。我们想要与人联系的基本欲望是病态的，似乎我们应该为自己的"屈服"承担责任。我认为这是一种诡计。

人并非问题所在。问题在于平台。通过回顾猫世代的历史，我们可以着手将社交技术从我们所谓的"社交媒体"中剥离出来。有关社交媒体的许多问题根源在于缺乏创新和人文关怀。讽刺的是，对以创新为荣的计算机行业来说，平台提供商却未能开发出让人类社区保持健康的商业模式和运营结构。

"社交媒体"不是硅谷发明的。大众让互联网变得社交化。用户一次又一次地将网络计算机用于人与人之间的通信。20世纪70年代，阿帕网允许远程访问昂贵的计算机，但用户却让电子邮件成为其杀手级应用。20世纪80年代，和"计算

第七章
畅想互联网的美好未来

机在线"提供了大量的新闻和金融数据，但用户却把所有时间都花在了论坛和聊天室。20世纪90年代，互联网是为发布文档而设计的，但用户却创建了对话式留言簿和留言板。与人联系是一种基本的欲望，我们不应为一起上网的乐趣而道歉。

商业社交媒体平台起源比较晚。像脸书这样的主要服务系统是于2005年左右形成的，距离第一批BBS上线已有25年之多。它们的业务是社交网络圈地、个人数据提取以及个性化广告的保证。通过巧妙的界面设计和风险投资的战略应用，平台提供商成功地拓宽了访问网络世界的渠道。今天，能上网的人比"美国在线"或"惠多网"时代更多，也更容易通过网络找到彼此。

但是，商业社交媒体却没能创造出公平、可持续的商业模式。尽管拥有庞大的用户群、卓越的工程技术和无处不在的文化影响力，但所有主流社交媒体平台都还在依赖一个20多年来从未改变过的收入来源：利用个人数据进行广告宣传。谷歌在2000年推出其赞助商链接"Adwords"时就是如此，在2006年收购YouTube时还是如此，脸书和推特在2012年上市时依然是如此。时至今日2021年[1]了，情况仍然如此。尽管有"登月计划"和"大赌注"，但这些公司绝大部分的收入来

---

[1] 此处的时间为原版书的出版时间。——编者注

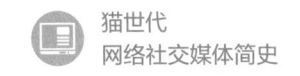

自屏幕广告这个常见的业务。

　　猫世代的历史让我们看清了其他商业模式的可能性。BBS的系统管理员对"自己付账"引以为荣。对一些人来说，BBS是一种昂贵的爱好，就像老爷车一样的无底洞。但许多系统管理员力求让他们的BBS自给自足。没有"天使"投资人或政府合约，BBS却成了商业实验的网站：许多网站收取访问费，尝试分级收费和按分钟或按字节收费；有些BBS类似社交俱乐部，通过向会员征收"会费"保持其硬盘运转；还有些BBS成立非营利公司，从用户那里募集免税捐款。即使在一些以兴趣为主导的BBS上，系统管理员偶尔也会发起虚拟活动，要求每个人出几美元，以购买新的调制解调器或者支付一大笔电话账单。

　　社交媒体行业的另一个关键且密切相关的失败原因在于它忽视了依赖它们的社区的需求。在公开辩论中，脸书等商业社交媒体提供商自称"科技"公司，而不是"媒体"出版商，仅仅是"中立的平台"。这样一来，无论人们在他们的平台上做什么，他们都不用承担责任，而且他们还可以通过反复无常的"服务条款"协议来约束用户行为。依赖这些平台获得社会支持和经济机会的用户没有阅读这些晦涩难懂的协议便点击同意了这些条款。一旦用户权益受损，用户没有追索权，没有索赔途径，也没有切实可行的退出途径。当然，平台希望鱼与熊掌兼得，一边拒绝为其用户担责，一边又宣称自己给人们提供

第七章
畅想互联网的美好未来

聚会和分享生活私密细节的场所。这些平台伪装成了公共广场，但这其实是不民主的私人空间。

同样，猫世代为我们提供了其他商业模式。管理网络社区需要付出劳动。猫世代的文献里有大量关于如何建立社区、调解纠纷、处理烦人的用户以及避免枯竭的文本文件、杂志文章和指导手册。BBS 管理员必须具备敏锐的技术洞察力和对社区的关心。以前的 BBS 管理员还清晰地记得，当时他们会深夜起来回复电子邮件、验证新用户、调整软件设置、清理凌乱文件、试着平息激烈的争论等。

今天，脸书和红迪网（reddit）等平台上仍有这项工作。但与促成早期在线社区繁荣的管理员不同，如今平台上的志愿版主并不拥有他们监管的基础设施。他们不能共享自己劳动产生的利润。他们无法改变基础软件，无法实施新技术干预，也无法进行社会改革。管理员的社会地位非但没有提高，反而似乎受到了平台提供商的限制。如果说继脸书之后还有未来的话，那么这个未来必定会由管理员复兴（即重新利用社区维护和调节的社会经济价值）来引领。

计算机网络的社交用途不是平台发明的，而是业余爱好者、活动家、教育工作者、学生和小企业主发明的。硅谷把这些人的实践变成一种产品，注入大量投机资本，扩大产品规模，并且迄今为止拒绝谨慎对待我们在这个产品上的生活。我们讲述的关于早期互联网的故事，必须将社交媒体的大众起源与其存储和商品化分开。我认为新的网络社交模式不会完全照搬 20 世纪 80 年代的 BBS，但猫世代的历史以普通人的业余爱好为中心，通过对叙述材料的重组，我们可以从中设想另一种未来。

诚然，我需要讲解一部准确无误的互联网史，但同时，我也希望我的学生们能对那些把人类带入猫世代的杰出人物感兴趣。历史学家兰金敦促我们用 20 世纪 60 年代以来便存在的多种计算机技术世界的历史来"改写"硅谷例外主义的狭隘神话。事实上，的确还有大量未被书写的历史。

自 20 世纪 70 年代末至 90 年代中期，生活和工作在北美大陆各个城镇的数百万人一起将个人电脑改造成了社交媒体。他们是最早自愿花费几小时坐在电脑前给陌生人发信息的人。他们在社区建设和信息共享方面的尝试，为如今我们每天离不开电脑和智能手机的习惯奠定了基础，那就是爱、学习、商业、社区和信仰。

用一位曾经的 BBS 管理员的话来说，BBS 是最初的网络空间。本书讲述了一套故事，但仍有无数故事有待讲述。这些故事提醒我们，原本便存在许多不同的网络，也许继社交媒体之后还会出现新的网络形态。今天的互联网还可以变得更好、更公正、更公平、更包容，这是一个值得我们为之奋斗的未来。